AF452577

TÉLÉPHONE 266-81

CATALOGUE

DE

LIVRES ANCIENS ET MODERNES

RARES OU CURIEUX

EN VENTE A PRIX MARQUÉS

A LA SUCCURSALE DE LA LIBRAIRIE

THÉOPHILE BELIN

48, rue Cambon (1er Arrt.)

Ouvrages illustrés de figures sur bois

Manuscrits ornés de miniatures

Riches reliures anciennes et modernes

Livres illustrés des XVIIIe et XIXe siècles

Belles Publications modernes

Livres de Costumes

PARIS

THÉOPHILE BELIN LIBRAIRE

48, Rue Cambon, 48.

30e Année. — Décembre 1904. — No 287.

CATALOGUE

DE LA

LIBRAIRIE TH. BELIN

─────⊙─────

Livres illustrés du XVIIIᵉ siècle.

─────

1. Almanach. LES SOIRÉES DE CÉLIE ou recueil de chansons en vaudevilles et arriettes, orné de jolies gravures. *Paris, Janet*, s. d. (1792) ; in-32, moire blanche, plats orn. (*Rel. anc.*). 200 fr.

> Titre et 12 jolies gravures très fines. Belle reliure en soie blanche, ornée d'une dentelle formé de fils et de paillettes d'or ; doublé d'une glace.

2. Anacréon, Sapho, Bion et Moschus. Traduction nouvelle en prose, suivie de la veillée des fêtes de Vénus et d'un choix de pièces de différens Auteurs par M. M*** C** (Moutonnet de Clairfond). *A Paphos, et se trouve à Paris, chez Le Boucher*, 1773 ; gr. in-8, mar. rouge, dos orné, encad. de filets, dent. int., tr. dor. (*Cuzin*). 250 fr.

> Un des plus beaux livres du XVIIIᵉ siècle, illustré de 1 frontispice par *Eisen*, gravé par *Massard*, 12 vignettes et 13 culs-de-lampe par *Eisen*, gravés par *Massard*.
> Bel exemplaire sur papier de Hollande.

3. Arioste. Orlando furioso di Lodovico Ariosto. *In Parigi, appr. Fantin*, 1805 ; 4 vol. gr. in-4, demi-rel., dos et coins de mar. rouge, dos orné, *non rogné*. 150 fr.

> Portrait de l'Arioste dessiné par *Eisen*, gravé par *Fiquet*, et 46 figures par *Cipriani, Cochin, Eisen, Greuze, Monnet* et *Moreau*.
> Bel exemplaire en GRAND PAPIER VERGÉ, entièrement non rogné, dans sa reliure originelle.

4. Basan. Collection de cent vingt estampes gravées d'après les tableaux et dessins qui composaient le cabinet de M. Poullain, exécuté sous la direction du sieur Fr. Basan, graveur. *Paris, Basan et Poignant*, 1781 ; in-4, veau écaille, dos orné, fil., tr. dor. 300 fr.

> Bel exemplaire de cet important recueil ; il se compose de deux titres, un de *Choffard* et un de *Lebrun*, gravé par *Dambrun*, et de 118 reproductions de tableaux des maîtres des XVIIᵉ et XVIIIᵉ siècles.
> Les graveurs qui ont collaboré à cet ouvrage sont : *Alix, Barns, Bertaux, Blot, Borgnet, Bretin, Brichet, Chateau, Chatelin, Colibert, Couché, Dambrun, Delaunay jeune, Delignon, Desmoulins, Dequevauviller, Garreau, Godefroy, Goumas, Guttenberg, Guyot, Halbou, Hémery, Hubert, Legrand, Leveau, Mᵐᵉ Lingée, de Longueil, Macret, Maleuvre, Martini, Mathieu, Michel, Schulze, Stagnon, Le Tellier, Voyes Weisbrod* et *Zenher*.

5. Basan. Recueil d'estampes gravées, d'après les tableaux du cabinet de Mᵍʳ le Duc de Choiseul, par les soins du sieur Basan. *Paris*, 1771 ; in-4, veau racine, dos orné, tr. dor. 300 fr.

> Très joli recueil contenant un titre par *Choffard*, une dédicace gravée, un portrait du duc de Choiseul, non signé, une description des tableaux en douze pages gravées et 128 planches, gravées par *Baquoy, Binet, Daudet, Delvaux, Dunker, Germain, Guttenberg, Halbou, Ingouf, Jeanne, de Launay, Lebas, Lévêque, Liénard, Lingée, Maillet, Maleuvre, Martini, Masquelier, Massart, Parizeau, Patas, Ponce, Pruneau, Romanet, Rousseau, Saint-Aubin, Vény, Weisbrod, Wieth.*
> Exemplaire grand de marges.

6. **Basan**. Dictionnaire des graveurs anciens et modernes, depuis l'origine de la gravure. *Paris*, 1789 ; 2 vol. in-8, fig., bas. (*Rel. anc.*) 150 fr.

> Cet ouvrage est illustré de deux frontispices, par *Cochin*, et *Pierre*, de trois en-têtes par *Choffard* ; et de 50 figures par *Aliamet, De la Belle, Bertaux, Collet, Choffart, Cochin, Eisen, Ficquet, Marillier, Moreau*, etc.
> Exemplaire contenant la planche du *Rossignol* qui manque souvent.

7. **BERQUIN**. IDYLLES. S. l. n. d.; 2 parties en 1 vol. in-12, mar. rouge, dos orné, fil., tr. dor. (*Derôme*).   200 fr.

> Frontispice et 24 figures de *Marillier*, gravés par *de Ghendt, Le Gouaz, Ponce, de Launay*.
> Bel exemplaire contenant les figures AVANT LES NUMÉROS. Témoins.

8. **Bijoux** (Les) des neuf sœurs. *Paris, Defer de Maisonneuve*, 1790 ; 2 vol. in-18, mar. rouge, dos orné, fil. et dent., dent. int., tr. dor. (*Cuzin*).   120 fr.

> Recueil de poésies diverses de Voltaire, Piron, Chaulieu, Gresley, Bernis, Boufflers, etc., réunies par l'abbé François Bancarel.
> Illustré de 2 jolis frontispices et 4 charmantes figures de *Le Barbier*, gravés par *Gaucher*.
> Bel exemplaire.

9. **BOCCACE**. LE DÉCAMÈRON de Jean Boccace (trad. d'Ant. Le Maçon). *Londres (Paris)*, 1757-1761 ; 5 vol. in-8, front., fig., mar. vert, dos orné, fil., tr. dor. (*Derôme*).   900 fr.

> Bel exemplaire en GRAND PAPIER DE HOLLANDE, contenant 5 frontispices, 1 portrait, 110 figures et 97 culs-de-lampe par *Gravelot, Boucher* et *Eisen*, gravés par *Aliamet, Baquoy, Flipart, Legrand, Lemire, Lempereur, Leveau*, etc.

10. **Boccace**. Il Decamerone di M. Giovanni Boccacio. *Londra (Parigi, Frault)*, 1757 ; 5 vol. in-8, mar. rouge, dos orné, fil., coins ornés, dent. int., tr. dor. (*Rel. anc.*).   450 fr.

> Illustré de charmantes figures, en-têtes et culs-de-lampe de *Gravelot, Boucher, Eisen, Cochin*, etc., en bonnes épreuves.

11. **Boileau**. Œuvres de Nicolas Boileau-Despréaux, avec des éclaircissemens historiques donnez par lui-même. Nouvelle édition revue, corrigée et augmentée de diverses remarques (par Brossette et du Monteil). *A la Haye, Pierre de Hondt*, 1729 ; 2 vol. in-fol., mar. rouge, dos orné, double encad. de fil. à la Duseuil, tr. dor. (*Rel. anc.*).   250 fr.

> Magnifique édition illustrée d'un frontispice, d'un portrait, de sept figures pour le *Lutrin*, de vignettes et de culs-de-lampe par *Bernard Picard*.

12. **Boisard**. Fables par M. Boisard. Seconde édition. *Paris*, 1777 ; 2 vol. in-8, front. et fig., veau fauve, dos orné, fil. (*Rel. anc.*).   80 fr.

> Exemplaire en GRAND PAPIER, orné de 2 fleurons sur les titres, de 9 figures et de 2 culs-de-lampe par *Monnet*, gravés par *Saint-Aubin* et *E. Schmitz*.

13. **Cantiques** et pots-pourris. *A Londres (Paris)*, 1789 ; 6 parties en 1 vol. in-12, front. et fig., veau marb., tr. dor.   100 fr.

> Un frontispice et six jolies figures non signées par *Borel* et *Elluin*. Premier tirage.

14. **Caylus** (Comte de). Les Manteaux, recueil. *La Haye*, 1746 ; 2 vol. — Le Pot-Pourri, ouvrage nouveau de ces dames et de ces messieurs. *Amsterdam*, 1748 ; 1 vol. Ens. 3 parties rel. en 2 vol. in-12, mar. rouge, dos orné, fil., tr. dor. (*Derôme*).   60 fr.

> « Les Manteaux » sont ornés d'un frontispice par *Cochin*, gravé par *Fessard*.

15. **CERVANTÈS**. LES PRINCIPALES AVANTURES DE L'ADMIRABLE DON QUICHOTTE représentées en figures par Coypel, Picart le Romain, et autres habiles maîtres, avec les explications des trente et une planche de cette magnifique collection, tirées de l'original espagnol de Miguel de Cervantès. *La Haie, Pierre de Hondt*, 1746 ; gr. in-4, fig., mar. vert dos orn., dent., tr. dor. (*Pasdeloup*).   1.000 fr.

> Ouvrage orné de 31 belles estampes d'après *Coypel, Boucher, Cochin*, etc., épreuves avant les numéros.
> Bel exemplaire dans une jolie reliure orné à l'oiseau sur le dos, et d'une magnifique et large dentelle sur les plats.

Achat de Bibliothèques

16. CERVANTÈS (Miguel de). El Ingenosio Hidalgo Don Quixote de la Mancha. Nueva edicion corregida por la Real Academia española. *Madrid, D. Joaquin Ibarra,* 1780 ; 4 vol. in-4, mar. rouge, dos orné, tr. dor. (*Chambolle-Duru*). 400 fr.

> 2 frontispices, 1 portrait. 14 lettres ornées, 22 en-têtes ou vignettes, 20 culs-de-lampe et 31 figures dessinées par *Barranco, Brunette, del Castillo, Ferro* et *Gil*, gravées par *Ballester, Barcelon, Fabregat, Muntaner, Salvadory Carmona* et *Selma*.
> Très bel exemplaire.

17. COLLECTION complète des Tableaux historiques de la Révolution Française ; composée de 113 numéros en 3 volumes. *A Paris, chez Auber,* éditeur et seul propriétaire. (Imp. de Didot aîné), an XIII de la République française (1804); 3 vol. in-fol., veau marb., dos orné, dent., tr. dor. (*Rel. anc.*). 600 fr.

> Superbe publication qui tient une place d'honneur parmi les publications révolutionnaires, dont le texte est accompagné d'estampes dues à des artistes contemporains et souvent témoins des scènes qu'ils ont retracées, tant par le nombre et la qualité des planches que par le talent des écrivains qui les ont commentées.
> Parmi les noms des dessinateurs des planches, nous citerons : *Prieur, Berthault, Swebach, Fragonard fils, Duplessi-Bertaux,* etc. Les auteurs du texte : Fauchet, Chamfort, Guinguené et Pagès.
> Cette édition est ornée de 153 gravures, de 3 frontispices et de 66 portraits gravés par *Levachez,* avec sujets par *Duplessi-Bertaux.*

18. Corneille. Théâtre de Pierre Corneille, avec commentaires (par Voltaire), etc., etc., etc. *S. l.* (*Genève*), 1764 ; 12 vol. in-8, front. et fig., mar. rouge, dos orné, fil., tr. dor. (*Rel. anc.*). 350 fr.

> Edition illustrée d'un frontispice par *Pierre,* gravé par *Watelet,* et 34 figures par *Gravelot,* gravées par *Baquoy, Flipart, Lemire, Lempereur, de Longueil, Prévost* et *Radigues.*

19. Corneille (P.). Théâtre, avec des commentaires (par Voltaire) et autres morceaux intéressans. Nouvelle édition augmentée. *Genève,* 1774 ; 8 vol. in-4, veau ant. écaille, dos ornés, tr. marb. 120 fr.

> Frontispice par *Pierre,* figures par *Gravelot.*

20. Crébillon. Œuvres. *Paris, Compagnie des libraires,* 1749 ; 3 vol. in-18, mar. rouge, dos orné, fil., tr. dor. (*Rel. anc.*). 50 fr.

> 3 vignettes sur les titres par *Clouareau,* gravées par *Fessard.* Reliure fraîche, aux armes du comte de LAGONDIE.

21. Description générale et particulière de la France (publiée par De La Borde, Guetthard, Beguillet, etc.). *Paris, Pierre et Lamy,* 1781-1784 ; 3 parties en 2 vol. in-fol., mar. rouge, dos orné, fil., tr. dor. (*Rel. anc.*). 250 fr.

> 1° TEXTE. T. I. 2 parties en 1 volume comprenant la description du département du Rhône, gouvernement de Bourgogne.
> 2° ESTAMPES. T. II. 1 volume contenant Franche-Comté, Bourgogne, Languedoc, Vivarais et Bourdelais. 173 vues en 88 planches.

22. Désormeaux. Histoire de la Maison de Bourbon. *A Paris, de l'Imprimerie royale,* 1772-1788 ; 5 vol. in-4, veau marb., fil., dos orné, tr. dor. (*Rel. anc.*). 120 fr.

> Bel ouvrage illustré de jolis en-têtes dessinés par *Moreau le jeune,* gravés par *Prévost ;* de charmants fleurons de titres et culs-de-lampe par *Choffard* et de beaux portraits gravés par *Miger,* d'après *Le Monnier, Vincent, Fragonard* et autres.

23. DORAT. LES BAISERS, précédés du mois de mai, poëme (par Dorat). *La Haye et Paris, Lambert et Delalain,* 1770 ; in-8, front., fig., en-têtes et culs-de-lampe d'Eisen, veau marb., dos orné, dent., tr. dor. 800 fr.

> Exemplaire en GRAND PAPIER DE HOLLANDE, avec le titre imprimé en rouge et noir. Exceptionnel comme beauté d'épreuves.
> Reliure du milieu du XIX° siècle aux armes de CHOISEUL-BEAUPRÉ.

Et de Livres anciens et modernes

24. **DORAT**. Fables nouvelles (par Dorat). *A La Haye, et se trouve à Paris, chez Delalain*, 1773 ; 2 vol. in-8, veau porph., dos ornés, fil., tr. dor. (*Rel. anc.*).   250 fr.

> 2 frontispices par *Marillier*, gravés par *de Ghendt*, 1 figure de *Marillier*, gravée par *Delaunay*, qui se place dans chacun des volumes ; 1 fleuron, 99 vignettes et 99 culs-de-lampe de *Marillier*, gravés par *Arrivet, Baquoy, Delaunay, Duflos, de Ghendt, Le Gouaz, Lebeau, Leveau, Lingée, de Longueil, Louis Legrand, Le Roy, Masquelier, Née, Ponce*, etc.

25. **Dorat**. Les Tourterelles de Zelmis, poëme en trois chants, par l'auteur de Barnevelt. (*Paris*, 1766) ; in-8, veau racine, dos orné, dent., tr. dor. (*Rel. anc.*).   40 fr.

> Titre-frontispice, figure, vignette et cul-de-lampe par *Eisen*, gravés par *de Longueil*.

26. **Duclos**. Considérations sur les mœurs de ce siècle. *Paris, Prault*, 1767 ; in-12, mar. rouge, jans., dent. int., tr. dor. (*Allô*).   45 fr.

> Frontispice de *Gravelot*, gravé par *De Lafosse*, vignette sur le titre et armes royale s gravées par *Massard*. Portrait de Duclos par *De la Tour*, gravé par *Duflos*.

27. **Dunker**. Suite de 1 frontispice daté de 1786 et 95 figures, quelques-unes signées par Dunker et datées de 1785, pour illustrer les différentes éditions du *Tableau de Paris*, de Mercier, en 1 vol. in-8, demi-rel. chagr. rouge.   125 fr.

> Suite humoristique dans laquelle Dunker n'a pas été tendre pour les Parisiens de son temps.

28. **FÉNELON**. LES AVANTURES DE TÉLÉMAQUE, fils d'Ulysse. Nouvelle édition conforme au manuscrit original et enrichie de figures en taille-douce. *Amsterdam, Wetstein*, 1734 ; in-4, mar. vert, dos orné, fil., tr. dor. (*Rel. anc.*).   300 fr.

> Edition ornée de 1 frontispice par *Picart*, gravé par *Folkema*, 1 portrait de Fénelon par *Vivien*, gravé par *Drevet*, 24 figures par *Debrie, Dubourg* et *Picart*, gravées par *Bernards, Folkema, V. Gunst* et *Surugues*, 24 vignettes par *Dubourg*, gravées par *Duflos, Folkema* et *Tangé* et 21 culs-de-lampe par *Debrie* et *Dubourg*, gravés par *Duflos* et *Schenk*.

29. **FENELON**. LES AVENTURES DE TÉLÉMAQUE, fils d'Ulysse, par M. de Fenelon. Archevêque, Duc de Cambrai, etc., gravées par Drouët. *Bruxelles, (Paris, Drouët, graveur)*, 1776 ; in-4, front., cart.,   500 fr.

> Ce volume (contenant les 6 premiers livres) le seul paru de cette édition entièrement gravée est orné d'un fleuron de titre, 6 en-têtes, 5 culs-de-lampe, 1 frontispice et 6 figures par *Cochin, Eisen, Moreau* et *Le Barbier*.
> Très bel exemplaire dans son cartonnage original, *entièrement non rogné*. RARE DANS CET ÉTAT.

30. **FÉNELON**. LES AVENTURES DE TÉLÉMAQUE. (*Paris*), *de l'impr. de Monsieur (Didot)*, 1785 ; 2 vol. in-4, mar. rouge, dos orné, fil., tabis, tr. dor. (*Rel. anc.*).   400 fr.

> Bel exemplaire, dans une bonne reliure ancienne, de cette édition renfermant 72 jolies figures de *Monnet*, gravées par *Tillard* et 24 planches au burin donnant le sommaire des chapitres.

31. **FONTENELLE**. Œuvres diverses de Fontenelle, édition augmentée, enrichie de figures gravées par Bernard Picart le Romain. *A La Haye, chez Gosse et Neaulme*, 1728-1729 ; 3 vol. in-fol., mar. citron, dos orné, fil., dent. int., tr. dor. (*Rel. anc.*).   400 fr.

> Superbe édition ornée de 6 frontispices dont 1 avec le portrait de Fontenelle gravé par *Picard* d'après *Rigaud*, 2 fleurons sur les titres et 17 vignettes et culs-de-lampe de *B. Picart*.
> TRÈS BEL EXEMPLAIRE portant sur le dos de la reliure les armes d'**Armand-Augustin de Raffin**, marquis d'Hauterive.

32. **Galerie** (La) électorale de Dusseldorff ou Catalogue raisonné et figuré de ses tableaux dans lequel on donne une connaissance exacte de cette fameuse collection, par des descriptions détaillées, et par une suite de 30 planches, par Chrétien de Méchel. Par Nicolas de Pigage. *Basle, Chrétien de Méchel*, 1778 ; 2 parties en un vol. in-fol. oblong, fig., mar. rouge, dent. (*Rel. anc.*)   120 fr.

> Très belles planches bien gravées par *C. de Michel*. Bel exemplaire.

Achat de Bibliothèques

33. GALERIE des Peintres Flamands, Hollandais et Allemands, ouvrage enrichi de 201 planches gravées d'après les meilleurs Tableaux de ces maîtres et par les plus habiles artistes de France, de Hollande et d'Allemagne..... sous la direction de M. Lebrun, peintre. *Paris, chez l'auteur et chez Poignant*, 1793; 3 tomes en 2 vol. in-fol., fig., demi-rel. mar. rouge, dos ornés, *non rognés*.   600 fr.

> 2 volumes de 144 et 50 estampes en supplément et 1 volume de texte explicatif, en tout 194 planches d'après les peintures de *Asselyn, Brackenburg, Both, Bril, Jordaens, Kalf, Maes, Parbus, Rembrandt, Van Dyck, de Witt,* etc., gravées par *Blot, Bretin, David, Maillet, Pierron, Texier, Viel,* etc.

34. GESSNER. Œuvres de Salomon Gessner. *A Paris, chez l'auteur des Estampes, Vve Herissant et Barrois l'aîné,* s. d. (1786-1793); 3 vol. in-fol., cart., *non rognés.*   600 fr.

> 3 titres gravés différents, non signés, 1 frontispice avec portrait par *Le Barbier*, gravé par *Ingouf ;* 2 autres frontispices par le même, gravés par *Dambrun et Ponce ;* 72 figures, 4 vignettes et 67 culs-de-lampe par *Le Barbier*, gravés par *Alix, Baquoy, Dambrun, Delignon, Gaucher, Giraud le Jeune, Petit, Ponce, Texier,* etc.
> Bel exemplaire sur grand papier *absolument non rogné*, avec les figures AVANT LES NUMÉROS.

35. Gessner. Mort d'Abel. Poème de Gessner, traduit par Hubert. *Paris, Defer de Maisonneuve,* 1793; gr. in-4, front. et fig., demi-rel. veau rouge.   70 fr.

> Portrait et 5 figures gravées en couleurs d'après *Monsiau.* Taches de rousseur.

36. GESSNER. Œuvres de Salomon Gessner. *Paris, Ant.-Aug. Renouard,* 1799; 4 vol. in-8, veau, dos orné, dent., tr. dor. (*Simier*).   300 fr.

> Très bel exemplaire en GRAND PAPIER VÉLIN, avec les 48 figures AVANT LA LETTRE de *Moreau,* gravées par *Baequoy, Dambrun, Delvaux, Dupréel, Lemire, Girardet,* etc., et 3 portraits.

37. Grâces (Les) (par de Querlon). *Paris, L. Prault,* 1769; in-8, veau marb. (*Rel. anc.*)   100 fr.

> Frontispice dessiné par *Boucher*, titre et 5 belles figures gravés d'après les dessins de *Moreau.* On a relié à la suite LES BAINS DE DIANE, ou le Triomphe de l'amour (par Desfontaines). *Paris, Costard,* 1770; in-8. Très beau titre par *Marillier*, gravé par *de Ghendt* et 3 figures par Marillier gravées par *Massard, Ponce* et *Voyez l'aîné.*

38. Graffigny (Mme de). Lettres d'une Péruvienne, traduites du français en italien par M. Deodati (avec le texte en regard). *Paris, de l'imprimerie du Migneret,* 1797; gr. in-8, demi-rel. dos et coins de mar. citron, dos ornés, tête dor., *non rogné* (*Dupré*).   200 fr.

> Portrait de l'auteur d'après *La Tour*, gravé par *Gaucher*, et 6 belles figures par *Le Barbier*, gravées par *Choffard, Halbou, Patas, Gaucher* et *Lingée.*
> Bel exemplaire en GRAND PAPIER VÉLIN, avec double épreuve des figures AVANT et avec la lettre et la même suite dessinée au lavis.

39. HORACE. Quinti Horatii Flacci, Opera. *Londini, Johannes Pine,* 1733-1737 ; 2 vol. in-8, mar. rouge, dos ornés, large dent., tr. dor. (*Rel. anc.*).   300 fr.

> Texte gravé, 2 fleurons, 2 frontispices et 225 illustrations, grandes figures, vignettes et culs-de-lampe à sujets, 27 en-têtes.
> Magnifique ouvrage très recherché.
> Bel exemplaire dans une ancienne reliure française.

40. Imbert. Historiettes ou nouvelles en vers. Seconde édition revue, corrigée et augmentée par l'auteur. *Amsterdam et Paris, Delalain,* 1774; in-8., mar. rouge jans., tête dor.   60 fr.

> Titre gravé, une figure et 4 vignettes en-têtes par *Moreau le jeune*, gravés par *Née* et *Masquelier.*

Et de Livres anciens et modernes

41. Imbert. Le Jugement de Pâris, poème en IV chants, suivi d'œuvres mêlées. Nouvelle édition corrigée et augmentée. *Amsterdam,* 1774; in-8, veau, dos orné, fil., tr. rouge.   **30 fr.**

> Titre et 4 figures par *Moreau,* gravées par *Née, Duclos, Masquelier* et *Delaunay* et 4 vignettes en-têtes par *Choffard.*

42. Jauffret. Les Charmes de l'Enfance. Cinquième édition. *Paris, de l'impr. de Didot jeune,* 1796; 2 vol. in-12, mar. rouge, dos orné, fil., tr. dor. (*Chambolle-Duru*).   **150 fr.**

> Exemplaire en PAPIER VÉLIN avec la suite du frontispice et des 5 figures de *Monnet* AVANT LA LETTRE et EAUX-FORTES (Manque l'eau-forte du frontispice).

43. Joujou (le) des demoiselles. *S. l. n. d.* (*Paris,* 1752); in-8, veau, dos orné, fil., tr. dor. (*Rel. anc. fatiguée*).   **70 fr.**

> Frontispice et titre d'*Eisen,* gravés par *Le Mire,* et 57 figures à mi-page au bas desquelles sont des poésies dont le texte est gravé.

44. LA BORDE. CHOIX DE CHANSONS mises en musique par M. de La Borde, premier valet-de-Chambre ordinaire du Roi, Gouverneur du Louvre. Ornées d'Estampes par J.-M. Moreau, dédiées à Madame la Dauphine. *A Paris, chez de Lormel,* 1773; 4 vol. in-8, mar. bleu, dos ornés, fil., dent. int., tr. dor., étui (*Chambolle-Duru*).   **2.200 fr.**

> 1 titre gravé avec fleuron par *Moreau,* 4 frontispices par *Moreau, Le Bouteux* et *Le Barbier,* gravés par *Masquelier* et *Née,* et 100 figures par *Moreau, Le Barbier, Le Bouteux* et *Saint-Quentin,* gravées par *Moreau, Masquelier* et *Née.*
> Texte et musique gravés par *Moria* et *Mme Vendôme.*
> **Bel exemplaire** contenant le portrait de La Borde *à la lyre,* et auquel on a ajouté celui de Mme La Borde enceinte, en épreuve moderne.

45. Lachau (l'abbé de) et **Le Blond.** Description des principales pierres gravées du cabinet de S. A. S. Mgr le duc d'Orléans, premier prince du sang. *Paris,* 1780-1784; 2 vol. in-fol., cart., *non rognés.*   **100 fr.**

> Superbe frontispice par *Cochin,* gravé par *Saint-Aubin,* renfermant le portrait du duc d'Orléans; 1 fleuron, le même pour les deux titres, par *Saint-Aubin*; 2 très jolies vignettes en-tête du 1er volume et du 2e dessinées et gravées par *Saint-Aubin*; 178 pierres gravées par *Saint-Aubin* quoique non signées et 54 culs-de-lampe, la plupart d'une grande beauté (46 dans le 1er et 8 dans le 2e) tous dessinés et gravés par *Saint-Aubin,* à l'exception du dernier du 1er volume gravé par Mme *E. de Sabran.*

46. LA FONTAINE. CONTES ET NOUVELLES EN VERS par M. de La Fon, taine. *Amsterdam* (*Paris*), 1762; 2 vol. in-8, port. et fig., mar. vert-dos orn., fil., tr. dor. (*Rel. anc.*)   **1.100 fr.**

> Edition dite des *Fermiers Généraux* parfaitement illustrée par *Eisen* et *Choffard.*
> Bel exemplaire renfermant ajoutées 7 gravures doubles, savoir: Nicaise. — Calendrier des vieillards. — A femme avare. — On ne s'avise jamais de tout. — Coupe enchantée. — La Clochette. — Richard Minutolo.

47. La Fontaine. Contes et Nouvelles en vers, par M. de La Fontaine. *Amsterdam* (*Paris*), 1764; 2 tomes en 1 vol. in-8, port. et fig., mar. bleu, dos orné, fil., tr. dor. (*Reyman*).   **140 fr.**

> Réimpression de l'édition des *Fermiers Généraux.*

48. La Fontaine. CONTES ET NOUVELLES EN VERS. *Paris, F. Didot l'ainé,* 1795; 2 vol. in-4, fig., demi-rel. veau. (*Rel. de l'époque*). **300 fr.**

> 20 jolies figures de *Fragonard, Mallet* et *Touzé,* en bonnes épreuves.

49. LA FONTAINE. FABLES CHOISIES mises en vers par J. de La Fontaine. *Paris, Desaint, Sailland, Durand,* 1755-1759; 4 vol. in-fol., frontispice et figures de J.-B. Oudry, mar. vert, dos orné, fil., dent. int., tr. dor. (*Rel. anc.*)   **2.000 fr.**

> Grand papier de Hollande.
> Epreuves du PREMIER TIRAGE avec la planche du Léopard avant l'inscription. **Magnifique** ouvrage dans une reliure de *Derome.*
> Les exemplaires dans cette condition sont extrêmement rares.

Achat de Bibliothèques

50. La Fontaine. Fables choisies, mises en vers par J. de La Fontaine. *Paris, Desuint et Saillant*, 1755-1759 ; 4 vol. in-fol., veau, dos ornés, fil., (*Rel. anc.*). 350 fr.

> Frontispice par *Oudry*, terminé par *Dupuis* et gravé par *Cochin*, 1 portrait d'Oudry d'après *Largillière*, gravé par *Tardieu*, et 275 figures par *Oudry*, gravées part *Aubert, Aveline, Baquoy, Beauvais, Chedel, Cochin, Fessard*, etc.

51. La Fontaine. Fables choisies. Nouvelle édition gravée en taille-douce. Les figures par le sieur Fessard. Le texte par le sieur Montulay. Dédiées aux enfants de France. *Paris, chez l'auteur*, 1765-1775 ; 6 vol. in-8, veau marb., fil., tr. dor. (*Rel. anc.*). 120 fr.

> Orné de 250 figures, compris le titre et le frontispice, et 450 vignettes et culs-de-lampe par *Bardin, Bidault, Caresme, Desrais, Houël, Huet, Kobell, Leclère, Leprince, Loutherbourg, Meyer* et *Monnet*.

52. La Fontaine. Fables de La Fontaine, avec figures (dessinées par Vivier), gravées par MM. Simon et Coiny. *A Paris, de l'Impr. de Didot l'aîné*, 1787 ; 6 vol. in-18, veau fauve, dos ornés, dent., tr. dor. (*Rel. anc.*). 120 fr.

> 1 frontispice et 275 figures.
> Exemplaire avec les figures AVANT LES NUMÉROS.

53. La Harpe. Tangu et Félime, poème en IV chants. *Paris, Pissot*, 1780 ; in-8, demi-rel. dos et coins de mar. rouge, tête dor., éb. (*Petit-Simier*). 30 fr.

> Titre gravé et 4 figures de *Marillier*, gravées par *Halbou, Dambrun, de Ghendt* et *Ponce*.

54. Laujon. Les A Propos de Société ou chansons de M. L***. *S. l.*, 1776 ; 2 vol. — Les A Propos de la Folie ou chansons grotesques grivoises et annonces de parade. *S. l. (Paris)*, 1776; ensemble 3 vol. in-8, cartonnés, *non rognés*. 100 fr.

> 3 frontispices, titres, vignettes et culs-de-lampe de *Moreau le Jeune* gravés par *De Launay, Duclos, Martini* et *Simonet*.
> 264 chansons avec la musique.
> Très bel exemplaire.

55. Le Gros. L'ART DE LA COEFFURE des Dames, dans le nouveau goût. Avec un traité en abrégé d'entretenir et de conserver les cheveux, par le Sr Gros, coeffeur expert en son genre. *A Paris* (1765) ; in-8, cart. 200 fr.

> Livre rare comprenant 1 titre et 11 pages de texte gravés, 28 planches de coiffures et une planche démonstrative repliée.

56. Le Sage. Histoire de Gil Blas de Santillane. Dernière édition, revue et corrigée. *A Paris, chez les Libraires associés*, 1747 ; 4 vol. in-12, mar. bleu, dos ornés, fil., dent int., tr. dor. (*Cuzin*). 300 fr.

> Bel exemplaire de la bonne édition sous cette date.
> PREMIER TIRAGE de la dernière édition donnée par l'auteur, ornée de 32 figures non signées.

57. Le Vayer de Boutigny. Tarsis et Zélie. Nouvelle édition. *Paris, Musier fils*, 1774; 3 vol. in-8, front. et fig., veau marb., dos orné, fil. tr. marb. (*Rel. anc.*) 60 fr.

> Ouvrage très joliment illustré de 3 frontispices par *Cochin, Moreau* et *Eisen*, de 3 fleurons de titre par *Née*, et de 20 vignettes en-têtes par *Eisen*.

58. Longus. Les Amours pastorales de Daphnis et Chloé (traduites du grec de Longus, par Amyot). *S. l. (Paris)*, 1745 ; in-12, fig., mar. rouge, dos orné, large dent. à petits fers, tr. dor. (*Rel. anc.*). 250 fr.

> Titre rouge et noir, 1 frontispice par *Coypel*, 27 figures par *Philippe d'Orléans (le Régent)*, gravées par *B. Audran*, 1 gravure par le comte de *Caylus*, connue sous le nom des *Petits pieds*, et culs-de-lampe de *Cochin*. Mêmes figures que celles de l'édition de 1778.
> Bel exemplaire provenant des Bibliothèques de Pastoret et de J. Harmann.

Et de Livres anciens et modernes

59. LUCRÈCE. Di Tito Lucrezio Caro della natura dellecose lebri, sei tradotti dal latino in italiano da Alessandro Marchetti. *Im Amsterdamo (Paris)*, 1754 ; 2 vol. gr. in-8, fig., mar. rouge, dos ornés, large, dent., tr. dor. (*Derôme*).   400 fr.

Bel exemplaire en GRAND PAPIER dans une jolie reliure. Cet ouvrage est très joliment illustré par *Eisen, Cochin* et *Le Lorrain.*

60. Médailles sur les principaux évènements du règne de Louis le Grand avec des explications historiques (par Fr. Charpentier, P. Tallemant, J. Racine, Boileau-Despréaux, etc.). *Paris, Imprimerie royale,* 1702 ; in-fol., mar. olive, dent. int., dos orné, tr. dor. (*Rel. anc.*).   300 fr.

Beau frontispice par *Coypel*, contenant le portrait de Louis XIV, gravé par *Simonneau*, 289 planches gravées, ornées de vignettes et d'encadrements ; médailles de *Cochin père*, vignettes de *Leclerc*, encadrements de *Simonneau.*
Reliure aux armes du roi Louis XIV. Le dos de la reliure est orné du chiffre royal et de fleurs de lys. Piqûres de vers dans le dos de la reliure.

61. Métamorphoses (Les) de Melpomène et de Thalie, ou caractères dramatiques des Comédies françoise et italienne. *Paris, chez l'auteur,* s. d. (1780) ; in-4, cart., *non rogné.*   100 fr.

Ouvrage orné d'un frontispice et de 23 planches, représentant les acteurs et actrices les plus réputés à la fin du siècle dernier, dans leur principal rôle, dessinées d'après nature par *Whirsher.*
Bel exemplaire de la bibliothèque de Charles COUSIN.

62. Milton. Le Paradis perdu ; édition en anglais et en français. (Traduction de Dupré de Saint-Maur). *Paris, Defer de Maisonneuve,* 1792 ; 2 vol. in-4, fig. veau marbr., dos orné, tr. dor. (*Rel. anc.*).   200 fr.

Exemplaire en papier vélin, avec les douze figures en couleurs de *Schall*, AVANT LA LETTRE.

63. Molière. Œuvres de Molière. Nouvelle édition. *A Paris, chez Bordelet,* 1749 ; 8 vol. pet. in-12, veau marb., dos ornés, fil. (*Rel. anc*). 70 fr.

1 portrait d'après *Mignard*, par *Punt*, 1 fleuron répété sur les titres et 32 figures dessinées et gravées par *Punt*, d'après *Boucher.*

64. MOLIÈRE. Œuvres de Molière, avec des remarques grammaticales, des avertissements et des observations sur chaque pièce, par M. Bret. *A Paris, par la Compagnie des Libraires associés,* 1773 ; 6 vol. in-8, veau marb., dos ornés, fil. (*Rel. anc.*).   300 fr.

1 portrait d'après *Mignard* gravés par *Cathelin* ; 6 fleurons sur les titres par *Moreau,* et 33 figures par *Moreau*, gravés par *Baquoy*, de *Launay*, de *Ghendt, Simonet,* etc.
Exemplaire de **premier tirage.**

65. Morel de Vindé. Zélomir par Morel (Vindé). *Paris, imp. de P. Didot (Bleuet),* 1801 ; in-18, fig., mar. vert, dos orné, fil., dent. int., tr. dor. (*Allô*).   150 fr.

Bel exemplaire sur PAPIER VÉLIN avec double suite des 6 figures de *Lefebvre* gravées par Godefroy, avec et AVANT LA LETTRE. Témoins.

66. MOREL DE VINDÉ. PRIMEROSE, par M.. el de V.. dé. *Paris (Bleuet), de l'impr. de P. Didot l'ainé,* 1797 ; in-18, cart., *non rogné.* 350 fr.

Bel exemplaire en PAPIER VÉLIN.
Frontispice et 5 figures de *Lefèvre*, gravées par *Godefroy*, en double état : EAUX-FORTES (remontées à châssis) et AVANT LA LETTRE.

67. Musée. Héro et Léandre, poème de Musée. On y a joint la traducduction de plusieurs Idylles de Théocrite par M. M*** C*** (Moutonnet-Clairfons). *A Sestos et se trouve à Paris, chez le Boucher,* 1774 ; in-8, veau racine, dos orné, fil. (*Rel. anc.*).   20 fr.

Frontispice d'*Eisen* gravé par *Duclos.*

Achat de Bibliothèques

68. OVIDE. Les Métamorphoses, en latin et en français, de la traduction de M. l'abbé Banier, avec des explications historiques. *Paris, Basan, Lemire, Leclerc, Nyon,* 1767-1770 ; 4 vol. in-4, mar. vert, dos ornés, dent., tr. dor. (*Rel. anc.*).　　　800 fr.

   Un des ouvrage les plus importants parmi les livres illustrés du XVIIIᵉ siècle, contenant la suite de 140 estampes de *Moreau, Boucher, Eisen, Monnet, Saint-Gois,* etc.

69. Palissot. Œuvres. Nouvelle édition revue et corrigée. *Paris, impr. de Monsieur,* 1788 ; 4 vol. in-8, mar. rouge à grain long, dos ornés, tr. dor. (*Rel. anc.*).　　　200 fr.

   Portrait de Palissot par *Monnet* gravé par *Choffard* et 18 figures par *Méon* et *Monnet.* Très bel exemplaire en GRAND PAPIER.

70. Petity (Abbé de). Étrennes françaises, dédiées à la Ville de Paris, pour l'année jubilaire du règne de Louis le Bien Aimé. *Paris, P. G. Simon,* 1766 ; in-4, demi-veau brun.　　　80 fr.

   Deux planches d'armoiries, 5 jolies gravures de *Gabriel de Saint-Aubin* représentant divers monuments de Paris et une figure de *Gravelot,* gravées par *Chenu, Duclos* et *Littret.*
   Exemplaire de premier tirage.

71. Pezay (de). Zélis au bain, poëme en quatre chants (par le marquis de Pesay. *A Genève,* s. d. — Les Fleurettes (par le vicomte de Flavigny). *A Paris, chez Boismortier,* s. d. (vers 1760). Ens. 2 ouvr. en 1 vol. in-8, veau marb., tr. dor. (*Rel. anc.*).　　　120 fr.

   1 titre par *Eisen,* gravé par *Lemire,* 4 figures, 4 vignettes et 4 culs-de-lampe par *Eisen,* gravés par *Aliamet, Lafosse, Le Mire* et de *Longueil,* pour Zélis au bain, qui est sur GRAND PAPIER.
   5 titres gravés, non signés, et le texte entièrement gravé, pour Les Fleurettes.

72. Plutarque. Œuvres complètes, traduit du Grec par Jacques Amyot. Avec des notes et des observations de M. l'abbé Brotier (et Vauvilliers). *Paris, Cussac,* 1783-1805 ; 25 vol. in-8, mar. rouge à longs grains, doubl. de tabis vert, dos ornés, encad. de fil., tr. dor. (*Rel. anc.*). 150 fr.

   22 figures AVANT LA LETTRE par *Borel, Fraisie, Le Barbier, Marchand, Maréchal, Marillier, Monnet, Moreau* et *Myris,* gravées par *Baquoy, Chateau, Halbou, Levillain,* de *Longueil, Née, Pathas* et *Ponce.*

73. RABELAIS. Œuvres de maître François Rabelais avec des remarques historiques et critiques de Monsieur Le Duchat. Nouvelle édition ornée de figures de P. Picard, augmentée de quantité de nouvelles remarques de Monsieur Le Duchat. *Amsterdam, J. F. Bernard,* 1741 ; 3 vol. in-4, mar. rouge, dos or., fil., tr. dor. (*Rel. anc.*). 800 fr.

   Cet ouvrage très rare en maroquin ancien est illustré de 12 estampes par *Dubourg,* 8 culs-de-lampe et 9 vignettes par *B. Picart* et un superbe frontispice de *Folkeima.*

74. Rabelais. Œuvres de Maître François Rabelais, anciennement publiées sous le titre de Faicts et Dicts du Grand Gargantua et de Pantagruel. Avec la Pronostication, l'épître de l'Ecolier Limousin, la brême philosophale, les épîtres à deux vieilles, etc. *S. l.,* 1767 ; 3 vol. in-18, fig., mar. rouge, dos orné, fil., tr. dor. (*Derome*).　　　250 fr.

   Edition rare et appréciée à cause des figures et des vignettes qui en font l'ornement. Bel exemplaire.

75. RECUEIL D'ESTAMPES d'après les plus beaux tableaux et d'après les plus beaux dessins qui sont en France dans les cabinets du roi, du Duc d'Orléans, etc... (connu sous le nom de cabinet Crozat), avec une description historique (par P.-J. Mariette). *Paris,* 1729-1742 ; 2 vol. in-fol., max., veau. (*Rel. anc.*).　　　350 fr.

   Première édition contenant 182 pièces dont 45 sans numéros.
   Exemplaire en GRAND PAPIER.

Et de Livres anciens et modernes

76. **RECUEIL DES MEILLEURS CONTES** en vers. *Londres* (*Paris, Cazin*), 1778 ; 4 vol. in-18, mar. bleu, dent. int., tr. dor. (*Capé*). 250 fr.

> 1 portrait de La Fontaine et 116 vignettes non signées, en très bonnes épreuves. Ravissantes illustrations attribuées à *Duplessi-Bertaut*, ou à *Durand*, peintre en miniature du duc d'Orléans.

77. **REPRÉSENTATION DES FÊTES DONNÉES PAR LA VILLE DE STRASBOURG** pour la convalescence du Roi, à l'arrivée et pendant le séjour de Sa Majesté en cette ville. Inventé, dessiné et dirigé par J. M. Weiss, graveur de la ville de Strasbourg. *Imprimé par Laurent Aubert, à Paris, s. d.* (1745) ; in-fol., port. et fig., mar. rouge, dent., fleurs de lis aux angles, tr. dor. (*Rel. anc.*). 600 fr.

> Titre gravé par *Marvie*, portrait de Louis XV gravé par *Wille*, d'après *Parrocel*, 11 pl. gravées par *Weiss* et *Le Bas*, d'après *Weiss*; 10 ff. de texte gravé, avec encadrements différents ; uns grande vignette en-tête et une vignette cul-de-lampe dessinées par *Weiss*, gravées par *Marvie*.
> Bel exemplaire. Le premier plat porte l'inscription : « DONNÉ PAR MOI ». ?

78. **RESTIF DE LA BRETONNE**. LES NUITS DE PARIS, ou le spectateur nocturne (par Restif de la Bretonne). *A Londres et se trouve à Paris*, 1788-1794 ; 15 parties en 8 vol. in-12, veau, dos orné, fil. (*Rel. anc.*). 250 fr.

> 18 jolies figures non signées en TRÈS BONNES ÉPREUVES; la figure du « Billard » qui manque souvent se trouve en double. C'est parmi ces estampes que l'auteur s'est fait représenter plusieurs fois ; il est très ressemblant vêtu de son ample manteau et de son large chapeau (Lacroix, XXXIV).
> On a ajouté un portrait (replié) de Restif de la Bretonne, gravé par *Berthet* d'après *Binet*.
> Cet exemplaire porte sur le tome Iᵉʳ le cachet « Bibliothèque de la reine. Palais Royal » et est orné sur le dos de la reliure du chiffre M. C. surmonté d'une couronne fermée, sauf les tomes IV et VIII qui sont en reliure plus moderne et portent le chiffre F. B. P. S.

79. **RESTIF DE LA BRETONNE**. LE PAYSAN (et LA PAYSANNE) perverti (s) ou les dangers de la ville. *La Haye et Paris*, 1776-1784 ; 8 vol. in-12, mar. rouge jans., fil., dent. int., tr. dor. 400 fr.

> Ce roman renferme 120 jolies figures dessinées par *Binet*, gravées par *Berthet* et *Leroi*. Très intéressantes pour le costume à la fin du XVIIIᵉ siècle. La première planche est remontée.

80. **Restif de la Bretonne**. Tableaux de la Vie, ou les mœurs du dix-huitième siècle, avec 17 figures en taille-douce. *A Neuwied sur le Rhin, chez la Société typographique et à Strasbourg, s. d.* ; 2 tomes en 1 vol. in-18, mar. bleu, dos orné à petits fers, dent. int., tr. dor. (*David*). 150 fr.

> 16 jolies figures en très bonnes épreuves d'après *Freudeberg* et *Moreau*, qui sont la réduction des estampes du monument du costume.

81. **Révolution**. Description abrégée des douze estampes sur les principales journées de la Révolution, gravées par Helman, d'après Monnet. *Paris, chez l'auteur*, s. d. ; in-fol. oblong, cart. 170 fr.

> Piqûres.

82. **Rozoi** (de). Les Sens. Poème en six chants. Seconde édition. Revue et corrigée, par l'auteur. *Londres*, 1767. — Epître au verrou de ma porte, par l'auteur du poème sur les Sens. *A Tempé*, 1767: Ens. 2 vol., rel. en un, mar. r., dent. int. 25 fr.

> Orné de 7 figures dont 4 d'*Eisen* et 3 de *Ville* ; 6 vignettes dont 3 d'*Eisen* et 3 de *Ville* ; et 2 culs-de-lampe par *Eisen*, gravés par *Longueil*. Cette édition est en outre ornée d'un joli titre gravé par *Longueil*.

Achat de Bibliothèques

83. SACRE DE LOUIS XV (Le), Roy de France et de Navarre, dans l'église de Reims, le dimanche xxv octobre 1722. (Avec texte par Danchet). *S. l. n. d. (Paris, 1722)*; in-fol., mar. rouge, dos orné, dent., fleurs de lys aux angles, tr. dor. (*Rel. anc.*).   1.000 fr.

> Magnifique ouvrage, entièrement gravé, illustré de 9 grandes planches doubles par *Cochin, Larmessin, Tardieu* et *Dupuis ;* et de 63 estampes représentant les costumes du roi et des grands dignitaires de la couronne. Chacun des feuillets du texte est entouré par une délicate bordure.
> Belle reliure de *Pasdeloup*, AUX ARMES ROYALES.

84. Sacre et couronnement de Louis XVI, roi de France et de Navarre, à Rheims le 11 juin 1775 (par l'abbé Pichon), précédés de recherches sur le sacre des rois de France depuis Clovis jusqu'à Louis XV (par Gobet), enrichi d'un très grand nombre de figures en taille-douce, gravées par le sieur Patas, avec leurs explications. *Paris, chez Vente et chez Patas,* 1775 ; in-4, mar. vert, dos et coins fleurdelisés, fil., tr. dor. (*Rel. anc.*).   300 fr.

> Exemplaire sur PAPIER DE HOLLANDE, orné d'un titre gravé, un frontispice, 14 jolies vignettes, 48 figures (dont plusieurs planches doubles pour les cérémonies du sacre) et 1 plan de Reims.
> Exemplaire fatigué. Mouillures aux premières pages. AUX ARMES DE LOUIS XVI.

85. Saint-Pierre (B. de). Paul et Virginie, par Jacques-Bernardin-Henri de Saint-Pierre avec figures. *A Paris, de l'Imp. de Monsieur,* 1789 ; in-18, mar. bleu foncé, dos orné, dent. sur les plats, tr. dor. (*Bisiaux*).   200 fr.

> Exemplaire sur PAPIER VÉLIN D'ESSONNES, orné de 4 figures par *Moreau* et *Joseph Vernet,* gravées par *Girardet, Halbou* et de *Longueil.*
> Dans le même volume : Romances par M. Berquin. *A Paris, de l'Imp. de Monsieur,* 1788.
> Bel exemplaire dans une jolie reliure de *Bisiaux* avec son étiquette.

86. Saint-Non (l'abbé de). Voyage pittoresque, ou description des royaumes de Naples et de Sicile. *Paris, Clousier,* 1781-1786 ; 4 tomes en 5 vol. in-fol., veau porphyre, dos orn., fil., orn. aux angles, tr. dor. (*Rel. anc.*).   350 fr.

> Bel ouvrage richement orné de gravures. Fleurons sur les titres, 376 gravures, 11 grandes vignettes, 74 culs-de-lampe et fleurons, 12 cartes et 1 plan dessinés par *Auvray, Choffard, Cochin, Duplessi-Bertaux, Fragonard,* etc.

87. Tasse. La Gerusalemme liberata di Torquato Tasso ; seconda edizione, coi rami della edizione di Monsieur. *Parigi, Didot,* s. d. (1785-1786) ; 2 vol. in-4, fig., mar. rouge, dos orné, dent., tr. dor. (*Rel. anc.*).   300 fr.

> Très belle édition ornée des figures de *Cochin,* imprimée seulement à 200 exemplaires sur PAPIER VÉLIN.
> Jolie reliure directoire, bien conservée.

88. Tassoni (Alessandro). La Secchia rapita, poema eroi comico. *Parigi, L. Prault,* 1766 ; 2 vol. gr. in-8, front. et fig., veau fauve, dos orn., fil., tr. dor. (*Rel. anc.*).   50 fr.

> Figures, en-têtes et culs-de-lampe de *Gravelot* et *Marillier.*

89. Temple des Muses (Le), orné de LX Tableaux ou sont représentés les Evènements les plus remarquables de l'Antiquité fabuleuse, dessinés et gravés par B. Picart le Romain et autres habiles maîtres et accompagnés d'explications et de remarques (par Ant. de La Barre de Beaumarchais), qui découvrent le vrai sens des Fables et le fondement qu'elles ont dans l'histoire. *Amsterdam, Zacharie Chatelain,* 1733 ; in-fol., fig., mar. rouge, dos orné, fil., tr. dor. (*Derôme*).   250 fr.

> 60 figures, 1 fleuron sur le titre et 1 vignette à écusson (les armes de l'électeur de Mayence), par *B. Picart* et beaux encadrements à chaque pages.
> Première édition française. Très bel exemplaire.

Et de Livres anciens et modernes

90. **Tentation** de S. Antoine (par Sedaine). — Pot Poury de Loth (par
Lallemand). *S. l. n. d. (Paris,* 1781); in-8, cart., *non rogné.*   160 fr.

> 2 frontispices et 16 figures par *Borel.*
> Rare exemplaire de premier tirage des figures découvertes, conservées dans leur car-
> tonnage original.

91. **Tompson**. Les Saisons, poème, traduit de l'anglais (par Mme Bon-
temps). *Paris, Chaubert,* 1759 ; in-12, mar. rouge, dos orn., fil., dent.
int., tr. dor. *(Canape-Belz).*   50 fr.

> Illustré de 1 titre gravé, 4 figures et 4 culs-de-lampe d'*Eisen.*
> Bel exemplaire.

92. **Tressan**. Histoire de Gérard de Nevers et de la belle Euriant, sa
mie. *Paris, de l'impr. de Didot jeune,* 1792 ; pet. in-12, fig., mar.
rouge, dos orn., dent., tr. dor. *(Rel. anc.).*   100 fr.

> Exemplaire tiré sur PAPIER VÉLIN, contenant 4 figures dessinées par *Moreau,* gravées
> par *Dupréel, de Ghendt, Malbeste* et *Simonet.*
> Charmante reliure à dentelle.

93. **TRESSAN**. HISTOIRE DU PETIT JEHAN DE SAINTRÉ et de la Dame
des Belles-Cousines, extraite de la vieille chronique de ce nom. *A Paris,
de l'impr. de Didot jeune,* 1791 ; pet. in-12, mar. vert, dent., doublé
de tabis, tr. dor. *(Rel. anc.).*   300 fr.

> Exemplaire tiré sur PAPIER VÉLIN contenant 4 figures dessinées par *Moreau,* gravées
> par *Dambrun, Halbou* et *de Longueil,* épreuves AVANT LA LETTRE.

94. **Vadé**. ŒUVRES POISSARDES suivies de celles de l'Ecluse. *Paris,
Didot,* 1796 ; in-12, portr. et fig., mar. rouge, dos orn., fil., dent. int.,
tr. dor. *(Joly).*   200 fr.

> Bel exemplaire en PAPIER VÉLIN de cette jolie édition ornée d'un portrait et de quatre
> figures dessinées par *Monsiau.* Témoins.
> Epreuves AVANT LA LETTRE. Rare.

95. **VOLTAIRE**. Collection complète des œuvres de M. de Voltaire.
Genève (chez les frères Cramer), 1768-1777 ; 30 vol. in-4, front., fig. et
port., mar. rouge, dos orn., fil., tr. dor. *(Rel. anc.).*   500 fr.

> Edition illustrée d'un frontispice, de 7 portraits par *Jannet, de la Tour* et *Gardelle,* et
> de 42 figures de *Gravelot.*

96. **Voltaire**. La Henriade. Nouvelle édition. *Paris, Veuve Duchesne,*
s. d. (1770) ; 2 vol. in-8, veau racine, dos orné, fil.   40 fr.

> Titre gravé avec portrait de l'auteur, frontispice, 10 jolies figures et 10 vignettes dessi-
> nées par *Eisen,* gravées par *de Longueil.*

97. **Voltaire**. La Pucelle d'Orléans, poëme en vingt-un chants. *Paris,
impr. de Didot le jeune, l'an III* (1795) ; 2 vol. in-4, demi-rel. dos et
coins de mar. rouge, dos orné, tête dor.   100 fr.

> Très belle édition illustrée d'un portrait par *Gaucher* et de 21 figures par *Lebarbier,
> Marillier, Monsiau* et *Monnet.*

98. **VOLTAIRE**. ROMANS ET CONTES. *Bouillon,* 1778 ; 3 vol. in-8,
mar. rouge, dos orn., fil., dent. int., tr. dor. *(Rel. anc.).*   1.200 fr.

> Cet ouvrage contient 1 fleuron sur les titres, 13 vignettes par *Monnet,* gravées par
> *Deny.* 57 figures par *Marillier, Martini, Monnet* et *Moreau,* gravées par *Baquoy,
> Châtelain, Deny, Dambrun,* etc., et 1 portrait de Voltaire par *de la Tour,* gravé par
> *Cathelin.*
> Bel exemplaire, grand de marges, dans une jolie reliure de *Derôme.*

99. **VOYAGES IMAGINAIRES,** songes, visions et romans cabalis-
tiques, ornés de figures. *Amsterdam et Paris,* 1787-1789 ; 39 vol. in-8,
mar. vert, dos orn., fil., tr. dor. *(Rel. anc.).*   600 fr.

> Ouvrage illustré de 76 figures de *Marillier,* gravées par *Berthet, Borgnet, Croutelle,
> Delignon. Delvaux, de Ghendt, Le Villain, Langlois, Delaunay, Giraud, Patas,
> Maillet, Dambrun, de Valamy, Viguet,* et Mme *de Mouchy.* .
> Armes sur le dos de la reliure.

Achat de Bibliothèques

100. Zacharie. Les Quatre Parties du jour, poème traduit de l'allemand de M. Zacharie (par Muller). *Paris, Musier,* 1769 ; gr. in-8, demi-rel. dos et coins de cuir de Russie, dos orné, tête dor., éb.   70 fr.

   Exemplaire sur GRAND PAPIER DE HOLLANDE, illustré de 1 frontispice, de 4 figures, de 4 vignettes en-tête et de 4 culs-de-lampe par *Eisen,* gravés par *Baquoy.*

101. Zurlauben et **La Borde.** Tableaux topographiques, pittoresques, physiques, historiques, moraux, politiques, littéraires de la Suisse. *Paris, Clousier,* 1780-1788 ; 4 tomes en 3 vol. in-fol., mar. rouge, dos orné, fil. (*Derome*).   300 fr.

   Superbe ouvrage orné de près de 300 planches dessinées par *Le Barbier, Chatelet, Bertaux, Perignon,* etc. Frontispice par *Moreau* et portraits de Zurlauben et de La Borde.

102. Zurlauben et **La Borde.** Tableaux de la Suisse, ou voyage pittoresque fait dans les XIII cantons du corps helvétique, représentant les divers phénomènes que la nature y rassemble et les beautés dont l'art les a enrichis. Seconde édition. *Paris, Lamy,* 1784-1786 ; 13 vol. in-4, veau marbr., dos orné, dent., tr. dor. (*Rel. anc.*).   200 fr.

   Bel exemplaire orné de 428 planches gravées en taille-douce, d'après les meilleurs artistes de la fin du XVIIIe siècle.

103. Abailard et Héloïse. Lettres et épîtres amoureuses. *Genève (Paris,
Cazin*, 1777 ; 2 vol. in-12, port., mar. rouge, dos ornés, fil., tr. dor.
(*Rel. anc.*). 30 fr.

> Bel exemplaire.

104. About (Ed.). Le nez d'un notaire. Eaux-fortes de Géry-Bichard.
Paris, Calmann-Lévy, 1886; pet. in-8, demi-rel. dos et coins de mar.
lavallière, *non rogné*, couv. cons. (*Champs*). 180 fr.

> Un des 225 exemplaires tirés sur PAPIER VÉLIN DU MARAIS avec les figures en TROIS
> ÉTATS dont l'eau-forte pure (n° 29).

105. Advis fidelle aux veritables Hollandois, touchant ce qui s'est passé
dans les villages de Bodegrave et Swammerden, et les cruautés inouïes
que les Français y ont exercées, avec un Mémoire sur la dernière
marche de l'armée du Roy de France en Brabant et en Flandre (par de
Wicquefort). *S. l. (à la Sphère)* 1673 ; in-4, demi-rel. veau olive avec
coins, dos orné, fil., tr. dor. 60 fr.

> Cet ouvrage, sorti des presses des frères Steucker, imprimeurs à La Haye, s'annexe
> à la collection elzévirienne. Il est orné de 8 belles planches, gravées à l'eau-forte par
> Romain de Hooghe, représentant les excès commis en Flandre par les troupes de Louis
> XIV. — Bel exemplaire très grand de marges.

106. Agnès, princesse de Bourgogne, nouvelle. *Cologne*, 1678; pet. in-12,
mar. bleu, dos orné, fil., tr. dor. (*Hardy-Mennil*). 25 fr.

107. Aigue d'Iffremont. RODOGIME, ou l'histoire du grand Antiocus.
Paris, Est. Loyson, 1608 ; 2 tomes en un vol. in-8, veau fauve, dos
orné, fil., tr. dor. (*Petit-Simier*). 30 fr.

> Roman dans le genre du Grand Cyrus, illustré d'un frontispice et de 4 figures par *Fr.
> Chauveau*.
> Très bel exemplaire.

108. AILHAUD (Jean). Médecine universelle ; 16 vol. in-12, mar.
rouge, dos ornés, fil., tr. dor. (*Rel. anc.*). 300 fr.

> Traité de l'origine des maladies et de l'usage de la poudre purgative, 1 vol. — Méde-
> cine universelle prouvée par le raisonnement, démontrée par l'expérience, 1 vol. —
> Lettres de guérisons opérées par le remède universel, 9 vol. — Réponse à une lettre
> anonyme, 1 vol. — Médecine universelle ou traité de l'origine des maladies, 1 vol. —
> L'ami des malades, 1 vol. — Réponse à la lettre de M. Lorentz, 1 vol. — Dictionnaire des
> maladies guéries par le remède universel, 1 vol.

109. AITSINGERI. NOVUS. DE LEONE BELGICO eiusq. topographia atq.
historica descriptione liber. quinq. partibus Gubernatorum Philippi regis
Hispaniarum ordine distinctus. Insuper elegantissimi illius artificis
Francisci Hogenbergii bis centum et VIII figuris ornatus : Rerumque in
belgio maxime gestarum inde ab anno Christi MDLXIX usque ad annum
MDLXXXVII perpetua narratione continuatus. Michaele Aitsingero austriaco
auctore. Francisco Hogenberg concesso auctor et locupletior... *Coloniæ*,
1588; in-4, fig., rel. en 2 vol. vélin blanc. 400 fr.

> Cet ouvrage, intéressant et curieux, est illustré de 1 titre gravé, du portrait en buste
> d'Eytzinger et de 208 estampes gravées par *Hogenberg*.
> Toutes ces estampes, dans un joli coloris ancien ont trait aux événements, arrivés en
> France et en Belgique de 1569 à 1587.
> RARE.

110. Albin et **Derham.** Histoire naturelle des Oiseaux, ornée de 306
estampes qui les représentent parfaitement au naturel, dessinées et gravées par Eleazar Albin, et augmentées de notes et de remarques cu-

Achat de Bibliothèques

rieuses par W. Deharm. *A La Haye, chez Pierre de Hondt*, 1750 ;
3 vol. in-4, mar. rouge, dos ornés, fil., tr. dor. (*Rel. anc.*).   150 fr.

305 planches en taille-douce.

111. Alboize et Ch. **Élie**. Fastes des Gardes Nationales de France.
Paris, Goubeaud, 1849 ; gr. in-8, demi-rel. dos et coins mar. vert, dos
orné, tête dor., *non rogné (Petit)*.   12 fr.

Figures hors texte gravées sur acier.

112. Alciat. Livret des Emblemes de maistre André Alciat, mis en rime
françoyse, et présenté à Monseigneur l'Admiral de France (par Jehan le
Fevre). *On les vend à Paris, en la maison de Chrestien Wechel*, 1536 ;
in-8, réglé, fig., veau brun, comp. à froid. (*Rel. anc.*).   150 fr.

PREMIÈRE ÉDITION française des Emblèmes d'Alciat, ornée de figures sur bois. Ces
figures, au nombre de 112, sont les mêmes (sauf quelques variantes) que celles qui
ornaient l'édition latine publiée par *Wechel* en 1554. Ces figures passent pour avoir été
dessinées par un artiste de Bâle et gravées par *Mercure Jollat*.
Bel exemplaire.

113. Alcoran des Cordeliers (l'), tant en latin qu'en françois, c'est-à-
dire Recueil des plus notables bourdes et blasphèmes de ceux qui ont
osé comparer sainct François à Jésus-Christ : tiré du grand livre des
Conformitez, jadis composé par Frère Barthélemy de Pise, cordelier en
son vivant (par Erasme Alber). *Amsterdam*, 1734 ; 2 vol. in-12, veau
fauve, dos orné, fil., tr. dor. (*Rel. anc.*).   20 fr.

Bel exemplaire orné d'un frontispice et 21 figures par *Bernard Picart*.

114. Allom. L'Écosse pittoresque, ou suite de vues prises expressément
pour cet ouvrage par Th. Allom, W.-H. Bartlett, et H. M' Culloch ; le
texte par W. Beattie, traduit de l'anglais par L. de Bauclas. *Londres,
G. Virtue*, 1838 ; 2 vol. in-4, demi-chag. vert, plats toile.   50 fr.

Illustré de 2 front., 118 planches et 1 carte, gravés sur acier

115. Almanach. Calendrier de la cour. *Paris, Hérissant*, 1780. —
Almanach royal. *Paris, d'Henry*, 1780. — Etrennes mignonnes, curieuses et utiles. *Paris, Durand*, 1780 ; cartes. — Ens. 3 ouvrages reliés
en 1 vol. in-24, mar. rouge, dos orné, fil., tr. dor. (*Rel. anc.*).   10 fr.

116. Almanach. Hommage aux Dames. *Paris, Janet*, s. d. — Le Parnasse des Dames. *Paris, Janet*, s.d. Ens. 2 tomes en 1 vol. in-16, titres
gravés, demi-rel. veau.   15 fr.

Recueil de vers par les meilleurs auteurs de l'époque ou tirés des ouvrages des poètes
les plus célèbres.

117. Almanach. Les Spectacles de Paris, ou calendrier historique et
chronologique des Théâtres. *Paris, Vve Duchesne*, 1766-1791 ; 7 vol.
in-12, mar. rouge, dos orné, fil., tr. dor. (*Rel. anc.*). Chacun   10 fr.

Années 1766, 1774, 1779, 1780, 1783, 1789 et 1791.

118. ALMANACH CURIEUX et instructif pour l'Année 1758. Dédié
et présenté à Monsieur Thiéry par son très humble et très obéissant
serviteur et fils Thiéry. *Paris*, 1758 ; in-12, mar. vert, dos orné, dent.,
tr. dor. (*Rel. anc.*).   800 fr.

Ce volume en son entier, texte, calligraphie, ornementation, est l'œuvre de Luc Vin-
cent Thiéry de Sainte-Colombe.
Le texte comprend : un calendrier, diverses notions astronomiques et géologiques et
quelques petites pièces de vers sur les saisons ; il est orné d'un certain nombre de dessins
à la plume.
La reliure porte sur les plats les armes accolées de M. et Mme THIÉRY DE SAINTE-
COLOMBE, père et mère de Luc Vincent Thiéry.
Luc Vincent Thiéry de Sainte-Colombe était l'arrière grand-père de M. Eugène
Paillet ; il fut longtemps occupé sous Louis XV et Louis XVI dans les bureaux de la
guerre. Il dessina des vues de villes et de monuments. Il s'occupa aussi de la publication
de divers Guides à Paris. Dans sa vieillesse, il s'était retiré à Soissons, chez son gendre,
le docteur J.-B. Paroisse.

Et de Livres anciens et modernes

119. Almanach littéraire ou Étrennes d'Appolon. *A Athènes et se trouve à Paris*, chez les libraires des années précédentes, 1783 ; pet. in-12, mar. rouge, dos orné, fil., tr. dor. (*Rel. anc.*).   20 fr.

Très intéressant recueil de pièces en vers et en prose par Rivarol, Voltaire, Le Gay, Le Mierre, de Boufflers ; lettres de Voltaire, de Montesquieu, de J.-J. Rousseau, dialogue entre la Mode et la Raison par M. de la Dixmerie ; bons mots, diversités curieuses, notice sur les principaux ouvrages, mêlée de traits piquants, anecdotes historiques, etc.

120. Almanach nocturne à l'usage du grand monde à l'instar de l'almanach de Liège pour l'année MDCCCXL. Enrichi de seize centuries, d'une historiette nocturne à la fin de chaque mois, de prédilections nouvelles et de remarques curieuses, par Mme la M^ise D. N. N. C. (le chevalier de Neuville Montador). *A Nuitz chez Serotin Luna, au Vesper* (Paris, Morel, 1740 ; in-12, mar. vert, dos orné, fil., tr. dor.(*Derome*). 50 fr.

RARE. Cette année comprend : La femme fouettée. — La dame de paroisse. — La femme démasquée. — Le gros lot. — Les vingt surprises. — La gageure gagnée. — Les baigneuses. — Les réjouissances publiques. — Bal de l'Hôtel de Ville. — Le Colin Maillard. — L'Imagination, etc. — Le Mari ... et payé. — Remarques nocturnes. — Choses faites pour la nuit, etc., etc.

121. Almanach royal pour l'année bissextile 1772 ; in-8, mar. rouge, larges dent., milieux de mar. vert avec sujets et fers argentés, dos orné, tabis, tr. dor. (*Rel. anc.*).   150 fr.

122. Almanach royal, année 1786. *A Paris, chez d'Houry*, 1786 ; in-8, mar. rouge, dos fleurdelisé, large dent. à petits fers ¦sur les plats, tr. dor. (*Rel. anc.*).   125 fr.

Exemplaire aux armes.

123. Almanach royal, année commune 1789. *A Paris, chez Debure*, 1789 ; in-8, mar. rouge, dos fleurdelisé, fil. et large dent. sur les plats, tr. dor. (*Rel. anc.*).   150 fr.

Exemplaire aux armes.

124. Almanach de Versailles année ¦1789. *Versailles, Blaizot*, 1789 ; in-18, mar. rouge, dos orné, fil., tr. dor. (*Rel. anc.*).   10 fr.

Un des plats de la reliure est légèrement rongé des vers.

125. Ambert et Aubry. Esquisses historiques des différents corps qui composent l'Armée française, par Joachim Ambert. Dessiné par Charles Aubry. *Paris, A. Degouy*, 1835 ; in-fol., demi-rel. mar. violet, dos orné.   60 fr.

1 frontispice et 13 planches représentant les costumes des principaux corps de troupes lithographiés par *Aubry*.

126. Amman (Jost). Neuwe Biblische Figuren dess alten und Neuwen Testaments, geordnet und gestellt durch den fuert refflichen und Kunstreichen Johan Bockspergen von Saltz bourgden juegeru, und nach gerissen mit sonderm fleiss durch den Kunst verstendigen und wolerfarnen Jos Amman von Zuerych. Allen kunstlern, als malern, goltschmiden, bildhauwern, etc. *Gedruckt zu Francfurt am Mayn*, 1564 (Im Ende :) *Gedruckt zu Franckfurt am Mayn durch Georg Raben, sig. Feyeraland und Weygand* ¦Hanen ¦Elben ; in-8 obl., veau. (*Rel. anc.*)   140 fr.

129 belles figures sur bois gravées les dessins de *Jost Amman*.

127. Anacréon. Odes, traduites en vers sur le texte de Brunck, par J.-B. de Saint-Victor. Seconde édition. *Paris, Nicolle*, 1813 ; in-12, mar. rouge, dos orné, dent., tr. dor. (*Rel. anc.*).   15 fr.

Texte grec en regard de la traduction. Figures de de *Girodet* et *Bouillon*, gravées par *Ab. Girardet.*

Achat de Bibliothèques

128. Anacréon, Bion et Moschus, suivis de la veillée des festes de Vénus, d'un choix de pièces de differens auteurs. *Paphos (Paris, Cazin),* 1785 ; 2 vol. in-12, front., mar. rouge, dos orné, fil. tr. dor. (*Rel. anc.*). 30 fr.

Bel exemplaire.

129. Anquetil. Vie du maréchal duc de Villars, de l'Académie françoise, écrite par lui-même et donnée au public par M. Anquetil. *A Paris, chez Moutard,* 1784 ; 4 vol. in-12, portr. et plans, mar. rouge, dos ornés, fil., doublures et gardes de tabis bleu, tr. dor. (*Rel. anc.*).   200 fr.

Bel exemplaire dans une reliure fraîche.

130. ANTICHITA DI ERCOLANO, esposte con qualche spiegazione (da Ottar Ant. Bajardi). *Napoli, regia stamp.* 1757-1792 ; 8 vol. gr. in-fol., fig., mar. rouge, dos orn., fil., tr. dor. (*Rel. anc.*). 750 fr.

Cet ouvrage, très curieux, se divise ainsi : Peinture, 5 vol., 4 port. et 324 pl. — Bronzes, 2 vol., 2 port., et 178 pl. — Lampes et Candélabres, 1 vol., 1 port. et 96 pl.
Superbe exemplaire en GRAND PAPIER, revêtu d'une excellente reliure.

131. Antiquités (les) de la ville de Paris contenans la recherche nouvelle des fondations et établissemens des églises, chapelles, monastères, hospitaux, hostels, etc., la chronologie des premiers présidens, advocats et procureurs généraux du Parlement, etc. (par Jacques Du Breuil et Claude Malingre). *Paris, Rocolet,* 1640 ; in-fol., veau, dos orné. (*Rel. anc.*)   40 fr.

Ouvrage recherché. Aux armes du président LE CAMUS.

132. ARGOTE DE MOLINA (Gonz.). LIBRO DE LA MONTERIA, que mando escrevir el muy alto y poderoso rey don Alonzo de Castilla y de Leon ultimo deste nombre, acrecentado par Gonçalo Argote de Molina. *En Sevilla, Andr. Pescioni,* 1582 ; 2 parties, pet. in-fol., fig., en 1 vol., vélin blanc. (*Rel. anc.*).   400 fr.

Première édition, TRÈS RARE. Ouvrage dans lequel on trouve un grand nombre de remarquables gravures sur bois représentant des scènes de chasse à l'ours, au sanglier, etc... Ce livre, précieux pour la connaissance de l'ancienne vénerie espagnole, a été écrit par ordre du roi de Castille, Alfonse XI, vers l'an 1340.
Notre exemplaire, bien complet, comprend : 6 ff. lim., 91 ff. de texte, 1 f. blanc, une notice historique de l'ouvrage intitulée : *Discurso sobre et libro de Monteria,* etc., 23 ff. (numérotés par erreur de 1 à 25), plus 1 f., sur lequel est l'emblème de l'imprimeur.
Exemplaire dans une reliure contemporaine du livre. Légères piqûres de vers dans la marge du bas.

133. Arias Montanus. Humanæ salutis monumenta. B. Ariæ Montani studio constructa et decantata. *Antwerpia, C. Plantini,* s. d. (1572) ; in-8, fig., vélin blanc, dos orné, fil., coins et mil. dor. (*Rel. anc.*).   120 fr.

Ce joli volume est orné de nombreuses planches gravées sur cuivre par *Jean Vierix* et autres artistes, d'après *Pierre Van der Borcht.* Exemplaire de PREMIER TIRAGE auquel il manque un feuillet.
On a relié à la suite : SACRARUM ANTIQUITATUM MONUMENTA ; Patriarcharum, Regum, Prophetarum, et vivorum vere illustrium veteris Testamenti. Imaginibus et Egoliis apparata atque inscripta : auctore LUDOVICO HILLESSEMIO, andernaco. *Antuerpiæ, C. Plantini,* 1577 ; port. de l'auteur, 39 jolies vignettes.
Le milieu de la reliure porte sur le premier plat deux A et sur le second deux Y redoublés en sens contraire. (Monogramme d'ANTOINETTE DE VENDOME, duchesse de Lorraine).
Piqûres de vers.

134. Armengaud. Les Galeries publiques de l'Europe. Italie. *Paris, Lahure,* 1862 ; in-4, demi-rel. chag. bleu, tête dor., *non rogné.* 15 fr.

Belles figures sur bois.

Et de Livres anciens et modernes

135. **Armstrong**. Sir Josua Reynolds First President of the Royal Academy. *London, William Heinemann*, 1900 ; in-fol., cart. toile rouge, tête dor., *non rogné*.   150 fr.

 78 photogravures et 6 lithographies.

136. **ART DE VÉRIFIER LES DATES** (L') des faits historiques, des chartes, des chroniques et autres monumens, depuis la naissance de Notre-Seigneur (par Doms d'Antine, Clémencet, Durand et Clément). Troisième édition. *Paris, Jombert*, 1783-1787 ; 3 vol. in-fol., mar. bleu, double encad. de fil., dent. int., tr. dor. (*Bradel*). 500 fr.

 Édition très estimée.
 Bel exemplaire dans une *jolie reliure de Bradel l'aîné, avec son étiquette.*

137. **Athanasius** (S.). Opera quad reperiuntur omnia... Graece nunc primum (ex Mss. Codd. Basil Cantabrig. Palatt. et aliis) in lucem data cum interpretatione Latine Petri Nanni... *Ex. Officina Commeliniana*, 1600-1601 ; 2 vol. in-fol., peau de truie estampée, ais de bois. (*Rel. anc.*). 60 fr.

 Première édition des œuvres de saint Athanase en grec et en latin, publiée par les soins de P. F. C. (Petr. Felckmann Curonaeus).

138. **Aubert** (P.-A.). Traité raisonné d'équitation d'après les principes de l'école française. *Paris, Anselin*, 1836 ; in-4, demi-bas., *non rogné*. 60 fr.

 Ouvrage intéressant sur l'équitation ; il est illustré de 41 lithographies donnant tous les principes d'équitation.
 Rare. Ex-dono de l'auteur.

139. **Audsley** et **Bowes**. La Céramique Japonaise, édition française, publiée sous la direction de M. A. Racinet. *Paris, Didot*, 1880 ; 2 vol. in-fol., demi-rel. dos et coins de mar. rouge, dos orné, tête dor., *non rognés*. 150 fr.

 55 planches en couleur.

140. **Aventures** (Les) du Gourou Paramarta, conte indien. Traduit par l'abbé Dubois. Préface de Francisque Sarcey. Orné de nombreuses eaux-fortes par Bernay et Catelain. *Paris, Barraud*, 1877 ; in-8, mar. jans. vert olive, dent. int., tête dor., *non rogné*, couv. cons. (*Rousselle*). 30 fr.

 Exemplaire sur PAPIER DE CHINE.
 « Il ne faut pas demander l'origine de ce petit conte. Tout ce que nous en savons, c'est qu'il nous arrive de l'Inde...
 « Ce Gourou Paramarta, au fond, n'est pas autre chose que notre Jocrisse, élevé à la dignité de brahme indien ; et ses cinq disciples, Stupide, Idiot, Badaud, Hébété et Lourdaud, trouveraient aisément leurs congénères chez Janot et Calinot ». (Extrait de la Préface).

141. **BAIF**. EUVRES EN RIME. — Les Amours. — Les Jeux. — Les Passe Tems, par Jan Antoine de Baïf. *Paris, Lucas Breyer*, 1572-1573 ; 4 vol. in-8, mar. rouge, milieux de feuillages, tr. dor. (*Trautz-Bauzonnet*). 1.000 fr.

 Très beaux exemplaires, grands de marges, de ces différents volumes qui forment les œuvres complètes de Baïf.
 De la bibliothèque du baron de LA ROCHE LACARELLE.

142. **BALLADES DANS PARIS**. Au Moulin de la Galette. — A l'Hôtel Drouot. — Sur les Quais. — Au Luxembourg. Notes inédites par MM. E. R., Paul Eudel, B.-H. Gausseron et Adolphe Retté. *Paris, imprimé pour les Bibliophiles contemporains*, 1894 ; gr. in-8 carré, mar. La Vallière clair, encadr. de fil. droits, courbes et entrelacés sur

Achat de Bibliothèques

le dos et les plats, doubl. et gardes de soie bleue, bordure int. de 7 fil., tr. dor. sur fausses marges, couv. conservée, étui. (*Canape*).   450 fr.

Ouvrage tiré à 180 exemplaires numérotés pour les membres de la Société des Bibliophiles contemporains et orné d'encadrements en couleurs dessinés par *A. Lunois* et de 4 grandes compositions de *Bertrand*, gravées à l'eau-forte, en 2 états : en noir et en couleurs.

143. Baluzius (Step.). Capitularia regum francorum. Additae sunt Marculfi monachi et aliorum formulae veteres, et notae doctissimorum virorum, Stephanus Baluzius tutelensis in unum collegit, ad vetustissimos codices manuscriptos emendavit, magnam partem nunc primum edidit, notis illustravit. *Parisiis, Franciseus Müguet, 1677* ; 2 vol. in-fol., mar. rouge, fil., dos ornés. (*Rel. anc.*).   150 fr.

Frontispice de *Le Brun* gravé par *Giffart*. Vignettes par *Chauveau*.

144. BALZAC (Guez de). Œuvres de Jean-Louis Guez de Balzac. *Amsterdam et Leyde, Elzevier, 1656-1675* ; 6 vol. pet. in-12, front., mar. rouge, dos orné, fil., tr. dor. (*Derôme*).   250 fr.

Très jolie édition imprimée par les *Elzévier*, ainsi composée : Lettres choisies. *Amsterdam, 1678.* — Œuvres diverses. *Amsterdam, 1664.* — Lettres familières à Chapelain. *Leyde, 1656.* — Aristippe. *Amsterdam, 1664.* — Les Entretiens. *Amsterdam, 1663.* — Lettres à Conrart. *Amsterdam, 1661.*

145. Balzac (H. de). Le Colonel Chabert. Illustrations de C. Delort. *Paris, Calmann Lévy, 1886* ; pet. in-8, demi-rel. dos et coins de mar. rouge avec coins, *non rogné*, couv. cons. (*Champs*).   200 fr.

Un des 225 exemplaires tirés sur PAPIER VÉLIN DU MARAIS avec les figures en TROIS ÉTATS dont l'eau-forte pure (n° 9).

146. Barante. Histoire des ducs de Bourgogne de la maison de Valois, 1364-1477, par M. de Barante. *Paris, Delloye, 1839* ; 12 vol. in-8, fig., demi-rel. chag. rouge.   35 fr.

Exemplaire avec les figures sur CHINE.

147. Barbazan. Fabliaux et Contes des poètes français des XIe, XIIe, XIIIe, XIVe et XVe siècles, tirés des meilleurs auteurs, nouvelle édition, augmentée et revue sur les Mss. de la Bibliothèque Impériale, par M. Méon. *Paris, B. Warée (de l'impr. de Crapelet), 1808* ; 4 vol. in-8, fig., demi-rel. mar. rouge à long grain, *non rognés*.   150 fr.

4 figures par *Langlois*, gravées par *Delvaux* et *de Villiers*.
Exemplaire en GRAND PAPIER avec triple état des gravures, EAUX-FORTES, AVANT LA LETTRE et avec la lettre.

148. Barclaii (Jo.). Argenis. Editio novissima, cum clavee, hoc est nominum propriorum elucidatione hactenus nondum edita. *Lugd. Bat., ex officina elzeviriana, 1630* ; pet. in-12, mar. rouge, dos orné, fil. à froid, tr. dor. (*Rel. anc.*).   20 fr.

Deuxième édition sous cette date, en 390 pp. et 3 ff. d'index. Elle se distingue par l'entête dit à la Sirène noire.
Haut : 116 mm. — Raccommodage au titre.

149. Barillet (J.). Les Pensées. Histoire, culture, multiplication, emploi. *Paris, Rothschild, 1869* ; in-4, br.   25 fr.

Ouvrage orné de nombreuses vignettes et de 25 chromolithographies exécutées d'après les spécimens par *Lesemann*.

150. Baronius et Raynaldi. Annales ecclesiastici, a Christo nato ad annum 1198. *Romae, 1588-1607* ; 12 vol. — Annales ecclesiastici post Baronium, ab ann. 1198 ad 1565. *Romae, 1646-1677*, 9 tomes en 10 vol. — Ens. 22 vol. in-fol., mar. rouge, dos orné, fil., tr. dor. (*Rel. anc.*). 800 fr.

Aux armes de CHARRON, marquis de MÉNARD.
Les deux derniers volumes sont en veau, avec sur le dos les pièces d'armoiries de ROHAN-SOUBISE.

Et de Livres anciens et modernes

151. BARRE (P.). Histoire générale d'Allemagne. *Paris*, 1748 ; 11 vol. in-4, mar. olive, dos orné, fil., tr. dor. (*Rel. anc.*). 350 fr.

Exemplaire de dédicace, tiré sur GRAND PAPIER, aux armes de Frédéric-Christian-Léopold, électeur de Saxe, fils aîné de FRÉDÉRIC-AUGUSTE III, roi de Pologne.

152. Bartlett. L'Amérique pittoresque ou vues des terres, des lacs et des fleuves des Etats-Unis d'Amérique. Ouvrage enrichi de gravures faites sur les dessins de M. W. H. Bartlett et exécutées par R. Wallis, J. Couson, Wilmore, Brandard, Adlard, Richardson, etc., la partie littéraire par N.-P. Willis, traduit de l'anglais par L. de Bauclas. *Londres, G. Virtue*, 1840 ; 2 vol. in-4, demi chag. brun, plats toile. 80 fr.

2 frontispices et 116 planches gravées sur acier.

153. Basnage. Annales des provinces-unies. Contenant les choses les plus remarquables arrivées en Europe. *La Haye, chez Charles Vier*, 1726 ; 2 vol. in-fol., mar. rouge, dos orné, fil., dent., tr. dor. (*Rel. anc.*). 200 fr.

6 vignettes et 1 cul-de-lampe par *Bernard Picart*.
Exemplaire de *Lamoignon*.

154. Batacchi. Nouvelles. *Paris, Liseux*, 1880 ; in-12, demi-rel. dos et coins de mar. citron, tête dor., *non rogné*. (*Chapalain*). 12 fr.

1ʳᵉ série.

155. Batissier. Histoire de l'art monumental dans l'antiquité et au moyen-âge, suivi d'un traité de la peinture sur verre. *Paris, Furne*, 1845 ; gr. in-8, demi-chag. rouge, *non rogné*. 30 fr.

EDITION ORIGINALE illustrée de 4 planches tirées en couleur et d'un grand nombre de vignettes sur bois, dessinées par *Sagot* et gravées par *Quartley*. Taches de rousseur.

156. BATTEUX (abbé). Principes de la littérature. Cinquième édition. *Paris, Saillant et Nyon*, 1774 ; 5 vol. in-8, mar. rouge, dos orné, fil., tr. dor. (*Derôme*). 250 fr.

Bel exemplaire dans une jolie reliure très fraîche de *Derôme*, avec son étiquette.

157. Bayle (Pierre). Dictionnaire historique et critique. Troisième édition. *Rotterdam, Michel Bohm*, 1720 ; 4 vol. — Nouveau dictionnaire historique et critique pour servir de supplément et de continuation au dictionnaire de Bayle, par Jaques-George Chaufepié. *Amsterdam*, 1750-1756 ; 4 vol. — Ens. 8 vol. in-fol., mar. rouge, dos orné, fil. et dent., tr. dor. (*Rel. anc.*). 800 fr.

Magnifique exemplaire dans une jolie reliure de *Moullié*. Rare dans cette condition.

158. BEAULIEU. Les Plans et Profils des Principales Villes et Lieux considérables des principautés, duchés et comtés de Catalogne, Roussillon, d'Alost, de Brabant, Cambray, Haynault, Namur, Limbourg, Lorraine et Bar, Artois, Flandre, Bourgogne, etc..., avec la carte générale et les particulières de chaque gouvernement, par le Sieur de Beaulieu. *A Paris, chez l'auteur*, s. d. (vers 1700) ; 3 vol. in-4 obl., veau granit. (*Rel. anc.*). 200 fr.

Ces 3 volumes renferment ensemble 1 portrait, 1 frontispice, 164 vues, 126 cartes et 176 plans de villes et places fortes conquises par Louis XIV, ou ayant été le théâtre de sièges ou combats faits par ce roi.
Cet ouvrage est encore connu sous le titre : *Les glorieuses conquêtes de Louis Grand ;* ces mots se lisent au frontispice d'une des parties de ce recueil.
Bel exemplaire, en très bonnes épreuves et grand de marges.
En voici le contenu :
1. Plans et cartes des villes d'Artois. Titre, 1 f. de texte, sonnet au roi 1 f., 1 pl. de

Achat de Bibliothèques

blason, 1 f. de table, 14 vues, 16 cartes et 13 plans gravés, et dédicace au roi, 2 ff. imp.
PORTRAIT DE BEAULIEU gravé par *Bosquillon.*

2. Duchez de Lorraine et de Bar. Titre, acquisition de la France 1 f., 13 vues, 13 cartes, 27 plans gravés.

3. Les glorieuses conquestes de Louis le Grand. Titre, sixain au chevalier de Beaulieu, 1 f., 15 vues, 15 cartes et 33 plans gravés.

4. Comté de Flandre. Titre, état des provinces 1 f., texte 1 f., front., acquisition de la France 1 f., 24 vues, 23 cartes et 28 plans gravés, 3 ff. de texte, lettre du roi à sa sœur 2 ff., discours 1 f. imprimés.

5. Comté d'Alost ou Flandre impériale. Titre, provinces échues à la reine d'Espagne 1 f., texte 1 f., 2 vues, 3 cartes et 6 plans gravés.

6. Duché de Brabant. Titre, texte 1 f., 7 vues, 1 carte et 1 plan gravés.

7. Duché de Gueldre. Titre, 1 carte et 1 plan gravés.

8. Duché de Cambray. Titre, 1 vue, 3 cartes et 1 plan gravés, texte 1 f. imp.

9. Comté de Haynaut. Titre, texte 1 f., 9 vues, 14 cartes et 12 plans gravés, texte 1 f. imp.

10. Comté de Namur. Titre, texte 1 f., 6 vues, 4 cartes et 8 plans gravés.

11. Duché de Limbourg. Titre, 1 carte et 1 plan gravés.

12. Duché de Luxembourg. Titre, texte 1 f., 3 vues, 5 cartes et 4 plans gravés, texte 2 ff. imp.

13. Principauté de Catalogne. Titre, table 2 ff., 44 vues, 17 cartes, 23 plans gravés, texte 1 f. imp.

14. Comté de Roussillon, Conflant et Cerdagne. Titre, liste des seigneurs qui ont accompagné le cardinal Mazarin dans l'Isle de la Paix 2 ff., liste des seigneurs espagnols 2 ff., table 1 f., noms et armes des vice-rois qui ont commandé sous Louis XIII et Louis XIV en Roussillon de 1641 à 1659 1 f., 15 vues, 3 cartes et 7 plans gravés, texte 1 f. imp.

15. Comté de Bourgogne et païs adjacents. Titre, texte 1 f., 11 vues, 7 cartes et 11 plans gravés, texte 1 f. imp.

159. **Beaumarchais.** Le Mariage de Figaro, avec une notice et des notes par Ch. Beauquier. *Paris, Lemerre,* 1872 ; pet. in-12, demi-rel. mar. grenat, dos orné mosaïqué, tête dor., *non rogné.*   **4 fr.**

Bel exemplaire.

160. **BEAUMARCHAIS.** THÉATRE COMPLET de Beaumarchais, réimpression des éditions princeps, avec les variantes des manuscrits originaux publiés pour la première fois par G. d'Heylli et F. de Marescot. *Paris, Académie des Bibliophiles,* 1869-1871 ; 4 vol. in-8, portr., mar. rouge, dos ornés, fil., dent. int., tr. dor. (*Chambolle-Duru*). **600 fr.**

Un des 2 exemplaires sur PEAU DE VÉLIN.

161. **Beeverell** (James). Les Délices de la Grand'Bretagne et de l'Irlande ; où sont exactement décrites les antiquitez, les provinces, les villes, les bourgs, abbayes, églises, collèges, palais, etc. *Leide, Pierre vander Aa,* 1707 ; 8 vol. in-12, veau fauve, dos orné, fil. (*Rel. anc.*).   **100 fr.**

Frontispices, 211 planches et cartes en taille-douce.

162. **Belianis.** L'Histoire de dom Belianis de Grèce, traduction nouvelle (par Cl. Dubeuil). *Paris, Toussainct du Bray,* 1625 ; pet. in-8, cuir de Russie, dos orné, fil., tr. dor. (*Closs*).   **30 fr.**

163. **Belloy.** Le Siège de Calais, tragédie de M. de Belloy, suivi de notes historiques. *Paris, Duchesne,* 1765 ; in-8, mar. rouge, dos orné, fil., tr. dor. (*Rel. anc.*).   **200 fr.**

ÉDITION ORIGINALE, tirée sur PAPIER DE HOLLANDE, aux armes du duc de **Durfort-Duras**, membre de l'Académie française.

164. **Béranger** (J.-P. de). Chansons. *Paris, chez les marchands de nouveautés,* 1821 ; 2 tomes en 1 vol. — Chansons nouvelles, 1825. — Chansons inédites, 1828. — Chansons nouvelles et dernières, 1833 ; 2 tomes en 1 vol. — Procès fait aux chansons, 1821. Ens. 6 tomes en 4 vol. in-12, veau rac., dos orné, fil.   **40 fr.**

Deuxième, troisième, quatrième et cinquième parties originales des Chansons de Béranger et première édition du Procès.
Bel exemplaire.

Et de Livres anciens et modernes

165. Béranger. Chansons de P.-J. de Béranger, anciennes, nouvelles et inédites avec des vignettes de Devéria et des dessins coloriés d'Henri Monnier, suivies du procès intenté à l'auteur. *Paris, Beaudoin frères,* 1828 ; 2 vol. in-8, veau olive, dos orn., fil. et dent. sur les plats encad. un panneau décoré à froid, dent. int., tr. dor. (*Purgold*).   350 fr.

> Très belle édition contenant la SUITE COMPLÈTE des 40 figures de *Henri Monnier,* lithographiées à la plume et coloriées au pinceau.
> Jolie reliure romantique.

166. BÉRANGER. ŒUVRES COMPLÈTES de P.-J. de Béranger, nouvelle édition revue par l'auteur, illustrée de 52 belles gravures sur acier. *Paris, Perrotin,* 1847 ; 2 tomes en 4 vol. — Dernières chansons de P.-J. de Béranger, de 1834 à 1851. *Paris, Perrotin,* 1857 ; 1 vol. — Chansons de Béranger. Supplément. *Paris, chez les marchands de nouveautés,* 1866 ; 1 vol. — Musique des chansons de Béranger, airs notés anciens et modernes, revue par Fr. Bérat. *Paris, Perrotin,* 1865 ; 1 vol. — Ma Biographie, écrite par Béranger avec un appendice et des notes. *Paris, Perrotin,* 1860 ; 1 vol. — Ensemble 8 vol. in-8, mar. rouge, comp. de fil. sur le dos, et comp. de fil. sur les plats avec branchage dans les angles, doublure et gardes en moire verte foncée, et comp. de fil. or sur mar. rouge. (*Rel. de Marius Michel*).   1.800 fr.

> Belle édition, la dernière publiée du vivant de l'auteur. Les *Chansons* de 1847 sont ornées de 52 gravures sur acier d'après les dessins de MM. *Charlet, A. de Lemud, Johannot, Daubigny, Pauquet, Jacque, J. Lange* et *Pinguilly.*
> Epreuves de PREMIER TIRAGE exécuté par la maison *Chardon* aîné et *Aze.*
> On y a ajouté :
> 1. — La suite de 120 figures gravées sur bois d'après *Grandville* ét *Raffet.* Epreuves sur CHINE.
> 2. — La suite de 108 vignettes par *V. Adam, Bellangé, Boilly, Boulanger, Charlet, Descamps, Devéria, Lami, Monnier, Ary Scheffer.* Epreuves sur CHINE.
> 3. — La suite complémentaire des 8 vignettes de *Tony Johannot.* Epreuves sur CHINE.
> 4. — La suite des 7 vignettes gravées sur bois, d'après *Daubigny.*
> 5. — La suite des 40 fig. d'*Henri Monnier,* litographiées et coloriées, avec 4 fig. du même ajoutées ; *Les petits coups* ; *Ma vocation* ; *Mon habit* ; *L'orage,* tirage postérieur.
> 6. — 4 portraits de Béranger, le 1ᵉʳ gravé par *Hopwood* et sur CHINE ; le 2ᵉ gravé par *Dutillois* d'après *Scheffer,* sur CHINE ; le 3ᵉ gravé par *Pannier* d'après *Sandoz,* en double état et le 4ᵉ gravé par *Thompson* sur CHINE.
> Les *dernières chansons* contiennent : un portrait de Béranger gravé par *Massard* d'après *Sandoz,* un fac-similé d'une lettre de Béranger adressée à l'éditeur Perrotin et 14 figures de *Lemud,* gravées sur acier, en double état: avec et AVANT LA LETTRE sur CHINE.
> On y a ajouté une suite de 24 figures d'*Henry Monnier,* lithographiées par *Gérard* et *Joinville* et coloriées.
> On a ajouté au *Supplément* (Chansons ér...).
> 1. — 1 frontispice de *Rops* tiré en sanguine.
> 2. — 21 sujets libres non signés, lithographiés et coloriés.
> 3. — 14 vignettes libres attribuées à *H. Monnier* lithographiées et coloriées.
> Le volume : *Ma Biographie,* contient un portrait en pied de Béranger dessiné par *Charlet* ; une photographie d'après le marbre de *M. Geoffroy Dechaume,* et 8 figures gravées sur acier d'après *Daubigny, Sandoz* et *Vattier,* en double état : avec et AVANT LETTRE sur CHINE.
> En tête de ce dernier volume on a ajouté une lettre de Béranger de 2 pages autographes et signée, datée de Passy, 30 janvier 1847, répondant aux demandes de conseils d'un écrivain. « *Si donc vous voulez continuer de rimer appliquez-vous à l'étude de notre versification et ne négligez pas celle de notre langue.* »

167. Béranger. Œuvres complètes. *Paris, Perrotin,* 1847-1865 ; 5 vol. in-8, demi-rel. chag. rouge avec coins.   80 fr.

> 52 belles illustrations de *Charlet, Lemud, Johannot,* etc., 14 figures de Lemud et 120 figures de *Grandville* sur CHINE.

168. Bernard (P.-J.) Œuvres complètes. *Londres (Paris, Cuzin),* 1777 ; pet. in-12, mar. rouge, dos orn., fil., tr. dor. (*Rel. anc.*).   20 fr.

Achat de Bibliothèques

169. **Bernard** (P.-J.). Œuvres, ornées de gravures d'après les dessins de Prud'hon, la dernière estampe gravée par lui-même. *Paris, P. Didot l'aîné, an V (1797)* ; in-4, demi-rel. dos et coins de mar. vert, tête dor., *non rogné.*   150 fr.

> Un des 150 exemplaires tirés sur PAPIER VÉLIN FORT D'ANGOULÊME, avec la suite des figures de *Prud'hon*, en épreuves AVANT LA LETTRE. Les exemplaires sur ce papier sont les seuls qui contiennent les Opéras de l'auteur.

170. **Béroalde de Verville**. L'Infante déterminée, qui est le quatriesme des avantures de Floride, où se voyent plusieurs trophées de la vertu triomphante du vice. *Lyon, Mathieu Guillemot, 1596* ; in-12, mar. brun, milieux de feuillage, tr. dor. (*Trautz-Bauzonnet*).   100 fr.

> Bel exemplaire de cet ouvrage rare.

171. **Béroalde de Verville**. Le Moyen de parvenir, nouvelle édition. *S. l., 100070073 (1773)* ; 2 vol. in-18, front. gr., veau granit., dos orn., fil. (*Rel. anc.*).   20 fr.

172. **Béroalde de Verville**. Le Moyen de parvenir. Œuvre contenant la raison de ce qui a esté, est et sera, avec demonstrations certaines selon la rencontre des effets de vertu. Nouvelle édition, collationnée sur les textes anciens, avec notes, variantes, index, glossaire et notice bibliographique pas un bibliophile campagnard. *Paris, Willem, 1868-1872* ; 2 tomes rel. en un vol. pet. in-8, mar. rouge, dos orné, fil., dent. int., tr. dor. (*Pock fils*).   100 fr.

> Exemplaire sur PAPIER DE CHINE.
> Portrait et nombreuses vignettes.

173. **Bertall**. La Vie hors de chez soi (comédie de notre temps). L'Hiver, le Printemps, l'Eté, l'Automne. *Paris, Plon, 1876* ; gr. in-8, demi-rel. mar. rouge, tête dor., *non rogné*, couv. cons.   20 fr.

> Texte et illustrations humoristiques.

174. **Bertall**. La Vigne, voyage autour des vins de France. *Paris, Plon, 1828* ; gr. in-8, br.   15 fr.

> Belles et nombreuses illustrations.

175. **Beveregium**. Institutionum chronologicarum. libri II. Unâ cum totidem Arithmetices chronologicæ libellis. *Londini, Roycrost, 1669* ; pet. in-4, mar. rouge, dos orn., fil. (*Rel. anc.*).   100 fr.

> Aux armes de J.-B. COLBERT.

176. **Bible**. Histoire des ouden en nieuwen testaments, verrykt met meer dan vierhonderds printverbeeldingen in koper gesneeden. *T'Amsterdam, by Pieter Mortier, 1700* ; 2 vol. in-fol., vélin blanc, enc. de fil., milieux dorés. (*Rel. anc.*)   120 fr.

> Frontispices, fleurons, vignettes, 214 planches, 28 culs-de-lampe et 5 cartes.
> Illustrations par *Elgers, Goerée, Picart,* etc., gravées par *de Blois, Later, Mulder,* etc.

177. **Bible**. Bibliorum sacrorum vulgatæ versionis editio. Jussu Christianissim regis ad institutionem sereninssim Delphini. *Parisiis, Didot, 1767* ; 2 vol. in-4, mar. rouge, dos orn., fil., tr. dor. (*Rel. anc.*). 100 fr.

178. **BIBLIA**, quid in hac editione præstitum sit, vide in ea quam operi præposuimus, ad lectorem epistola. *Lutetiæ, ex officina Roberti Stephani, 1545* ; un tome en 2 vol. in-8, mar. rouge, dos orné, fil., tr. dor. (*Rel. anc.*).   400 fr.

> Bel exemplaire aux armes du comte d'HOYM, provenant de la bibliothèque de CIGONGNE.

Et de Livres anciens et modernes

179. BIBLIA sacra quid in hac editione a theologis lovaniensibus, præstitum sit, eorum præfatio indicat. *Antverpiae, ex officina Christophori Plantini*, 1583 ; 1 tome relié en 3 vol. in-fol., mar. rouge, fil., orn. sur les plats, dos ornés, tr. dor. (*Rel. anc.*). 300 fr.

 Impression sur deux colonnes. Exemplaire réglé. Frontispice, cartes et nombreuses figures gravées en taille-douce par *Pierre Huys*.

180. Billaut (Adam). Le Villebrequin de M° Adam, menuisier de Nevers, contenant toutes sortes de poesies gallantes, tant en sonnets, epistres, epigrammes, etc. *Paris, Guillaume de Luyne*, 1663 ; in-12, mar. rouge, dos orné, fil., dent. int., tr. dor. (*Hardy-Mennil*). 40 fr.

 ÉDITION ORIGINALE. Bel exemplaire.

181. Blanc (Charles). Grammaire des arts du dessin, architecture, sculpture, peinture. *Paris, J. Renouard*, 1867 ; gr. in-8, fig., demi-rel. mar. bleu, tête dor., *non rogné*. 35 fr.

 Exemplaire en GRAND PAPIER VÉLIN. Envoi autographe de l'auteur. Couv. et prospectus.

182. Blanc. Histoire de Bavière qui traitte de l'origine des peuples qui les premiers habitèrent la Bavière, du commencement et du progrès de la religion et des princes qui ont régné jusqu'à Charlemagne. *Paris*, 1680 ; 4 vol. in-12, frontispices grav., mar. rouge, doubl. encad. de fil., orn. aux angles, tr. dor. (*Rel. anc.*). 100 fr.

183. Blanchemain (Prosper). Poèmes et Poésies. Foi, Espérance et Charité. *Paris, Rouveyre*, 1880 ; 2 vol. in-12, demi-rel. dos et coins de mar. vert, tête dor., *non rognés*, couv. (*Amand*). 35 fr.

 L'un des 25 exemplaires sur PAPIER DE CHINE, avec le quadruple tirage du portrait de l'auteur et des figures de *Perret* et *Boilly*, gravées à l'eau-forte par *Lerat, Mongin et Gaujean*, tirées en rouge, en bistre, en noir et en bleu sur Japon et vergé.
 On a ajouté : Sept lettres autographes de l'auteur relatives à la confection de ces 2 volumes.
 De la bibliothèque d'OCTAVE UZANNE.

184. Boccace. Il Decamerone di Messer Giovanni Boccaccio. Nuovamente corretto per messer Antonio Bruccioli. *In Venetia, per Gabrier Iolito di Ferrarii*, 1542 ; in-16, mar. rouge, fil., dos orné, tr. dor. (*Duseuil*). 200 fr.

 Portrait-frontispice gravé sur bois en médaillon. Jolie édition imprimée en lettres rondes.

185. Bochius (Joanne). Historica narratio profectionis et inaugurationis serenissimorum Belgii principum Albert; et Isabellæ Austriæ archiducum. *Antverpiæ, ex off. Joannem Moretum*, 1602 ; in-fol., veau marbr., dos orné. (*Rel. anc.*). 120 fr.

 35 planches gravées en taille-douce par *Pierre vander Borcht d'Anvers* : Arcs-de-triomphe, décorations monumentales, défilés, etc., des fêtes données en Belgique à l'avènement de l'archiduc Albert et de l'archiduchesse Isabelle d'Autriche.
 Bel exemplaire.

186. Bocklern (Georg-Andr.). Architectura curiosa nova, exponens Fundamenta hydragogica, indolemque aquæ, varios aquarum ac salientum fontium : lusus per varia spectatu, etc. In latinam linguam translata a J. C. Sturmio. *Norimbergæ, P. Fursten* (1664) ; 4 parties en 1 vol. pet. in-fol., vélin. 100 fr.

 Ce très curieux et rare ouvrage sur l'art hydraulique appliqué aux fontaines, à la décoration des jardins, etc., et sur l'art de construire des labyrinthes, comprend 231 planches gravées sur cuivre et tirées sur 200 feuilles.

Achat de Bibliothèques

187. **Boileau**. Œuvres diverses du sieur D*** (Boileau-Despréaux), avec le traité du sublime de Longin. *Paris, L. Billaine,* 1674 ; in-4, front., fig., mar. rouge jans., tr. dor. (*Hardy*).   60 fr.

> ÉDITION ORIGINALE sous ce titre. Exemplaire en parfait état.

188. **Boileau**. Œuvres diverses du sieur D. avec le Traité du sublime ou du merveilleux dans le discours, traduit du grec de Longin. *Paris, Claude Barbin,* 1694 ; 2 vol. in-12, front., fig., veau fauve, dos orné, fil., tr. dor. (*Allô*).   30 fr.

> Édition contenant l'*Ode sur la prise de Namur* et la *Satyre sur les femmes.* Bel exemplaire.

189. **Boileau**. Œuvres poétiques, avec des notices par M. Poujoulat. *Tours, Alfred Mame,* 1870 ; gr. in-8, demi-rel. dos et coins de mar. rouge, dos orné, tête dor., *non rogné* (*Masson-Debonnelle*).   50 fr.

> Bel exemplaire sur GRAND PAPIER VERGÉ, orné du portrait de Boileau, et de 20 vignettes en-tête sur Chine, gravées à l'eau-forte par *V. Foulquier.*

190. **Bonaventuræ**. (Federici) de causa ventorum motus peripatetica disceptatio. *Urbini,* 1592 ; *apud Bartholomæum Ragusium,* in-4. — Fed. Bonaventuræ Urbonatis pro Theophrasto atque Alexandro Aphrodisiensi de vero tempore ortus atque occasus Orionis Apologia *Urbini,* 1592 ; in-4. — De ventis et navigatione libellus auttore Michaelo Angelo Blondo. (In fine) *Venetiis, apud Comminum de Tridine Montisferrati,* 1546 ; in-4, fig. Ensemble 3 ouvrages en 1 vol. in-4, mar. olive, dos orné, fil. à froid. (*Rel. anc.*).   70 fr.

> AUX armes de J.-A. DE THOU et de sa première femme.

191. **Bossuet**. Conférence avec M. Claude, ministre de Charenton, sur la matière de l'Eglise, par messire Jacques-Bénigne Bossuet. *Paris, Séb. Mabre-Cramoisy,* 1682 ; in-12, veau.   8 fr.

> ÉDITION ORIGINALE.

192. **Bossuet**. Les Oraisons funèbres, suivies du sermon pour la profession de Mme de La Vallière, du Panégyrique de Saint-Paul et du sermon sur la vocation des Gentils, avec des notes, par M. Poujoulat. *Tours, Mame,* 1874 ; gr. in-8, mar. rouge, dos orn., fil., tr. dor., dent. int. (*Bertrand*).   30 fr.

> Gravures à l'eau-forte par *V. Foulquier.* Etui.

193. **Boubée** (Simon). Main-de-Cire. *Paris, Piaget,* 1888 ; in-12, cart., *non rogné.*   65 fr.

> ÉDITION ORIGINALE. Exemplaire sur PAPIER DE HOLLANDE, enrichi sur le faux-titre et dans les marges de 6 aquarelles de *H. de Sta.*

194. **Bouchard**. Les Confessions de Jean-Jacques Bouchard, parisien, suivies de son voyage de Paris à Rome en 1630, publié pour la première fois sur le manuscrit de l'auteur. *Paris, Liseux,* 1881 ; pet. in-8, demi-rel. dos et coins de mar. rouge, dos orn., tête dor., *non rogné* (*Canape*).   20 fr.

> RARE.

195. **Bouchet** (Guill.). Premier (second et troisième livre) des Serees de Guillaume Bouchet, sieur de Brocourt. Reveu et augmenté par l'autheur en ceste dernière édition, presque de moitié. *Paris, Jérémie Perier,* 1608 ; 3 vol. in-12, mar. bleu, fil., dos orné, tr. dor. (*Trautz-Bauzonnet*).   300 fr.

> Bel exemplaire de cette édition, la première complète, la plus belle et la plus estimée des *Serées.*

Et de Livres anciens et modernes

196. Bouchet (Jean). Les Triumphes de la Noble et amoureuse Dame, et lart de honnestement aymer ; Compose par le traverseur des Voyes perilleuses (Jean Bouchet). *Nouvellement Imprime a Paris*, 1541, *par Jehan Real.* (A la fin :)... *Et nouvellement imprime a Paris le ving-tiesme jour de Febvrier,* 1541 ; in-8 goth., mar. rouge, dos orné, fil., tr. dor. (*Duru*).   120 fr.

> Très bel exemplaire.

197. Boulanger. L'Antiquité dévoilée par ses usages, ou examen cri-tique des principales opinions, cérémonies et institutions religieuses et politiques des différents peuples de la terre. Par feu M. Boulanger. *Amsterdam, Rey,* 1764 ; 3 vol. pet. in-8, mar. vert, dos orné, fil., dent. int., tr. dor. (*Rel. anc.*).   120 fr.

> Exemplaire dans une charmante et fraîche reliure.

198. Bourassé. La Touraine. Histoire et monuments. *Tours, Mame,* 1856 ; in-fol., demi-rel. dos et coins de mar. violet, dos orn., tête dor., *non rogné* (*C. Parisot*).   75 fr.

> Très bel ouvrage orné de nombreuses figures dans le texte et hors texte.

199. Bournon (F.). Paris, histoire, monuments, administration. Envi-rons de Paris. *Paris, A. Colin,* 1888 ; gr. in-8, demi-chag. bleu, *non rogné.*   10 fr.

> Nombreuses illustrations dans le texte.

200. Briseux. L'Architecture moderne, ou l'art de bien bâtir, pour toutes sortes de personnes. (Par Charles-Estienne Briseux). *Paris, Jombert,* 1728 ; 2 vol. in-4, rel. veau marbr., dos orn. (*Rel. anc.*). 80 fr.

> 2 front. et 144 planches gravés.

201. Brongniart (Alex.). Traité des arts céramiques, ou des poteries considérées dans leur histoire, leur pratique et leur théorie, par Alex. Brongniart. Deuxième édition, revue par Alphonse Salvétat. *Paris, Bechet,* 1854 ; 2 vol. in-8 et un album in-4 oblong, demi-rel. mar. brun, tête dor., *non rognés* (*Belz-Niedrée*).   45 fr.

> Bel exemplaire.

202. Brongiart et **Riocreux.** Description méthodique du Musée céra-mique de la manufacture royale de Sèvres. *Paris, Leleux,* 1845 ; texte et pl. en un vol. in-4, demi-rel. dos et coins de mar. rouge, tête dor., *non rogné* (*Canape*).   150 fr.

> 80 planches lithographiées par *Julienne* et *Delarue*, et coloriées. Très bel exemplaire d'ancien coloris.

203. Brunes (J. de). Emblema of Zine-werck : voorg-hestelt, ghedichten, en breeder uytlegginghen. *T'Amsterdam, by Ian Evertsen Kloppen-burch,* 1624 ; in-4, front. et fig., vélin, milieux, fil., tr. dor. (*Rel. anc.*).   150 fr.

> Ce volume est orné d'un frontispice et de 50 figures d'emblèmes très finement gravés sur cuivre.
> Bel exemplaire de la PREMIÈRE ÉDITION, dans sa première reliure.

204. Brussel (Nic.). Nouvel examen de l'usage général des Fiefs en France, pendant le XIe, le XIIe, le XIIIe et le XIVe siècle, pour servir à l'intelligence des plus anciens titres du domaine de la couronne. *Paris, Cl. Prud'homme,* 1727 ; 2 vol. in-4, mar. rouge, dos orné, fil., tr. dor. (*Rel. anc.*).   180 fr.

> Bel exemplaire en GRAND PAPIER.

Achat de Bibliothèques

205. Bruzen de la Martinière. Introduction à l'histoire de l'Asie, de l'Afrique et de l'Amérique. Seconde édition. *Amsterdam, Zacharie, Chatelain,* 1739 ; 2 vol. in-12, mar. bleu jans., tr. dor. (*Dupré*). 20 fr.

>Bel exemplaire.

206. BUCHOZ. Collection précieuse et enluminée des fleurs les plus belles et les plus curieuses qui se cultivent tant dans les Jardins de la Chine que dans ceux de l'Europe. *Paris, Lacombe et Debure, s. d.* (1776-1779) ; 2 parties en 1 vol. in-fol., mar. rouge, fil., dos orné, tr. dor. (*Rel. anc.*). 300 fr.

>Très bel ouvrage orné de 200 planches finement coloriées.

207. BUFFON et LACÉPÈDE. HISTOIRE NATURELLE générale et particulière, avec la description du cabinet du Roy. *Paris, Imp. Royale,* 1749-1804 (an XI) ; 42 tomes en 43 vol. in-4, fig., mar. rouge, dos ornés, fil., tr. dor. (*Rel. anc.*). 2.000 fr.

>Histoire naturelle générale et particulière, 15 vol. — Histoire naturelle, supplément, 6 vol. — Minéraux, 5 vol. — Oiseaux, 9 vol. — Quadrupèdes, ovipares, serpents, 2 vol. — Poissons, 5 tomes en 6 vol.
>Cet exemplaire est de toute fraîcheur.

208. BUFFON. Histoire naturelle des Oiseaux. *Paris, imprimerie royale,* 1770-1786 ; 10 vol. in-4, pl., veau, tr. dor. (*Rel. anc.*). 400 fr.

>Bel exemplaire de cet ouvrage orné de plus de 1000 planches d'oiseaux (et d'insectes), dessinées et gravées par *Martinet.*
>Dans cet exemplaire les figures ont été bien coloriées à l'époque de la publication.

209. BULLIARD. FLORA PARISIENSIS, ou descriptions et figures des plantes qui croissent aux environs de Paris, avec les différens noms, classes et genres qui leur conviennent, rangés suivant la méthode sexuelle de M. Linné, leurs parties caractéristiques, ports, propriétés, vertus et doses d'usages en médecine, etc. ; ouvrage orné de plus de 600 gravures coloriées d'après nature. *Paris, P.-Fr. Didot le jeune,* 1776-1783 ; 6 vol. in-8, fig., veau fauve, fil., dos ornés, tr. dor. (*Rel. anc.*). 300 fr.

>Bel exemplaire avec les figures coloriées.

210. BURGMAIER. Der Weiss Kunig. Eine Erzehlung von den Thaten Kaiser Maximilian des Ersten. Von Marx Treitzsaurwein auf dessen Angeben zusammengetragen nebst den von Hannsen Burgmair. *Wien, auf Kosten Joseph Kurzböckens,* 1775 ; in-fol., nombreuses pl. gravées sur bois, cart. 350 fr.

>Ce volume est orné de 237 beaux bois, gravés au XVIe siècle d'après les dessins de *Hans Burgmair* et employés ici pour la première fois.

211. Burgmaier. Images de Saints et Saintes issus de la famille de l'Empereur Maximilien Ier. En une suite de 119 planches gravées en bois par différents graveurs d'après les dessins de Hans Burgmaier. *Vienne Stöckl,* 1799 ; in-fol., demi-rel. basane, éb. 180 fr.

>PREMIER TIRAGE des 119 bois originaux gravés au commencement du XVIe siècle et conservés dans la bibliothèque impériale de Vienne.

212. Cabinet Satyrique (Le) ou recueil parfait des vers piquants et gaillards de ce temps. Tiré des secrets cabinets des sieurs de Sigognes, Regnier, Motin, Berthelot, Maynard et autres des plus signalez poëtes de ce siècle. Seconde édition reveuë, corrigée et de beaucoup augmentée. *Paris, Antoine Estoc,* 1620 ; in-12, front., mar. rouge, dos orné, fil., tr. dor. (*Hardy*). 75 fr.

>Édition avec une nouvelle préface et avec divers augmentations et retranchements modifiant la première impression de 1618.

Et de Livres anciens et modernes

213. Calligraphia latina. Joannis Georgii Schwanduere austriari Stadel Kirchensis. dissertatio epistolaris de calligraphiæ nomenclatione cultii prœstantia utilitate. *Vienne*, 1756 ; in-folio, veau. (*Rel. anc.*) 100 fr.

Très bel exemplaire contenant 142 planches et 16 doubles. — TRÈS RARE.

214. Callot (Jacques). Les Images de tous les saincts et saintes de l'année suivant le martyrologe romain, faites par Jacques Calot, et mises en lumière par Irsaël Henriet. *Paris, Israël Henriet*, 1636 ; pet. in-fol., vélin blanc.   150 fr.

Recueil composé de 490 petites pièces, y compris les deux titres pour les saints et saintes.

215. CALLOT. LES MISÈRES ET LES MALHEURS DE LA GUERRE. Représentez par Jacques Callot, noble Lorrain et mis en lumière par Israël, son amy. *Paris*, 1633 ; in-8 obl., veau marb. (*Rel. anc.*).   250 fr.

Deuxième état. Pièces chiffrées. Au bas les vers de l'abbé de Marolles.
Exemplaire grand de marges. Haut. : 140 mill. Larg. : 225 mill.

216. Callot (Jacques). Réunion de trois suites de pièces gravées par Callot, en 1 vol. in-32, veau brun, dos et plats richement ornés, tr. dor. (*Rel. anc.*).   200 fr.

Cette réunion se compose de :
1° LA PASSION DE NOTRE SEIGNEUR, suite de douze estampes, dite la *Petite Passion*, à cause de la dimension des pièces qui la composent. Cette suite est en PREMIER ÉTAT, (sauf la planche VI qui est du deuxième état). (Meaume, 19-30). La première planche est remontée.
2° EXERCICES MILITAIRES fait par noble I. Callot. Mis en lumière par Israël son amy, 1635. Suite de 13 pièces, titre compris, représentant des soldats dans différentes attitudes. Cete suite est du PREMIER TIRAGE (Meaume, 582-594). On y a joint la rencontre à l'épée et la rencontre au pistolet, 2 pièces en PREMIER ÉTAT (Meaume, 595-596).
3° LES FANTAISIES de noble I. Callot, Mises en lumière par Israël, son amy, 1635. Suite de 14 pièces, titre compris (Meaume, 868-881). Nous ne possédons que dix pièces de cette suite en PREMIER ÉTAT, sauf le titre qui est du deuxième état. Ces dix pièces, sont le titre et les planches 2, 3, 4, 5, 6, 7, 8, 11, 12. Ces suites sont dans une superbe reliure dont les plats sont artistiquement ornés. AUX ARMES.

217. Canini. Images des héros et des grands hommes de l'antiquité, dessinées sur des médailles, des pierres antiques et autres anciens monuments, par Jean-Ange Canini, gravées par Picart le Romain (texte italien, avec la traduction par de Chevrières). *Amsterdam, chez B. Picart et J.-F. Bernard*, 1731 ; in-4, 145 pl., mar. rouge, dos orné, fil., dent. int., tr. dor. (*Rel. anc.*).   120 fr.

218. Capmartin de Chaupy (abbé). Découverte de la maison de campagne d'Horace. *Rome, J. Ughetti*, 1767 ; 3 vol. in-8, front., fig. et pl., mar. rouge, dos ornés, fil., tr. dor. (*Rel. anc.*).   100 fr.

Curieux ouvrage dans une belle reliure ancienne.

219. Cardani (Hieronymi). Mediolanensis, Proxeneta, seu de prudentia, ciuili liber ; recens in lucem protractus : vel è tenebris erutus. *Lugd. Bat. ex officina Elzeviriana, anno* 1627 ; pet. in-12 réglé, titre gr. mar. rouge, dos orné, comp. de fil. droits et courbés, milieux à petits fers, mosaïqué de mar. brun, tr. dor. (*Rél. anc.*).   200 fr.

Exemplaire dans une jolie reliure de Le Gascon, aux chiffres de ALBERT DE MONTMOR, conseiller au Parlement de Paris.

220. CARICATURE (La) politique, morale, littéraire et scénique. Journal fondé et dirigé par Ch. Philipon. *Paris, Aubert*, 1830-1835 ; 10 tomes en 5 vol. gr. in-4, demi-rel. dos et coins de chagr. vert. dos orné, *non rognés*.   1.000 fr.

Très bel et très rare exemplaire avec le prospectus, les titres et les tables, comprenant la collection complète de 251 numéros parus avec 530 planches tirées en noir et en couleur et dessinées par *Daumier, Grandville, Henri Monnier, Charlet, Raffet, Traviès, Desperet* et autres.

Il est conforme à la description donnée par M. G. Vicaire dans son *Manuel de l'Amateur de livres du XIXe siècle.*

Exemplaire en parfait état de conservation auquel il a été ajouté les 24 planches de la *Lithographie mensuelle.*

221. **Caron** (Pierre-Siméon). Collection de différens ouvrages anciens, poésies et facéties, réimprimés par ses soins. *Paris,* 1798-1806 ; 10 vol. pet. in-8, mar. bleu, dos orné, fil., *non rognés (Courteval).*   200 fr.

     Collection complète de ce qui a été réuni par Caron.
     Un des deux exemplaires tirés sur PAPIER BLEU.

222. **Caroso** (Fr.). Nobilta di Dame del Sr Fabritio Caroso da Sermonita Libro altra volta, chiamato. Il Ballarino.... *Venetia, il Muschio,* 1600 ; in-4, fig. sur cuivre et musique imp., vélin blanc.   150 fr.

     Ce rare volume est orné du portrait de Caroso dans l'encadrement du titre et de curieuses et jolies figures gravées à l'eau-forte par *Giacomo Francho.*
     La première partie donne les noms et détails des différents mouvements usités dans le Ballet, le seconde partie contient les noms des différents ballets usités tant en Italie qu'en France et en Espagne et la manière de les danser.
     Exemplaire dont quelques feuillets sont réparés, et auquel il manque les portraits qui se trouvent aux ff. lim.

223. **Cartari** (Vincent). Les Images des dieux des anciens, contenans les idoles, coustumes, cérémonies et autres choses appartenant à la Religion des payens. Traduites en françois par Antoine du Verdier, seigneur de Vauprivas. *Lyon, Est. Michel,* 1581 ; in-4 réglé, veau. (*Rel. anc.*). 20 fr.

     Portraits et belles figures gravés sur bois.

224. **CARTES et plans de plusieurs côtes d'Angleterre**, d'Ecosse et d'Irlande. copiées sur celle du pilote côtier de la Grande-Bretagne de Greenville-Collins ; in-fol., mar. rouge, dos orné, large dent., tr. dor. (*Rel. anc.*).   900 fr.

     19 cartes par *Bellin.*
     Magnifique reliure du XVIIe siècle, ornementée d'une large dentelle avec fleurons d'angles. Aux armes d'Anne-Robert-Jacques TURGOT, baron d'Aulne, mort en 1781.

225. **Castel** (René-Richard-Louis). Les Plantes, poème. Nouvelle édition revue avec soin. *Paris, Deterville (impr. Jules Didot),* 1823 ; in-8, veau gris, dos orné, dent. et milieux à froid, tr. dor. (*Thouvenin*).   15 fr.

     Exemplaire ayant appartenu au comte Louis de Chevigné.

226. **Castelnau** (Michel de). Les Mémoires de messire Michel de Castelnau, seigneur de Mauvissière. *Bruxelles,* 1731 ; 3 vol. in-fol., mar. rouge, dos orn. de fleurs de lys, fil., tr. dor. (*Lortic*)   250 fr.

     Nombreuses figures et armoiries.
     Exemplaire de A. Bertin.

227. **Cavalleris** (J.-B. de). Romanorum Imperatorum effigies. Elogiis ex diversis scriptoribus per Thoman Treterum S. Mariæ. *Romæ,* 1592 ; pet. in-8, vélin.   22 fr.

     Titre gravé, pl. d'armoiries et 157 portraits gravés sur cuivre. Titre mutilé et légère mouillure.

228. **Cent nouvelles nouvelles** (les) Suivent les cent nouvelles, contenant les cent histoires nouvelles, qui sont moult plaisants à raconter, en toutes bonnes compagnies (par Louis XI). *Cologne, Pierre Gaillard,* 1701 ; 2 vol. pet. in-8, 1 front. et 100 fig. par Romain de Hooghe, veau fauve, dos orné, fil., tr. verte. (*Rel. anc.*).   80 fr.

     Exemplaire avec les figures tirées à part.

229. **Cervantès** (Michel). L'Ingénieux Don Quichotte de la Manche, traduit et annoté par Louis Viardot. *Paris, J.-J. Dubochet,* 1836-1837 ; 2 vol. gr. in-8, demi-veau brun, dos orné, tr. marb. (*Rel. de l'époque*). 25 fr.

     Exemplaire du PREMIER TIRAGE, illustré de 2 fig. sur Chine, de 2 front. et de nombreuses vignettes sur bois par *Tony Johannot.*
     Bel exemplaire.

Et de Livres anciens et modernes

230. César (J.). Julii Caesaris quæ extant Jos. Scaligeri. *Lugduni Bata-vorum, Ex officina Elzeviriana*, 1635 ; pet. in-12, titre grav., mar. vert, dos orné, fil., dent. int., tr. dor. (*Rel. anc.*). 100 fr.

Exemplaire aux chiffres, sur le dos de SAULX-TAVANNES.
Cette édition est l'une des plus jolies et des plus rares de la collection des Elseviers.

231. Challamel (Aug.). Histoire. — Musée de la République française depuis l'Assemblée des notables jusqu'à l'Empire, avec les estampes, costumes, médailles, caricatures, portraits historiés et autographes les plus remarquables du temps. *Paris, Challamel*, 1842 ; 2 vol. in-8, fig., demi-rel. dos et coins de chag. noir, tête dor., *non rognés*. 20 fr.

Nombreuses vignettes sur bois dans le texte, 150 vignettes sur acier et sur bois et fac-simile d'autographes tirés à part. PREMIÈRE ÉDITION.

232. Champsaur (Félicien). Pierrot et sa conscience. *Paris, Dentu*, s. d. ; in-8, br., couv. ill. 50 fr.

Ouvrage humoristique orné d'un portrait de l'auteur, de nombreux dessins de *Gorguet*, coloriés par *Georges Aurier*, qui a lui-même exécuté sur le faux-titre et dans les marges huit aquarelles très curieuses.
En face de son portrait, E. Champsaur a écrit un quatrain.

233. Chansonnier des Dames. *Paris, Janet*, s. d. ; in-18, cart. 5 fr.
Vignettes, frontispice et musique gravés. Tache d'huile aux premiers feuillets.

234. Chansonnier des Grâces (Le) pour 1811, 1813 et 1815. *Paris, F. Louis* ; 3 vol. in-18, reliés. 15 fr.

Frontispices, vignettes et musique gravés. L'année 1811 est en mar. rouge, les autres en basane.

235. Chansons. Nouveau recueil de Chansons choisies avec les airs notés. *Genève*, 1785 ; 4 vol. in-24, veau fauve, dos orn., fil., tr. dor. (*Rel. anc.*). 30 fr.

236. Charles IX. Livre du roy Charles, de la Chasse du cerf, publié par Henri Chevreul. *Paris, Aubry*, 1859 ; in-8, portr., mar. rouge jans., tr. dor. (*Binet*). 35 fr.

Un des 8 exemplaires sur PAPIER CHAMOIS, *non rogné*.

237. Charron (Pierre). De la Sagesse. *Leide, chez les Elzeviers*, 1646 ; in-12, mar. rouge, fil., dos orné, tr. dor. (*Rel. anc.*). 40 fr.

Première édition imprimée par *Bonaventure* et *Abraham Elzevier*. Titre gravé.

238. Chateaubriand. Atala. — René, par Fr.-Aug. de Chateaubriand. *Paris, Le Normand*, 1805 ; in-12, veau, dos et plats ornés, tr. dor. 8 fr.
6 figures de *Garnier* dont 3 gravées par *Saint-Aubin* et 3 par *Choffard*.

239. Chéron (Élisabeth-Sophie). Essay de Pseaumes et Cantiques mis en vers, et enrichis de figures par Mademoiselle *** (Chéron). *Paris, Michel Brunet*, 1694 ; in-8, mar. lavallière jans., tr. dor. (*Hardy*). 50 fr.

Frontispice et 24 figures sur cuivre, dessinées et gravées par *Louis Chéron*, frère de l'auteur.
Exemplaire de PREMIER TIRAGE reconnaissable au frontispice portant la mention : « Pseaumes nouvellement mis en vers françois, enrichis de figures », et à l'absence de numéros dans la partie supérieure des estampes. Remarquons encore que les figures 4 et 19, 7 et 9 se répètent.

240. Chifflet (J.-J.). Insignia gentilitia equitum Ordinis Velleris aurei. Le Blason des Armoiries de tous les Chevaliers de l'Ordre de la Toison d'Or depuis la première institution jusques à présent. *Antverpiæ, ex off. Plantiana*, 1632 ; in-4, front., veau rouge, fil. (*Rel. anc.*). 20 fr.
Exemplaire aux armes.
On a relié à la suite : Parnassi bicipitis de Pace vaticinia. *Antverp., Moretus*, 1632.

Achat de Bibliothèques

241. Choix de Fabliaux, mis en vers (par Barth. Imbert). *Genève et Paris, Prault*, 1788 ; 2 vol. pet. in-12, 2 front., veau, dos orné, dent., tr. dor. (*Rel. anc.*).   10 fr.

> Jolie petite édition.

242. Choix de Petits Romans de différens genres ; par M. L. M. D. P. (marquis de Paulmy). *Londres, et se trouve à Paris, chez Gattey*, 1789 ; 2 vol. in-18, mar. rouge, dos ornés, fil., tr. dor. (*Rel. anc.*).   70 fr.

> Aux armes de THIROUX DE CROSNE.

243. Ciceron. Orationes, Espistolae ad Atticum, ad familiares, de Officiis ex recensione Joannis Georgii Grœvii, cum comment. Paulli Manutii. *Amstelodami Wolfgang*, 1699 ; 27 vol. in-8, mar. rouge, fil., dos orn., tr. dor. (*Rel. anc.*).   300 fr.

> Orationes, 18 vol. — Epistolae, 6 vol. — De officiis, 2 vol. — Commentarius, 9 vol.
> RARE dans cette condition.

244. Cimiterio (Il), épitafij Giocosi, di Gio : Franc. Loredano, et di Pietro Michiele. *S. l.* (*Venise*), 1645 ; in-12, rel. veau, fil., tr. rouges (*Rel. anc.*).   40 fr.

> Aux armes de ANTOINE DE GRIMALDI, Prince de MONACO, Duc DE VALENTINOIS, avec les initiales (G. M.) sur le dos et aux quatre coins.

245. Claretie (Jules). Le Drapeau, ouvrage couronné par l'Académie française. *Paris, Calmann-Lévy*, 1886 ; pet. in-8, demi-rel. dos et coins de mar. rouge, *non rogné*, couv. cons. (*Champs*).   220 fr.

> Un des 225 exemplaires imprimés sur PAPIER VÉLIN DU MARAIS avec les illustrations en TROIT ÉTATS dont l'eau-forte pure (n° 32).

246. CLASSIQUES ITALIENS. *Parigi, Prault*, 1767-1768 ; 29 vol. in-12, mar. rouge, dos ornés, fil., orn. aux angles, tr. dor. (*Padeloup*). 600 fr.

> I. Orlando Furioso di Ludovico Ariosto, 4 vol., *port.*, et *1 fig.* par *Cochin*. — II. Opere di Niccolo Macchiavelli, coll' agiunta delle inedite, 8 vol., *port.* — III. Ricciardetto di Nicolo Carteromaco, 3 vol., *port.* — IV. Il Torrachione desolato di Bartolomeo Corsini, con alcune spiegazioni de l'aggiunta del suo Anacreonte Toscano, 2 vol., *port.* — V. Il morgante marggiore di Luigi Pulci, 3 vol., *port.* — La Secchia rapita di Alessandro Tassoni, arriœhita di annotazioni, 1 vol. — VII. Vocabolario portatile, per agerolare la lettura degli autori italiani ed in specie di Dante, 1 vol. — VIII. Il pastor fido tagric om. pastor del cav. Guarini, 1 vol., *port.* — IX. Aminta farola Boscanccia di Torquado Tasso, 1 vol. — X. Il tempio di Gnido nuovamentœ transportato del Francese in Italiano, 1 vol. — XI. Il Malmantile Racquistato di Lorenzo Lippi, 1 vol., *port.* — XII. Il congresso di Citera del conte Algarotti accresciuto del Alcune Lettere et del guidizio d'amore, 1 vol., *front. d'Eisen.* — XIII. Le rime di Francesco Petrarca, 2 vol., *port.*
> Intéressante collection dans une jolie reliure très fraiche.
> Chaque volume est orné d'un titre gravé d'après *Moreau*, différent pour chaque ouvrage.

247. Claudien. Cl. Claudianus. Ex optimorum codicum fide. (A la Sphère). *Amsterodami, Guihiel Janssonium*, 1620 ; in-24, titre grav., mar. rouge, dos orné, encad. de fil., tr. dor. (*Rel. anc.*).   100 fr.

> Impression en caractères elzéviriens.
> La reliure est ornée sur le dos et les angles des plats, du chiffre de ANNE D'AUTRICHE, formé de l'initiale A redoublé en sens contraire et à chaque coin des encad. d'une fleur de lys.

248. Clément. Divi Clementis Recognitionum libri X ad Jacobum fratrem domini, Rufino Torano aquileiense interprete. Cui accessit non poenitenda epistolarum pars vetustissimorum episcoporum. *In inclita Germaniæ Basilea.* (In fine :) *Basileæ, apud Joan. Bebelium, an XXVI* (1526) *mense augusto ;* pet. in-fol., mar. rouge, dos orné, fil. (*Rel. anc.*).   150 fr.

> Exemplaire aux armes et au chiffre de J.-B. COLBERT.

Et de Livres anciens et modernes

249. Clément de Ris (L.). Les amateurs d'autrefois. *Paris, Plon,* 1877; gr. in-8, br.
20 fr.

Exemplaire sur PAPIER DE HOLLANDE, orné de 8 portraits gravés à l'eau-forte.

250. Collection des Poètes françois. *Paris, Impr. de Coustelier,* 1723-1724; 10 vol. in-12, veau marbré.
60 fr.

Poésies de Coquillard. — La Légende de Pierre Faifeu. — La Farce de Pathelin. — Poésies de Crétin. — Œuvres de Villon, de Marot, de Martial et de Racan.

251. COLONNA. HYPNEROTOMACHIE OU DISCOURS DU SONGE DE POLIPHILE, déduisant comme amour le combat à l'occasion de Polia. Nouvellement traduict de langage italien (de Fr. Colonna), en français (par Jean Martin). *Paris, Kerver,* 1554; in-fol., titre grav. fig., sur bois, veau fauve, dos orné, compart. de fil., mil. dorés, tr. jasp. (*Rel. anc.*). 600 fr.

Les figures de cet ouvrage, dues aux meilleurs artistes français de cette époque, sont remarquables. La planche du sacrifice est intacte.
Bel exemplaire, sauf quelques mouillures. Initiales P. D. C. sur les plats.

252. Combe (Wm). The Tour of Doctor Syntax in Search of the Picturesque, seventh, édition. *London, Ackermann's,* 1817 ; in-8, bas., dos orné, dent., *non rogné.*
120 fr.

Titre gravé et 31 dessins humoristiques en couleur de T. Rowlandson.

253. Comines. Mémoires de messire Philippe de Comines, seigneur d'Argenton, où l'on trouve l'histoire des rois de France Louis XI et Charles VIII. Nouvelle édition par Messieurs Godefroy, augmentée par M. l'abbé Lenglet du Fresnoy. *A Londres et à Paris, chez Rollin,* 1747 ; 4 vol. in-4, veau marbré, dos ornés (*Rel. anc.*).
50 fr.

Portraits de l'auteur, de Charles le Hardi, duc de Bourgogne, Louis XI, Charles VIII, frontispice et vignettes. Exemplaire avec la dédicace au maréchal de Saxe supprimée dans la plupart des exemplaires. Mouillures.

254. Conciliis (de) sinodia ugonia episcopi pharmangustani. (Mathiæ Ugonii). *Venetiis,* 1564 ; pet. in-fol. mar. bleu, fil., dos orné, tr. dor. (*Padeloup*).
200 fr.

Impression gothique sur deux colonnes. Lettre initiale de la préface ornée d'un portrait gravé sur bois.
Exemplaire rare. De la BIBLIOTHECA COLBERTINÆ.

255. Contes et nouvelles en vers, par Voltaire, Vergier, Sénecé, Perrault, Moncrif et le P. Ducerceau. *Paris, Leclère fils,* 1862 ; 2 vol. pet. in-8, demi-rel. dos et coins de mar. lavallière, dos orné, tête dor., *non rognés.*
30 fr.

Jolies figures de *Duplessi-Bertaux.*
GRAND PAPIER VERGÉ, tiré à 100 exemplaires.

256. Conty. Les Devoirs des grands, par Monseigneur le Prince de Conty, avec son testament. *Paris, Denys Thierry,* 1666 ; pet. in-8 réglé, mar. noir, dos orn., fil. sur les pl., dent. int., tr. dor. (*Rel. anc.*).   60 fr.

ÉDITION ORIGINALE, publiée par le sieur de Vignan, gouverneur des pages du Prince de Conty. Bel exemplaire, orné de croix de Lorraine sur le dos.

257. Corneille (Pierre). Le Théâtre de P. Corneille. Reveu et corrigé par l'autheur. *Imprimé à Rouen et se vend à Paris, chez Th. Jolly,* 1664 ; 2 vol. in-fol., portr. et front. gravé, mar. rouge, dos orné, large dent., comp., tr. dor.
300 fr.

Édition dont le texte a été revu par Corneille pour la 3ᵉ fois. Exemplaire provenant de la bibliothèque de M. Ambroise FIRMIN-DIDOT.
Très bel exemplaire avec témoins.

Achat de Bibliothèques

258. CORNEILLE. Le Théatre de P. Corneille. Reveu et corrigé par l'Autheur. *A Paris, chez Pierre Trabouillet, 1682 ;* 4 vol. in-12, mar. rouge jans., dent. int., tr. dor. (*Pouillet*). 250 fr.

Dernière édition qu'ait publié Corneille : elle donne le texte définitif adopté par lui.

259. CORNEILLE. LE THÉATRE de Pierre et Thomas Corneille. Nouvelle édition, revue, corrigée et augmentée. Enrichie de figures en taille-douce. *Amsterdam, L'Honoré et Chatelain, 1723-1733 ;* 10 vol. in-18, mar. rouge, dos orn., fil., tr. dor. (*Rel. anc.*). 1.000 fr.

Jolie édition dans une MAGNIFIQUE RELIURE aux armes de PERRINET, seigneur du Pezeau.

260. Costumes civils et militaires de la monarchie française de 1230 à 1660 ; pet. in-fol., demi-rel. bas. viol. 300 fr.

Intéressant recueil de 234 planches en couleurs dont 182 dessins et 52 gravures par H. Lecomte.

261. Costumes du Moyen Age d'après les manuscrits, les peintures et les monuments contemporains (par Van Beveren et du Pressoir). *Bruxelles, 1847 ;* 2 vol. in-8, demi-rel. chagr. La Vallière. 50 fr.

148 planches de costumes et de coiffures finement coloriées.

262. Costumes. Recueil de 41 planches de costumes. *A Paris, chez Pierre Mariette,* s. d. ; in-12, mar. bleu, dos orné, encad. de fil., coins ornés, dent. int., tr. dor. (*Lortic*). 200 fr.

Intéressante réunion de planches dont quelques-unes sont signées *Picart, Ostade*. Quelques pages sont raccommodées en marge.

263. Costumes du XVIIIe siècle. 6 planches in-4 en feuilles. 175 fr.

Intéressante suite de gravures de *Schénau*, gravées par *Louise Gaillard*.

264. Costumes du XVIIIe siècle. 7 planches in-4 en feuilles. 250 fr.

Réunion de 5 planches de *Le Clerc*, gravées par *Dupin, Voysard, Le Beau,* et 2 figures de *Desrais*, gravées par *Voysard* et *Dupin*.
Très intéressant pour l'étude du costume dans la seconde moitié du XVIIIe siècle.

265. Costumes des représentants du peuple français. Membre des deux conseils, du Directoire exécutif, des ministres, des tribunaux, huissiers, etc. (*Paris, 1795*) ; in-8 en feuilles. 40 fr.

Jolie suite complète comprenant 16 figures de costumes en couleurs, gravées par *Labrousse*, d'après *Grasset*.

266. Costumes. Journal des Dames et des Modes, 25 avril 1824 — 31 mars 1825 ; 68 n^{os} en un vol. in-8, demi-rel. bas. 75 fr.

Collection de 79 planches en couleurs de costumes de femmes et d'hommes de l'époque de la Restauration, finement gravées en taille-douce.

267. Costumes. Collection de 652 planches en couleurs de costumes de dames, de 1876 à 1880, DESSINS ORIGINAUX et planches lithographiées. 11 albums in-4, cart. 350 fr.

Très curieuse réunion composée de 293 dessins de *Ch. Pilatte*. — 189 dessins de *E. Leduc* et de 170 gravures.
Les dessins très bien dessinés sont joliment rehaussés de couleur et de gouache.
Les gravures proviennent de Paris-Toilette. — Les Premières et la mode, etc.

268. Costumes. Recueil de costumes dramatiques, publié par Vizentini, comédien du roi, d'après les dessins de feu Auguste Garnerey et M. Hipp. Lecomte. *Paris,* s. d. (1819-1827) ; 2 vol. in-8, demi-rel. chagr. noir, tr. marbr. 150 fr.

300 planches lithographiées et coloriées avec soin.

Et de Livres anciens et modernes

269. Costumes. Caractères dramatiques ou portraits divers du théâtre anglois (par Smith). *Londres, Robert Sayer*, 1770 ; pet. in-8 carré, mar. rouge, dos orné, dent., tr. dor. (*Rel. anc.*). 150 fr.

> 37 belles planches coloriées de costumes dramatiques représentant les acteurs et les actrices anglais les plus célèbres dans leurs principaux rôles.

270. Costumes parisiens, à l'époque de la Restauration ; 3 vol. in-8, demi-rel. dos et coins de veau. 150 fr.

> 252 planches finement coloriées de costumes de femmes et d'hommes, extraites du Journal des Dames et des Modes, années 1822, 1824 et 1825.

271. Costumes. THE COSTUME of Great Britain. Designed, engraved and written by W. H. Pyné. *London, Miller*, 1808 ; in-4, mar. rouge, dos orn., dent., tr. dor. (*Rel. anc.*). 250 fr.

> 60 planches en couleurs.

272. Costumes des États héréditaires de la Maison d'Autriche, consistant en cinquante gravures coloriées, dont les descriptions ont été rédigées par M. Bertrand de Molleville. *Londres, Miller*, 1804 ; gr. in-4, mar. rouge à long grain, dos orné, dent., tr. dor. 100 fr.

> 50 planches coloriées avec texte anglais et français.

273. Costumes. Tableaux de l'habillement, des mœurs et des costumes dans la République Batave. *Amsterdam, E. Maaskamp*, 1803 ; in-4, fig., cart. 60 fr.

> Joli frontispice et 16 planches gravées en taille-douce par *Portman*, très finement coloriées.
> Texte français et hollandais.

274. Costumes. The Ladys Magazine or entertaining companion for the fair sex, appropriated solely to their use and amusement. Vol. XXXII. *London. Robinson*, 1802 ; in-8, cart. 30 fr.

> 9 planches de costumes en couleur et 17 planches diverses en noir.

275. Courcelles. Avis d'une mère à son fils et à sa fille (par Anne-Thérèse de Marguenat de Courcelles, marquise de Lambert). Nouvelle édition. *Paris, Etienne Ganeau*, 1729 ; in-12, mar. rouge, dos orné, fil., tr. dor. (*Rel. anc.*). 50 fr.

> Bel exemplaire.

276. Courval-Sonnet. Les Œuvres satyriques du Sieur de Courval-Sonnet, homme Virois. Seconde édition, revue, corrigée et augmentée par l'autheur. *Paris, Boutonné*, 1622 ; in-8, mar. rouge jans., tr. dor. (*Trautz-Bauzonnet*). 125 fr.

> Portrait gravé en taille-douce par *Matheus*.

277. Cousteau (Pierre). Le Pegme de Pierre Cousteau, avec les Narrations philosophiques, mis de latin en françoys par Lanteaume de Romieu, gentilhomme d'Arles. *Lyon, Macé Bonhomme*, 1560 ; in-8, mar. rouge, dos orné, fil., tr. dor. (*Rel. anc.*). 75 fr.

> Edition contenant les Narrations philosophiques. Jolies figures emblématiques sur bois, contenues dans des encadrements également gravés sur bois.

278. CRAMER. PAPILLONS EXOTIQUES DES TROIS PARTIES DU MONDE, l'Asie, l'Afrique et l'Amérique, rassemblés et décrits par Pierre Cramer, dessinés sur les originaux, gravés et enluminés sous sa direction. *Amsterdam, chez S.-J. Baalde*, 1779-1782 ; 4 vol. in-4, mar. rouge, dos orn., fil., tr. dor. (*Rel. anc.*). 600 fr.

> Bel ouvrage orné de 400 planches et d'un frontispice finement coloriés. Il est imprimé sur deux colonnes donnant, l'une le texte hollandais, l'autre la traduction française. En regard de chaque planche on a ajouté une note manuscrite donnant la description de la planche.

Achat de Bibliothèques

279. CRITICI SACRI : sive doctissimorum virorum in ss. Biblia annotationes et tractatus. *Londres*, 1660-1661 ; 10 vol. in-fol., mar. rouge, dos orn., fil., tr. dor. (*Rel. anc.*).   500 fr.

Les 2 premiers volumes sont aux armes de CHARRON, marquis de MENARS.

280. Croiset. RÉFLEXIONS CHRÉTIENNES, sur divers sujets de morale, utiles à toutes sortes de personnes, et particulièrement à celles qui font la Retraite spirituelle un jour chaque mois, par le Père Jean Croiset. Dernière édition. *A Paris, chez Charles Huart*, 1723 ; 2 vol. in-12, mar. rouge, dos orné, fil., doublés de mar. citron, large dent., tr. dor. (*Rel. anc.*).   250 fr.

Exemplaire aux armes de l'Electeur Clément-Auguste de BAVIÈRE, archevêque de Cologne.

281. Cruikshank (George). Phrenological illustrations, or an artist's view of the craniological system of doctors Gall and Spurzheim. *London*, 1826 ; in-4 obl., veau fauve, dos orn., fil., dent. int.   150 fr.

Illustré de 1 front. et de 6 planches contenant 31 figures humoristiques.

282. Cuneus (Pierre). La République des Hébreux (trad. du latin par G. Goerée). *Amsterdam, Pierre Mortier*, 1705, 3 vol. — Antiquités judaïques ou remarques critiques sur la République des Hébreux, par Basnage. *Amsterdam, Chatelain*, 1713, 2 vol. — Ens. 5 vol. in-12, fig., mar. rouge, dos orn., fil., orn. aux angles, tr. dor. (*Rel. anc.*). 200 fr.

Beaux exemplaires. Nombreuses figures.

283. Curtius (Quintus). Quinti Curtii Rufi de rebus gestis Alexandri Magni, regis Macedonum, libri superstites. Curavit et digessit Henricus Snakenburg. *Delphis et Lugd. Bat. apud A. Beman et S. Luchtmans*, 1724 ; 2 vol. in-4, mar. rouge, fil., dos orn., tr. dor. (*Rel. anc.*). 160 fr.

Frontispice gravé par *Bleyswik*, carte et planches en taille-douce. Édition estimée. Ex-libris de la bibliothèque Lamoignon.

284. Dadinus Alteserra (Ant.). Notæ et Observationes in Anastasium De Vitis Romanorum Pontificum. *Parisiis, apud Lud. Billaine*, 1680 ; in-4, mar. rouge, dos orné, fil. à la Du Seuil, tr. dor. (*Rel. anc.*). 120 fr.

Exemplaire de dédicace aux armes du chancelier Michel LE TELLIER.

285. Dalibray. Les Œuvres poétiques du Sr Dalibray, divisées en vers bachiques, satyriques, héroïques, amoureux, moraux et chrestiens. *Paris, Antoine de Sommaville*, 1653 ; in-12, cuir de Russie, dos orné, fil., tr. dor.   180 fr.

Cet ouvrage est très rare à rencontrer en parfait état.

286. Darles de Linière. Pompes sans cuirs. Description, propriétés et figures gravées en taille-douce, des nouvelles pompes sans cuirs. *Paris*, 1768 ; in-4, mar. rouge, dos orné, fil., tr. dor.   120 fr.

Aux armes de LOUIS XVI, avant qu'il fut devenu Dauphin par la mort de son père.

287. Daudet (Alph.). Contes choisis. *Paris, Librairie des Bibliophiles*, 1883 ; in-8, br., couv.   12 fr.

Orné de sept eaux-fortes par *E. Burnand*.

288. Daudet (Alphonse). Fromont jeune et Risler aîné. Mœurs parisiennes. *Paris, Conquet*, 1885 ; 2 vol. in-8, br.   100 fr.

L'un des 150 exemplaires sur GRAND PAPIER DU JAPON IMPÉRIAL. (n° 137). Cette belle édition renferme une notice littéraire par Gustave Geoffroy et 12 compositions AVANT et avec la lettre d'*Emile Bayard*, gravées à l'eau-forte par *J. Massard*.

Et de Livres anciens et modernes

289. Davila (H.-C.). Historia de la guerre civila di Francia. *In Parigi, nella stamperia reale*, 1644 ; 2 parties en un vol. in-fol., mar. **rouge**, dos orné, fil. à la Duseuil, tr. dor. *(Rel. anc.)*.   **50 fr.**

> Superbe exemplaire en GRAND PAPIER de cette édition fort belle et fort recherchée. Fleurons sur les titres.

290. Debure (le jeune). Bibliographie instructive, ou traité de la connaissance des livres rares et singuliers. *Paris*, 1763-1767, 7 vol. — Supplément au catalogue des livres du cabinet de feu M. L. Gaignat. *Paris*, 1769, 2 vol. — Ens. 9 vol. pet. in-4, demi-mar. rouge.   **30 fr.**

> Bel exemplaire sur PAPIER DE HOLLANDE.

291. Delacroix. L'Œuvre complet de Eugène Delacroix, peintures, dessins, gravures, lithographies, catalogué et reproduit par Alfred Robaut, commenté par Ernest Chesneau. Ouvrage publié avec la collaboration de Fernand Calmettes. *Paris, Charavay*, 1885 ; in-4 réglé, portr., br.   **20 fr.**

> Nombreuses vignettes reproduisant l'œuvre du maître.

292. Delille. Le Malheur et la Pitié, poème en 4 chants. *Londres, Dulau*, 1803 ; in-4, mar. rouge, dos orné, dent., tr. dor.   **125 fr.**

> Bel exemplaire orné d'un frontispice et de 4 portraits de la famille royale : Louis XVI, Marie-Antoinette en habit de chasse, Mme Elisabeth et le Dauphin, gravés par *Audinet*.

293. Delille. Œuvres. *Paris, Giguet et Michaud*, 1803-1807 ; 14 vol. in-4, chagr. noir, *non rognés*.   **150 fr.**

> Comprenant : Les Géorgiques, 4 fig. et 1 portrait par *Gérard*. — Les Bucoliques, 10 fig. par *Huet*. — La Pitié, 6 fig. par *Monsiau*. — L'Imagination, 2 vol., 2 fig. par *Le Barbier*. — L'Homme des Champs, 4 fig. par *Guérin*. — L'Enéide, 4 vol., 4 fig. de *Moreau*. — Poésies fugitives. — Paradis perdu, 3 vol.

294. DE LORME (Philibert). Le premier Tome de l'Architecture de Philibert de L'Orme... *A Paris, chez Frédéric Morel*, 1568 ; in-fol., mar. vert, décoration de style Renaissance, bandes de mar. rouge vif sertie or, formant des entrelacs sur le dos et les plats, doublé et gardes de moire rouge, dent. formant encadrement, doubles gardes, tr. dor., boîte en mar. vert foncé, avec ornem. à froid *(R. Petit)*, dorure de *Wampflug*.   **500 fr.**

> Cette édition, qui renferme les neuf premiers livres de l'ouvrage de Ph. de-Lorme, est importante pour les nombreuses figures en bois dont elle est ornée. *(Qq. légers racc.)*. BELLE RELIURE.

295. Delvau (Alfred). Dictionnaire de la langue verte, argots parisiens comparés. 2e édition, entièrement refondue et considérablement augmentée. *Paris, Dentu*, 1867 ; in-12, demi-rel. bas. rouge.   **20 fr.**

296. Demandes (Les) faites par le roi Charles VI touchant son état et le gouvernement de sa personne, avec les réponses de Pierre Salmon, publiées avec des notes historiques d'après les manuscrits de la Bibliothèque du roi par G.-A. Crapelet. *Paris, imp. de Crapelet*, 1833 ; gr. in-8, fig., mar. rouge, dos orné, fil., tr. dor. *(Masson-Debonnelle)*. **45 fr.**

> 10 belles planches en noir, fac-similés de miniatures de manuscrit.

297. Démidoff (Anatole). Voyage dans la Russie méridionale et la Crimée par la Hongrie, la Valachie et la Moldavie. 2e édition, revue et augmentée. *Paris, Bourdin*, 1854 ; gr. in-8, dos et coins de mar. vert, dos mosaïqué de croix rouges, tête dor.; *non rogné (Petit)*.   **30 fr.**

> Illustré du portrait de Nicolas Ier, par *P. Sightoof*, 16 gravures noires tirées sur Chine, 10 planches coloriées (Costumes), par *Raffet*, 2 cartes repliées, un feuillet de musique et un grand nombre de vignettes dans le texte.
> Exemplaire en GRAND PAPIER VÉLIN.

Achat de Bibliothèques

298. Demoustier. Lettres à Émilie sur la Mythologie. *Paris, Renouard,* 1809 ; 6 tomes en 3 vol. in-8, cuir de Russie, dos orné, dent., tr. dor. *(Chilliat).* 75 fr.

   Portrait de l'auteur et 36 charmantes figures de *Moreau le jenne,* gravées par *Delvau, de Ghendt, Roger, Thomas, Brière* et *Simonnet.*

299. Désaugiers. (A.). Chansons et Poésies diverses. Sixième édition, considérablement augmentée. *Paris, Ladvocat,* 1827 ; 4 tomes en 2 vol. in-12, veau, dos ornés, fil. - 30 fr.

   Jolie édition sur PAPIER VÉLIN ornée de vignettes sur bois et d'un beau portrait de Désaugiers dessiné par *Devéria* et gravé sur acier par *Fontaine.*

300. Descamps. Vie des Peintres flamands et hollandais, par Descamps, réunie à celle des peintres italiens et français, par d'Argenville. *Marseille,* 1840-1843 ; 5 vol. in-8, portr., cart., *non rognés.* 25 fr.

   Ouvrage estimé.

301. Desfontaines. Les Bains de Diane ou le Triomphe de l'Amour, poème. *Paris, J.-B. Costard,* 1770 ; in-8, veau, dos orné. 50 fr.

   Titre par *Marillier,* gravé par *de Ghendt,* et 3 figures par *Marillier,* gravées par *Massard, Ponce* et *Voyez.*
   On a relié à la suite de ce volume : *Mérinval,* drame, par M. d'Arnaud. *Paris, Le Jay,* 1774 et *Effets de la Vengeance, relation d'un religieux,* 26 pp.

302. Desforges-Maillard. Œuvres en vers et en prose. *Amsterdam, J. Schreuder et P. Mortier,* 1759 ; 2 vol. in-12, portr., demi-rel. veau, *non rognés.* 15 fr.

   Les poésies de Desforges-Maillard parurent d'abord sous le pseudonyme de Mlle Malcrais de la Vigne. Cette supercherie littéraire eut le plus grand succès, tous les poètes du temps y furent pris ; Voltaire lui-même ne reconnut pas le masque et adressa une galante épître à « la divine Malcrais ».

303. Desgodetz. Les Edifices antiques de Rome dessinés et mesurés très exactement par Antoine Desgodetz, architecte. *Paris, J.-B. Coignard,* 1682 ; in-fol., mar. rouge, dos orné, comp. de fil., milieux, tr. dor. *(Rel. anc.).* 120 fr.

   Edition la plus recherchée de cet ouvrage ornée d'environ 150 planches gravées par *Chastillon, Le Pautre, Guérard.* etc.
   Exemplaire de la bibliothèque SUNDERLAND.

304. Des Portes (Philippe). Les premières Œuvres de Philippes Des Portes, reueuës, corrigées et augmentées en ceste dernière impression. *A Paris, par Mamert Patisson,* 1579 ; in-4, mar. bleu jans., tr. dor. *(Hardy).* 120 fr.

   Bel exemplaire très grand de marges.

305. Des Portes. Les premières œuvres de Philippe Des Portes... Reueues, corrigées et augmentées outre les précédentes impressions. *Paris, Robert Le Mangnier,* 1583 ; in-12, mar. rouge, dos orné, fil.. dent. int., tr. dor. *(Trautz-Bauzonnet).* 100 fr

   Bel exemplaire. Haut. : 142 millim.

306. Des Portes. Les Œuvres de Philippe Des Portes, revues, corrigées et augmentées. *Anvers, Arnould Coninx,* 1591 ; in-12, mar. brun, dos orné, fil., tr. dor. *(Chambolle-Duru).* 60 fr.

   Très bel exemplaire.

307. Des Portes. Les Œuvres de Philippes Des Portes, abbé de Thiron. Reveues et corrigées. *A Rouen, de l'impr. de Raphaël du Petit-Val,* 1611 ; in-12, titre gravé, mar. vert, dos orné, fil., tr. dor. *(Niédrée).* 60 fr.

   Edition plus complète que celles qui l'ont précédée, publiée par Thibault Desportes, sieur de Bevilliers ; elle comprend 675 pp. chiffr. (y compris le titre gravé sur cuivre par *Léonard Gaultier*), 27 pp. non chiffr. et 8 ff. supplém. pour le « *Tombeau de Messire Philippes Desportes* » par J. de Montereul, 3 pièces de vers latines et françaises, et le privilège.

Et de Livres anciens et modernes

308. **DESTOUCHES**. Œuvres dramatiques de Néricault Destouches. de l'Académie Françoise. *Paris, Impr. Royale*, 1757 ; 4 vol. in-4, mar. vert, dos ornés, tr. dor. (*Derome*).   250 fr.

> Bel exemplaire en grand papier avec une étoile d'or sur le dos de chaque volume.

309. **DETAILLE** (Edouard). L'Armée Française. Types et uniformes par Edouard Detaille. Texte par Jules Richard. *Paris, Boussod et Valadon*, 1885-1889 ; 2 vol. in-fol., mar. rouge, dos orné, encadr. de fil. avec couronnes de chêne et de laurier aux angles, sur les plats, doubl. et gardes de moire bleue, bordure int. de fil. dor. et au pointillé, avec coins dor., tr. dor. sur fausses marges, couv. cons., étuis. (*Canape*).   1.800 fr.

> Ouvrage contenant 60 planches en couleurs tirées hors texte et 280 planches en noir, insérées dans le texte, reproduisant par la photogravure les tableaux et aquarelles d'*Edouard Detaille*.
> Exemplaire numéroté sur PAPIER DU JAPON, contenant les gravures AVANT LA LETTRE et un tirage à part, en noir, sur papier du Japon, de toutes les illustrations.

310. **Devises** (Les) et emblêmes d'amour moralisez. *Paris, Olivier de Varennes*, 1658 ; pet. in-8, mar. lavall., dos orné, fil., tr. dor.   45 fr.

> Frontispices et 50 planches d'emblêmes finement gravées par *Albert Flamen*.

311. **Didbin**. Voyage bibliographique, archéologique et pittoresque en France, par le Rév. Th. Frognall Dibdin. Traduit de l'anglais avec des notes, par Théod. Licquet [et Crapelet]. *Paris, Crapelet*, 1825 ; 4 vol. in-8, demi-rel. dos et coins de chagr. brun, tête dor., *non rognés*. 55 fr.

> Ouvrage des plus curieux par les appréciations plus ou moins malveillantes sur les hommes et sur les choses que l'auteur rencontra dans son voyage en France.
> MM. Licquet et Crapelet, dans cette traduction, ont relevé, dans des notes fort savantes, les erreurs du bibliographe anglais.
> Bel exemplaire.

312. **Dictionnaire** minéralogique et hydrographique de la France, contenant : 1º la Description des Mines, Fossiles, Fluors, Crystaux, etc. ; 2º l'Histoire naturelle de toutes les Fontaines minérales du Royaume, etc. (par P.-Jos. Buc'hoz). *Paris, J.-P. Costard*, 1772-1776 ; 4 vol. in-12, mar. olive et mar. vert, dos orné, fil., tr. dor. (*Rel. anc.*).   100 fr.

> Exemplaire de dédicace aux premières armes du COMTE D'ARTOIS. Rare.
> Légère différence dans la reliure des 4 volumes.

313. **Diderot**. Pensées sur l'interprétation de la nature (par Diderot). *S. l. (Paris)*, 1654 ; in-12, mar. citron, fil., tr. dor. (*Rel. anc.*).   20 fr.
> ÉDITION ORIGINALE.

314. **Digestorum** seu pandectarum libri quiquagenta ex florentinis pandectis repræsentati. *Florentiae, In off. Laurentii Torrentini Ducalis typographi*, 1553 ; 3 vol. in-fol., mar. rouge, fil., dos ornés, tr. dor. (*Rel. anc.*).   200 fr.

> AUX armes du duc DE BRANCAS, comte DE LAURAGUAIS.

315. **Diners du Vaudeville** (Les), an V-an IX ; 8 vol. in-12, mar. rouge, dos orn., dent., tr. dor. (*Rel. anc.*).   250 fr.

> Recueil de chansons avec les airs notés. Collection complète du nº 1, Vendémiaire an V, au nº 48, Fructidor an IX. Cette publication a été interrompue pendant l'an VIII.

316. **Diodore**. Histoire universelle de Diodore de Sicile, servant à l'histoire de l'origine des Peuples et des anciens Empires, traduite en

Achat de Bibliothèques

françois, avec des notes géographiques, chronologiques, historiques et critiques, par M. l'abbé Terrasson. *Paris, De Bure,* 1758 ; 7 vol. in-12, mar. rouge, dos ornés, fil., tr. dor. (*Rel. anc.*).   100 fr.

> Bel exemplaire dans une reliure fraîche.

317. **DIONYSII** Petavii Aurelianensis orationes (et opera poetica). Editio tertia auctior et castigatior. *Parisiis, Sébastianum Chappelet,* 1624 ; 2 parties en 1 vol. in-8, veau fauve, semis de fleurs de lis couvrant entièrement le dos et les plats, tr. dor. (*Rel. anc.*).   600 fr.

> Exemplaire aux armes du roi Louis XIII, portant sur le dernier feuillet de garde la signature autographe de l'Abbé Boileau.

318. **Diorama anglais,** ou Promenades pittoresques à Londres, renfermant les notes les plus exactes sur les caractères, les mœurs et usages de la nation anglaise, prises dans les différentes classes de la société par M. S. (J. B. B. Sauvan). *Paris, Jules Didot,* 1823 ; gr. in-8, demi-veau, tête dor., *non rogné.*   100 fr.

> Figures humoristiques coloriées d'après *Cruiskank.*
> Raccommodage au faux-titre et au dernier feuillet.

319. **Dorat.** Les Baisers, précédés du Mois de Mai, poème. *Rouen, J. Lemonnyer,* 1880 ; gr. in-8, mar. rouge, dos et plats orn., dent. int., tr. dor.   35 fr.

> Frontispice, fleurons, 22 vignettes et 22 culs-de-lampe, par *Eisen* et *Marillier.*

320. **DROZ** (G.). Monsieur, Madame et Bébé. Édition illustrée par Edmond Morin et ornée d'un portrait de l'auteur en frontispice, gravé par Léopold Flameng. *Paris, V. Havard,* 1878 ; gr. in-8, mar. bleu, gerbe de fleurs en mosaïque de mar. rouge, bleu, vert et citron sur le plat supérieur, doubl. et gardes de soie brochée, tr. dor. sur fausses marges, couv. conser., étui (*Canape*).   700 fr.

> Exemplaire tiré sur papier de Chine.
> Très jolie reliure de Canape.

321. **Du Bellay** (Martin). Les Mémoires de Mess. Martin du Bellay, seigneur de Langey, contenant le discours de plusieurs choses avenuës au royaume de France depuis l'an 1513 jusques au trépas du roi François premier, ausquels l'autheur a inséré trois livres et quelques fragmens des Ogdoades de Mess. Guillaume du Bellay, seigneur de Langey, son frère. *Paris, Pierre L'Huillier,* 1573 ; in-8, mar. brun, fil. à froid, tr. dor. (*Lortic*).   60 fr.

> Très bonne édition. Taches.

322. **Du Bellay** (Joachim). Les Œuvres françoises de Joachim du Bellay, gentilhomme angevin et poète excellent de ce temps. Reveues et de nouveau augmentées de plusieurs Poésies non encores auparavant imprimées. *A Rouen, pour George L'Oyselet,* 1592 ; in-12, mar. rouge, dos orné, fil., tr. dor. (*Trautz-Bauzonnet*).   220 fr.

> Bel exemplaire de cette charmante édition imprimée en caractères italiques.

323. **Du Bos** (l'abbé). Réflexions critiques sur la poésie et sur la peinture. *Paris, Pissot,* 1755 ; 3 vol. in-4, mar. rouge, fil., dos orn., tr. dor. (*Rel. anc.*).   200 fr.

> Curieux frontispice, 1 fleuron répété sur chaque titre et 1 vignette sur chaque volume par *Eisen* gravés par *Le Bas.*

Et de Livres anciens et modernes

324. Dubreuil. Dictionnaire lyrique portatif, ou choix des plus jolies ariettes de tous les genres, disposées pour la voix et les instrumens, avec les paroles françoises sous la musique. *Paris, Dubreuil*, 1766, 2 vol. — Supplément au dictionnaire lyrique. *Paris, Didot*, 1771, 2 vol. — Ensemble 4 vol. in-8, mar. rouge, fil., dos ornés, tr. dor. (*Rel. anc.*).

 Ouvrage fort rare.   250 fr.

325. Duclos. Œuvres complètes de Duclos, de l'Académie françoise. A *Paris, chez Ant.-Aug. Renouard*, 1806 ; 10 vol. in-8, portr. et fig., mar. rouge, dos ornés, dent., tr. dor. (*Courteval*). 250 fr.

 Bel exemplaire sur papier vélin auquel on a ajouté : un portrait de Duclos gravé par *Adam*, d'après *Van Loo*, épreuves avant la lettre, 7 figures de *Desrais* pour les CONFESSIONS DU COMTE DE T., 1 figure de *Marillier* gravée par *Langlois* pour ACAJOU et 6 portraits.

326. Du Fail (Noël). Les Contes et Discours d'Eutrapel, par le feu Seigneur de la Hérissaye, gentilhomme breton. *Rennes, Noel Glamet*, 1598 ; in-12, mar. rouge, dos orné à la grotesque, fil., tr. dor. (*Rel. anc.*). 100 fr.

 Bel exemplaire dans une jolie reliure de Padeloup. *Ex-libris* de Laus de Boissy, collé sur la garde.

327. Du Fouilloux. La Vénerie de Jacques du Fouilloux, Seigneur dudit lieu, dédié au Ròy et de nouueau reueue et augmentée outre les précédentes impressions. *A Paris, chez Claude Cramoisy*, 1628. — La Fauconnerie de Jean de Franchières, grand Prieur d'Acquitaine, avec tous les autres autheurs qui se sont peu trouuer traictans de ce sujet ; de nouueau reueue, corrigée et augmentée. *A Paris, chez Claude Cramoisy*, 1628. — Ensemble 2 parties en 1 vol. in-4, mar. orange, fil., dos orné, dent. int., tr. dor. (*Hardy*). 350 fr.

 Beaux exemplaires dans une jolie reliure aux armes du BARON SEILLIÉRE.

328. Du Fouilloux. La Vénerie, précédée de quelques notes biographiques et d'une notice bibliographique (par Pressac). *Angers, Ch. Lebossé*, 1844 ; pet. in-4, br. 20 fr.

 Figures sur bois.

329. Dufresnoy et l'abbé **de Marsy**. L'École d'Uranie, ou l'art de la peinture, traduit du latin par M. D. Q. (de Querlon). *Paris*, 1753 ; in-12, mar. rouge, fil. à froid, tr. dor. (*Châtelain*). 8 fr.

 Cette édition, revue sur la traduction de R. de Piles par de Querlon a été augmentée par celui-ci de la version française de la Peinture de l'abbé de Marsy.

330. Duhamel du Monceau. Traité des arbres fruitiers, contenant leur description, leur culture, etc. *Paris, Saillant et Desaint*, 1768 ; 2 vol. in-4, front. et fig., mar. rouge, dos orné, dent., tr. dor. (*Rel. anc.*). 140 fr.

 Très bel exemplaire en GRAND PAPIER.

331. DUHAMEL DU MONCEAU. Traité des arbres fruitiers. Nouvelle édition augmentée d'un grand nombre d'espèces de fruits obtenus des progrès de la culture, par A. Poiteau et P. Turpin, orné de 417 figures gravées et coloriées au pinceau sur les vélins originaux peints d'après nature par les auteurs. *Paris, Levrault*, 1835 ; 6 vol. in-fol., demi-rel. mar. violet avec coins, *non rognés*. 750 fr.

 Ouvrage le plus beau et plus complet que l'on eût alors sur cette partie de l'Histoire naturelle.

 Exemplaire en GRAND PAPIER VÉLIN.

Achat de Bibliothèques

332. Dulaurens. Le Balai, poème héroï-comique en XVIII chants. *A Constantinople (Amsterdam), de l'Impr. du Mouphti,* 1761 ; in-12, mar. vert, dos orné, large dent. et dent. int., tr. dor. (*Rel. anc.*)   50 fr.

> Bel exemplaire relié par *Bradel-Derome.*
> 1ʳ édition de ce poème irréligieux de l'abbé Henri-Joseph du Laurens.

333. Dulaurens. Le Compère Mathieu ou les Bigarrures de l'esprit humain. Nouvelle édition. *Londres,* 1777 ; 3 vol. in-12, mar. rouge jans., tr. dor. (*Belz-Niédrée*).   50 fr.

> Bel exemplaire. Ce roman, qui contient une philosophie très hardie pour notre époque, fut condamné sous le second Empire, comme outrageant la morale publique et religieuse.

334. Dumas fils (Alex.). Herminie l'Amazone. *Paris, Calmann Lévy,* 1888 ; pet. in-8, demi-rel. dos et coins de mar. vert, *non rogné,* couv. cons. (*Champs*).   170 fr.

> Un des 225 exemplaires tirés sur PAPIER VÉLIN DU MARAIS avec les figures en TROIS ÉTATS, dont l'eau-forte pure (n° 24).

335. DUMAS fils (Alex.). THÉATRE COMPLET, avec préfaces inédites. *Paris, Calmann Lévy,* 1890-1893, 7 vol. — Théâtres des autres. *Paris, Calmann Lévy,* 1894, 2 vol. — Ensemble 9 vol. in-8, demi-rel. dos et coins de mar. bleu, dos orn. de feuillages or et mosaïque de mar. rouge, têtes dor., *non rognés,* couv. cons. (*Champs*).   750 fr.

> Exemplaire sur PAPIER VERGÉ, tiré à 135 exemplaires (n° 28), contenant les illustrations de *Robaudi,* gravées à l'eau-forte par *Abot* et *L. Ruet,* en TROIS ÉTATS dont l'eau-forte pure.
> Les Notes ont été reliées à la fin de chaque volume.

336. DUMAS père (Alexandre). CAUSERIE SUR L'OTHELLO D'ALFIERI ; in-fol., demi-chag., plats toile.   800 fr.

> Curieux manuscrit de 19 ff. signé par M. A. Dumas père, où il fait la critique des différents acteurs qui jouèrent cette pièce ; c'est ainsi qu'il dit : « J'ai vu jouer Othello par Talma, par Kean, par Kemble, par Macready et par Joanny. Chacun de ces grands artistes ne le jouait de la même façon. Talma le jouait avec son art, Kean le jouait avec son tempérament, Kemble avec ses traditions. Macready avec sa beauté physique, Joanny avec ses intérêts ». Dans un paragraphe il écrit : « Je cite de mémoire, qu'on m'excuse donc si je me trompe d'une année ou deux ».

337. Duplessi-Bertaux. Histoire de l'Enfant prodigue, en douze tableaux, tirée du Nouveau Testament ; dessinée et gravée par Jean Duplessi-Bertaux, en 1815. *Paris, impr. de P. Didot l'aîné,* 1816 ; in-4, cart.   18 fr.

> 12 jolies planches avec texte explicatif gravé en taille-douce.

338. Dupont-Auberville. L'Ornement des tissus, recueil historique et pratique, avec des notes explicatives et une introduction générale. *Paris, Ducher,* 1887 ; 2 parties en un vol. in-fol., demi-rel. dos et coins mar. brun, tête dor., *non rogné.*   70 fr.

> 100 grandes et belles planches en chromolithographie.

339. Du Roure. Analectabiblion, ou extraits critiques de divers livres rares, oubliés ou peu connus, tirés du cabinet du marquis du Roure. *Paris, Techener,* 1836 ; 2 vol. in-8, demi-rel. veau, éb.   20 fr.

> Curieux commentaires littéraires et bibliographiques.

340. Du Verdier. La Diane françoise. *Paris, Anth. de Sommaville,* 1624 ; un tome en 2 vol. pet. in-8, front., veau fauve, dos orné, fil. (*Rel. anc.*).   80 fr.

> Aux armes de la marquise de POMPADOUR.

Et de Livres anciens et modernes

341. Du Verdier (Antoine). La Prosopographie ou Description des personnes insignes, enrichie de plusieurs effigies, et réduites en quatre livres. *Lyon, Antoine Gryphius,* 1573 ; in-4 réglé, fig. sur bois, .mar. rouge jans., tr. dor. (*Chambolle-Duru*).   250 fr.

> On trouve dans cet ouvrage de curieux portraits de personnages de toutes les époques entre autres : Balde, Nicolas de Lyra, Albert le Grand, Bartole, Jean Huss, E. Dolet, Cardan, Balduni, Oronce, Finée, Alciot, S. Gryphe, etc.
> Bel exemplaire avec témoins.

342. Du Verdier (Antoine). Les Omonimes, satire des mœurs corrompues de ce siècle. Par Antoine du Verdier. *Lyon, Antoine Gryphius,* 1572. (A la fin :) *A Lyon, de l'impr. de Pierre Roussin,* 1572 ; in-4 de 12 ff., mar. rouge jans., tr. dor. (*Trautz-Bauzonnet*).   120 fr.

> Curieuse satire due au célèbre auteur de la *Bibliothèque françoise.* Les vers se terminent par des rimes formées de paronymes, mots ayant le même son, mais présentant un sens différent.
> Bel exemplaire.

343. Ein Jahar in Arkadien. *S. l.,* 1805 ; in-8, mar. vert à long grain, dos orn., larges dent. doubl. de soie rose, tr. dor. (*Rel. anc.*). 100 fr.

> Frontispice gravé.

344. Emblêmes (Les) d'amour divin et humain, ensemble, expliquez par des vers françois ; par un pére Capucin. A *Paris, chez Pierre Mariette,* s. d. ; pet. in-8, veau gris (*Rel. anc.*)   30 fr.

> Titre (remonté) et 119 figures sur cuivre, au verso desquelles on a inscrit des vers manuscrits.

345. Empire des Légumes (L'). Mémoires de Cucurbitus Ier, recueillis et mis en ordre par MM. Eugène Nus et Antony Méray. *Paris, G. de Gonet,* s. d. (1850) ; gr. in-8, demi-chag. rouge, plats toile. 15 fr.

> Ouvrage illustré de 24 gravures sur acier et 1 gravure sur bois, légèrement coloriées, d'après les dessins de *Amédée Varin.* Légères mouillures.

346. ENTRÉE DE HENRI II A LYON. La MAGNIFICA ET TRIUMPHALE ENTRATA del christianis Re di Francia Henrico secondo di questo nome fatta nella nobile et antiqua Città di Lyone à luy et à la sua serenissima consorte Chaterina, alli 21 di Septemb. 1548. Colla particulare descritione della Comedia che fece recitare la natione Fiorentina a richiesta di sua Maesta Christianissima. *In Lyone, apresso Gulielmo Rouillio,* 1549 ; pet. in-4, fig., vélin blanc. (*Rel. anc.*) 600 fr.

> Le texte original de cette relation a été écrit par Maurice de Sève en collaboration avec Claude de Tillemont.
> Le volume est surtout recherché pour les 15 gravures sur bois qui l'ornent et attribuées à *Bernard Salomon,* dit le *Petit Bernard,* les mêmes que celles de l'édition française publiée simultanément ; elles représentent les différents arcs de triomphe et décorations élevés sur le parcours du cortège. Deux figures sont particulièrement remarquables : la figure du *Capitaine à pied* et celle du *Capitaine à cheval.*

347. Epistolarum decretalium summorum pontificum. *Romæ, apud Georgium Ferrarium,* 1591 ; 3 vol. in-fol., mar. rouge, fil., dos ornés, tr. dor. (*Rel. anc.*).   300 fr.

> Aux armes de C.-M. LE TELLIER, archevêque de Reims. Bel exemplaire.

348. Erasme. Les Colloques, nouvellement traduits par Victor Develay et ornés de vignettes gravées à l'eau-forte par J. Chauvet. *Paris, Jouaust,* 1875 ; 3 vol. in-8, demi-rel. chag. brun, tête dorée, *non rognés.* 35 fr.

> Portrait d'Erasme d'après *Holbein.* Bel exemplaire.

Achat de Bibliothèques

349. ERUDITORUM PENITENTIALE. (absque nota). *S. l. n. d.* ; pet. in-4 goth. de 76 ff. non chif. avec sign., fig., mar. rouge, dos orn., fil., tr. dor. (*Derôme*).   1.500 fr.

Édition imprimée dans quelque ville des Pays-Bas, vers 1480 ; elle est ornée de 17 fig. gravées sur bois qui accusent l'enfance de l'art ; ces figures ont été soigneusement coloriées à l'époque. On lit au recto du 2ᵉ f. : Incipit eruditorum penitentiale culibet christicole-pernecessarium compendiose auctoritabus sacre scripture insignitum.

350. Esope en belle humeur, ou derniere traduxion et augmentacion de ses fables en prose et en vers (par l'abbé Bruslé de Montpleinchamp). *Amsterdam, Antoine Michels*, 1690 ; in-12, veau fauve, dos orné, fil., tr. dor. (*Rel. anc.*)   30 fr.

Édition dont le texte porte la sphère de l'officine de Mommart de Bruxelles employée par Foppens. Elle est illustrée de jolies vignettes gravées sur cuivre et insérées dans le texte.
Furetière et La Fontaine ont, d'après le Journal des Savants, collaboré à cet ouvrage.

351. Estienne (Henri). Apologie pour Hérodote, ou traité de la conformité des merveilles anciennes avec les modernes. Nouvelle édition faite sur la première, augmentée de notes par Mr Le Duchat. *La Haye, H. Scheurleer*, 1735 ; 2 tomes en 3 vol. pet. in-8, front., mar. vert, dos ornés, fil., tr. dor. (*Rel. anc.*).   100 fr.

Bel exemplaire dans une jolie reliure ancienne.

352. Estienne (Charles). Di Carlo Stefano de herbe, fiori, stirpi, che si pirantano ne gli horti, con le voci piu propie e accommodate. Aggiuntovi un libretto di coltivare gli horti, tradutto in italiano per Pietro Lauro Modonese. *Venegia, appr. Vicenzo Vaugris*, 1545 ; pet. in-8, mar. vert, comp. argentés (*Rel. anc.*).   150 fr.

Beau spécimen de l'art de la reliure au XVIᵉ siècle.

353. Estienne (Ch.). et **J. Liébault**. L'Agriculture et Maison rustique. Revuë et augmentée de beaucoup... Avec un brief recueil des chasses du cerf, du sanglier, du lièvre, du renard, du blereau, du counil, du loup, des oiseaux et de la fauconnerie... y joint la fabrique et usage de la jauge au Diapason... *Lyon, veuve Candy*, 1659 ; in-4, fig., mar. bleu, dos orné, fil., dent. int., tr. dor. (*Wendling*).   60 fr.

Nombreuses figures sur bois.

354. Étrangers (Les) à Paris, par MM. L. Desnoyers, J. Janin, Old-Nick, E. Guinot, etc. *Paris, Warée, s. d.* ; gr. in-8, demi-rel. mar. vert, dos orné.   12 fr.

Bel exemplaire de ce spirituel ouvrage, orné de nombreuses vignettes et de 30 planches hors texte gravées sur bois d'après les dessins de Gavarni, Th. et Ed. Frère, H. Emy, Th. Guérin.

355. Étrennes lyriques anacréontiques. Années 1793 et 1794. *Paris, l'Auteur*, 1793-1794 ; 2 vol. pet. in-12, mar. rouge, dos orné, fil., tr. dor. (*Rel. anc.*).   50 fr.

Recueil de chansons ornées de 2 figures de *Monnet*, gravées par *Ponce*.

356. Eusèbe. Eusebii libri de praeparatione evangilica, latine, Georgio Trapezuntio interprete e greco in latinum Michael Manzolinus.... *Impressit diligentia Taruisii Anno*...... MCCCCLXXX (1480) ; in-4, de 100 ff., ais de bois (*Rel. anc. fatiguée*).   200 fr.

Exemplaire incomplet du titre et du dernier feuillet qui est blanc.
L'espace laissé en blanc pour les grandes initiales a été rempli par des dessins à la plume, ainsi que les fins de chapitres et aussi dans les marges.
Feuillets raccommodés. Mouillures.

Et de Livres anciens et modernes

357. Évangile (l') du jour. *Londres*, 1769-1770 ; 8 tomes en 4 vol. in-8, mar. rouge, fil., dos et coins ornés, tr. dor. (*Rel. anc.*).   150 fr.

Intéressant recueil d'opuscules faits ou publiés par Voltaire.

358. ÉVANGILES (Les) des dimanches et fêtes de l'année, suivies de prière à la sainte Vierge et aux saints ; texte revu par l'abbé Delaunay. *Paris, L. Curmer*, 1864 ; 3 part. en 2 vol. in-4, fig., mar. rouge, dos orn., plats orn. d'entrelacs de filets d'or, tr. dor.   400 fr.

Publication splendide, reproduisant par la chromolithographie, en or et en couleurs, les plus riches miniatures du Moyen-Age et de la Renaissance : les encadrements sont variés et d'une grande richesse d'exécution.

359. Explication du Livre des Pseaumes où selon la méthode des saints Pères l'on s'attache à découvrir les mystères de Jésus-Christ et les règles des mœurs renfermées dans la lettre même de l'Ecriture (par Jacq.-Jos. Duguet et Jos.-Vinc. Bidel). *Paris, François Rabuty*, 1733 ; 4 tomes en 8 vol. in-12, mar. bleu jans., tr. dor. (*Rel. anc.*).   200 fr.

Bel exemplaire réglé.

360. Fabris (Salvatore). Scienza et pratica d'Arme di Salvatore Fabris, capo dell' ordine dei sette cuori. *Leipzig, Erasmus Hynitzsch*, 1677 ; pet. in-fol., vélin.   200 fr.

Livre d'escrime extrêmement rare, avec texte italien et allemand. Curieuses et belles figures en taille-douce où tous les escrimeurs sont représentés entièrement nus. La figure de la page 62 est intacte.

361. Fantin-Desodoards. Histoire philosophique de la Révolution de France, depuis la première Assemblée des Notables jusqu'à la paix de 1801. *Paris, Belin*, 1801 ; 9 vol. in-8, portr., bas.   30 fr.

362. FÉMINIES. Huit Chapitres inédits dévoués à la Femme, à l'Amour, à la Beauté, par Gyp, Abel Hermant, Henri Lavedan, Marcel Schwob et Octave Uzanne. *Paris, Imprimé pour les Bibliophiles Contemporains*, 1896 ; in-8, mar. citron, compositions de tiges de bleuets en mosaïque de mar. vert, la Vallière, grenat et bleu sur le dos et les plats, doubl. et gardes de soie brochée, double encadr. de 3 fil. à l'intér., tr. dor. sur fausses marges, couv. conserv., étui (*Canape*).   600 fr.

Ouvrage tiré à 183 exemplaires numérotés et non mis dans le commerce.
Illustré de 1 frontispice en couleurs par *Kratké* et de 8 frontispices dessinés et gravés à l'eau-forte par *Félicien Rops* en 2 états : en noir avec remarques et imprimés en couleurs à la poupée.
Encadrements en couleurs et vignettes dans le texte par *Rudnicki.*

363. Fénelon. Avantures de Télémaque fils d'Ulysse, ou suite du quatrième livre de l'Odyssée d'Homère. *La Haye (Paris), Adrien Mœtjens*, 1705 ; 2 tomes en 1 vol. in-12, fig., mar. rouge, dos orné, fil., dent. int., tr. dor. (*Capé*).   60 fr.

Édition à la fin de laquelle se trouvent les *Aventures d'Aristonoüs*, et trois dialogues des morts. Frontispice et figures gravés.

364. Fénelon. Les Aventures de Télémaque, fils d'Ulysse. Imprimé par ordre du Roi pour l'éducation de Mgr le Dauphin. *Paris, Didot*, 1784 ; 2 vol. pet. in-8, mar. la Vallière jans., tr. rouge.   25 fr.

Édition imprimée en très beaux caractères.

365. Fénelon. Les Aventures de Télémaque, fils d'Ulysse. *Paris, Crapelet, an III* (1795) ; 4 vol. in-18, mar. rouge, dos et plats ornés, tr. dor. (*Rel. anc.*).   120 fr.

Portrait de Fénelon, gravé par *Trière ;* manque les figures.
Magnifique reliure dans le style du Directoire.

Achat de Bibliothèques

366. Fénelon. Les Aventures de Télémaque, suivies des Aventures d'Aristonoüs, précédées d'un Essai sur la vie et les ouvrages de Fénelon, par M. Jules Janin. *Paris, Bourdin, s. d.* (1840) ; gr. in-8, demi-rel. dos et coins de mar. brun, *non rogné*, couv. cons. (*Pouillet*).   35 fr.

> Illustré de 150 vignettes sur bois dans le texte et de 20 grandes planches tirées à part par *Tony Johannot, Emile Signol, Gérard-Séguin, E. Wattier, Diaz, Marville* et *Daubigny*.
> Les 20 planches sont sur Chine monté sans légende. On en a ajouté une non signée.
> Bel exemplaire très bien conservé *avec la couverture*.

367. Fénelon. Explication des Maximes des Saints sur la vie intérieure par messire François de Salignac Fénelon. *Paris, Aubouin,* 1697 ; in-12, veau brun.   18 fr.

> ÉDITION ORIGINALE.

368. Fénelon. Œuvres spirituelles de feu Mgr François Salignac de la Mothe-Fénelon. Nouvelle édition, revue et considérablement augmentée. *Rotterdam, Hofhout,* 1738 ; 2 vol. in-fol., mar. rouge, dos orn., fil., tr. dor. (*Rel. anc.*).   200 fr.

> Bel exemplaire en GRAND PAPIER. Sur le dos de la reliure les pièces d'armoiries de ROHAN-SOUBISE.

369. Fénelon. Ordonnance et instruction pastorale de Mgr l'archevêque de Cambray, au clergé et au peuple de son diocèse, portant condamnation d'un imprimé intitulé : Cas de conscience. *Paris, Aubouyn et Emery,* 1704 ; in-12, veau.   12 fr.

370. Fénelon. Réponses de M. l'archevêque de Cambray à la déclaration de M. l'archevêque de Paris, de M. l'évêque de Meaux, et de M. l'évêque de Chartres, et à l'ouvrage de M. de Meaux intitulé Summa. *Bruxelles, E. H. Fricx,* 1698 ; in-12, veau.   12 fr.

371. Ferny (Jacques). Chansons de la Roulotte, dites par l'auteur au théâtre de la Roulotte de 1896 à 1899 ; au Carillon et au Tréteau de Tabarin en 1899-1900 (Montmartre). *Paris, Fromont,* 1900 ; in-12, br., couv. col.   40 fr.

> Illustré de plus de 100 dessins de *Lucien Métivet* et de 12 aquarelles dans le texte par *Georges Aurier* et *Adolphe Gérardot*.

372. FÉTIS (F.-J.). Biographie universelle des Musiciens et Bibliographie générale de la Musique. Deuxième édition augmentée. *Paris, Didot,* 1860-1865 ; 8 vol. in-8, mar bleu jans., dent. int., tr. dor. (*Trautz-Bauzonnet*).   400 fr.

> Bel exemplaire parfaitement relié.
> On y a joint : SUPPLÉMENT et COMPLÉMENT publiés sous la direction de M. Arthur Pougin. *Paris,* 1881 ; 2 vol. in-8, demi-rel. dos et coins de mar. bleu, tête dor., éb.

373. Feuillet (Octave). JULIA DE TRÉCŒUR. Illustrations de Henriot gravées par Clapès. *Paris, Calmann Lévy,* 1885 ; pet. in-8, demi-rel. mar., dos et coins orange, dos orné, tête dor., *non rogné,* couv. cons. (*Champs*).   200 fr.

> Un des 225 exemplaires sur PAPIER VÉLIN DU MARAIS avec les figures en TROIS ÉTATS, dont l'eau-forte pure (n° 32).

374. Figures de la Passion. Non Recedat volumen, legis huius ab ore tuo sed meditaberis in eo diebus ac noctibus ut custodias et facias omnia tunc diriges viam tuam et intelliges eam Josué P. *Romæ, Lafrerii,* 1557 ; in-12, vélin blanc à recouv. (*Rel. anc.*).   50 fr.

> Titre et 43 pl. gravées sur cuivre.

Et de Livres anciens et modernes

375. **Finden's** tableaux : the iris of prose, poetry, and art, for, 1844. Illustrated with engravings by W. and E. Finden, from paintings by F. P. Stephanoff and H. Corbould. Edited by Mary Russel Mitford. *London, Black and Armstrong* (1841) ; gr. in-4, cart. toile. 12 fr.

    12 figures sur acier.

376. **Flacius** (Matt.). Historia certaminum inter romanos episcopos et sexta Carthaginensem synodum, Africanas qz Ecclesias, de primatu seu potestate Pape, bona side ex authenticis monumentis collecta. *Basilæ* (1554) ; pet. in-8 de 214 pp. et 15 ff. de table, dont le dernier blanc, mar. rouge, dos orné, larg. dent., orn. aux angles, tr. dor. (*Derôme*). 120 fr.

    Volume RARE. Jolie reliure à dentelles de *Derôme*.

377. **Flavius** (Joseph). Histoire des Juifs, écrite par Flavius Joseph, traduite par Monsieur Arnauld d'Andilly. Nouvelle édition, 3 vol. — Histoire de la guerre des Juifs contre les Romains, écrite par Flavius Joseph et sa vie écrite par lui-même, traduite par Monsieur Arnauld d'Andilly, 2 vol. *A Bruxelles, chez Fricx*, 1701-1703. — Ens. 5 vol. pet. in-8, mar. vert olive, dos ornés à petits fers, dent. int., tr. dor. (*Rel. anc.*). 300 fr.

    1 frontispice, 2 en-têtes et 232 vignettes.
    Bel exemplaire sur PAPIER FORT.

378. **Fleury** (Claude). Les Devoirs des Maîtres et des Domestiques. *Paris, P. Aubouin*, 1688 ; in-12, mar. lavallière jans., tr. dor. (*Hardy-Mennil*). 35 fr.

    ÉDITION ORIGINALE. Ce livre, exécuté par les presses de Laurens Rondet, fut achevé d'imprimer le 20 décembre 1687.

379. **Floquet**. Canal de Provence, ou Canal d'Aix et de Marseille. Son utilité, sa possibilité... Réponse aux principales difficultés qui ont été proposées pour son exécution. Dédié à Monseigneur le Duc de Richelieu, pair et maréchal de France, par le sieur J.-A. Floquet, Architecte hydraulique. *A Paris, de l'impr. de P.-G. Le Mercier*, 1750 ; in-8, carte, mar. rouge, dos orné, fil., tr. dor. (*Rel. anc.*). 100 fr.

    Exemplaire aux armes du Marquis DE MAILLEBOIS.

380. **Folengo**. Opus Merlini Cocaii pætœ Mantuani Macaronicorum. *Venetiis, Horde Gobbis*, 1581 ; in-16, mar. rouge, dos ornés. fil., tr. dor. (*Capé*). 30 fr.

    Figures sur bois.

381. **Folengus** (Th.). Opus Merlini Cocaii pœtæ mantuani macaronicorum, totum in pristinam formam per me magistrum Acquarium Lodolam optime redactum, in his infra notatis titulis divisum. *Amstelodani, apud Abrahamum à Someren*, 1692 ; in-12, mar. vert, dent. sur les plats, dos orné, tr. dor. (*Rel. anc.*). 75 fr.

    Édition faite sur celle de 1521, dont elle reproduit le titre et au verso de ce titre, l'*Hexasticon Joannis Baricocolæ*. Les pièces préliminaires y sont précédées de la vie de Théophile Folengi en latin. Bel exemplaire orné d'un portrait de l'auteur et de 26 vignettes gravées en taille-douce.
    Exemplaire de RENOUARD en GRAND PAPIER.

382. **Fond** (Le) du Sac, ou recueil de contes en vers et en prose et de pièces fugitives (par Félix Nogaret). *Paris, Leclerc (Lyon, impr. Perrin)*, 1866 ; in-8, vélin à recouvrements, tête dor., *non rogné*. 25 fr.

    Édition tirée à 100 exemplaires sur papier teinté avec suite des vignettes en têtes terminées dans le texte et eau-forte tirée à part. Rare.

383. **Fontenelle**. Œuvres. *Paris, Bernard-Brunet*, 1742-1758 ; 10 vol. in-12, front. et vign., mar. vert, dos orn., fil., tr. dor. (*Rel. anc.*). 200 fr.

    Aux armes de David-Pierre PERRINET, seigneur du Pezeau.

Achat de Bibliothèques

384. Français (Les) sous Louis XIV et Louis XV. Texte par Ph. Audibrand, Roger de Beauvoir, E. de la Bedollière, Ad. Boucher, A. Challamel, F.-T. Claudon, Emile Deschamps, Paul-L. Jacob, P. Joigneaux, Fr. de Lienhart, Privat d'Anglemont, Albéric Second, Wilhelm Tenint, Ed. Thierry, Claire Brunne et Amable Tastu. *Paris, Challamel, s. d.* (1842) ; gr. in-8, demi-chag. vert.   20 fr.

> Nombreuses vignettes dans le texte et 40 sujets à part, gravés sur bois et coloriés, chaque sujet est entouré d'un ornement genre XVIIIᵉ siècle. Les illustrations sont de *Tony Johannot, Th. Fragonard, Gavarni, Ch. Jacque, Ch. Marville* et *Emile Wattier.* Mouillures.

385. Français (Les) sous la Révolution, par MM. Aug. Challamel et Wilhelm Tenint. *Paris, Challamel, s. d.* (1843) ; gr. in-8, demi-chag. violet, dos orné.   25 fr.

> Illustré de 40 scènes et types en couleur, dessinés par H. Baron, gravés sur acier par M. L. Massard.

386. Freherus (Marquadus). Rerum germanicarum scriptores aliquot insignes nunc, denuo recogniti, additis scriptoribus aliis antea ineditis, eum glossario, locis parallelis, notis ac indice ; curante Burc. — Gotth. Struvio. *Argentorati, Dusseckeri,* 1717 ; 3 vol. in-fol., mar. rouge, dos orné, dent., tr. dor. (*Rel. anc.*).   300 fr.

> Bel exemplaire dans une jolie reliure très fraîche.

387. Fromentin (Eugène). Sahara et Sahel. Un été dans le Sahara. Une année dans le Sahel. *Paris, Plon,* 1879 ; gr. in-8, demi-rel. dos et coins de chag. rouge, *non rogné.*   30 fr.

> Edition illustrée de 12 eaux-fortes par *Lerat, Courtry* et *Rajon,* d'une héliogravure par le procédé Goupil et de 45 gravures d'après *Eugène Fromentin.*
> Exemplaire entièrement non rogné.

388. Frontini (Sexti Julii). Strategematicon, sive de solertibus ducum factis et dictis libri quator. *Parisiis, apud Seb. Cramoisy,* 1650 ; pet. in-12, mar. rouge, doublé, dos orné, comp. de fil. et orn. sur les plats, tr. dor. (*Rel. anc.*).   80 fr.

389. Furetière. Le Roman bourgeois. Nouvelle édition revue de nouveau, corrigée et augmentée. *Nancy, J.-B. Cusson,* 1713 ; in-12, front., mar. rouge, dos orné, fil., tr. dor. (*Closs*).   20 fr.

> Frontispice et figures. Raccommodage au titre et à plusieurs feuillets.

390. Gaguin. In hoc volumine hec continentur. Roberti gaguini iuris canoñici interpretis epistole. — Eiusdem quedam orationes. — Eiusdem de conceptione ad frates sui ordinis oro. — Eiusdem dearte metrificandi precepta. — Eiusdem epigrammata. — Eiusdem de Christi morte atqz resurrectione. — Item de miseriis humane vite : et contra poesis detractores breues tractuli metro scripti. (A la fin : de Tractatus de puritate). Epistolarŭ et orationŭ... aliorŭqz opusc lorum dñi Roberti gaguini finis. Que ora Durandi gerleri biblyopole parisiaci ẽpensa impressa sunt, et in vico sancti Jacobi ad diui dyonisii signŭ... venalia habent. Anno dñi. M. cccc. xcviij (1498) nouẽb' secunda et vigesima. p magrm Andreä bocard ; pet. in-4 goth. de 106 ff. chiffrés jusqu'à lxiiij, a 39 sur les pages, demi-rel. veau.   100 fr.

> Dans ce RARE recueil se trouve le poème singulier de Gaguin, De puritate conceptionis virginis Mariæ.
> On y a joint : *Ars versificatoria roberti Gaguini,* s. l. n. d. (marque de Félix Baligault) ; in-8 goth. de 28 ff. non chiff. dont le dernier blanc.
> Manque les feuillets 2 et 3 du premier ouvrage.

391. GAIMARD (Paul). VOYAGES EN ISLANDE et au Groënland, exécuté pendant les années 1835 et 1836, sur la corvette « la Recherche » commandée par M. Trehouart, publié sous la direction de M. Paul Guimard.

Et de Livres anciens et modernes

Paris, Arthus Bertrand, 1838-1852 ; 7 vol. gr. in-8 et 3 atlas in-fol. et un in-4. — Voyages de la Commission scientifique du Nord en Scandinavie, en Laponie, au Spitzberg et aux Feröe pendant les années 1838, 1839 et 1840 sur la corvette « la Recherche » commandée par M. Fabvre, publié par ordre du gouvernement sous la direction de M. Paul Guimard. *Paris, Arthus Bertrand* (1843-1848) ; 16 vol. gr. in-8 et 5 atlas in-fol. Ens. 23 vol. gr. in-8, 8 atlas in-fol. et 1 atlas in-4, demi-rel. dos et coins de mar. vert, plats toile, tr. dor.   **750 fr.**

> Magnifique ouvrage édité avec le concours de Xavier Marmier, Eug. Robert, V. Lottin, Martins, Bravais, Durocher, Boeck, etc. La première partie est illustrée de 236 planches dont 50 en couleurs et la seconde d'environ 440 planches dont 80 en couleurs. Ensemble 676 planches. — Bel exemplaire rare à trouver complet.

392. **Galerie** de l'Hermitage, gravée au trait d'après les plus beaux tableaux qui la composent. Avec la description historique par Camille de Genève. Ouvrage approuvé par S. M. Alexandre Ier et publié par F. X. Labensky. *Saint-Pétersbourg*, 1805-1809 ; 2 vol. in-4, mar. brun, dos orné, comp. dorés et à froid.   **200 fr.**

> Portraits de Catherine II et d'Alexandre Ier ; 75 gravures au trait, avec texte explicatif en français, des tableaux de cette collection célèbre.
> Bel exemplaire imprimé sur papier Whatman.

393. **Galerie** des femmes de Shakspeare. *Paris, H. Delloye, s. d.* (1838) ; gr. in-8, demi-veau rouge, dos orné. (*Rel. anc.*).   **30 fr.**

> Collection de 45 portraits et d'un frontispice gravés sur acier par les premiers artistes de Londres, enrichis de notices critiques et littéraires.

394. **Galerie Française** ou Collection de portraits des hommes et des femmes qui ont illustré la France dans les XVIe, XVIIe et XVIIIe siècles. Avec des notices et des *fac-similés* par une Société d'hommes de lettres et d'artistes. *Paris, de l'Imprimerie de Firmin-Didot*, 1821-1823 ; 3 vol. gr. in-4, demi-rel. mar. vert, tête dor., *non rognés (Hering et Muller)*. 150 fr.

> Bel exemplaire sur papier vélin, renfermant 179 portraits lithographiés.
> Quelques taches de rousseur.

395. **Galerie** historique des Comédiens français de la troupe de Voltaire. Avec détails biographiques inédits, recueillis sur chacun d'eux, par De Manne. *Lyon, Scheuring*, 1877 ; in-8, broché neuf.   **15 fr.**

> Nombreux portraits gravés à l'eau-forte par *H. Lefort*.

396. **Galerie** historique des Comédiens de la troupe de Nicolet.... depuis 1760 jusqu'à nos jours par E.-D. de Manne et C. Ménétrier. *Lyon, Scheuring*, 1869 ; in-8, br.   **25 fr.**

> Portraits gravés à l'eau-forte par *Fr. Hillemacher*. Rare.

397. **Galerie** historique des Acteurs français, mimes et paradistes, pour servir de complément à la troupe de Nicolet, par Manne et Ménétrier. *Lyon, Scheuring*, 1877 ; in-8, br.   **15 fr.**

> Orné de 48 portraits gravés à l'eau-forte par *Fugère*.

398. **Garnier** (Rob.). Les Tragédies de Robert Garnier, conseiller du Roy, lieutenant général criminel au siège présidial et séneschaussée du Maine. *Rouen, Impr. de Raphaël du Petit Val*, 1599 ; in-12, mar. rouge, dos orné, fil., tr. dor. (*Trautz-Bauzonnet*).   **120 fr.**

> Édition rare renfermant les tragédies de *Porcie, Cornélie, Marc-Antoine, Hippolyte, La Troade, Antigone, Les Juifves* et *Bradamante*. Contrairement au dire de Brunet, les huit dernières pages sont occupées par le *Tombeau de Ronsard*, élégie en vers.

399. **Gautier** (Théophile). Poésies. — Premières poésies, Albertus, Poésies diverses ; la Comédie de la mort. Poésies nouvelles, España ; Emaux et camées, Théâtre en vers. *Paris, Lemerre*, 1890 ; 3 vol. pet. in-12, demi-rel. mar. La Vall. avec coins, dos ornés, tête dor., *non rognés (Kauffmann)*.   **18 fr.**

> Bel exemplaire de cette jolie édition ornée d'un portrait de l'auteur.

Achat de Bibliothèques

400. Gavarni. Œuvres choisies de Gavarni. Études de mœurs contemporaines avec des notices en tête de chaque série par MM. Théophile Gautier et Laurent-Jan. *Paris, Hetzel,* 1846-1847 ; 4 tomes en 2 vol. gr. in-8, demi-rel. chag., fig.   **40 fr.**

401. Geoffroy (Et.-L.). Hygieine sive ars sanitatem conservandi, poema. Auctore Stephano-Ludovico Geoffroy. *Parisiis, apud Cavelier,* 1771, in-8. — L'Hygiène ou l'art de conserver la santé, poème latin de **M.** Geoffroy, traduit en françois par M. de Launay, 1774 ; in-8. Ens. 2 tomes en 1 vol. in-8, mar. rouge, dos orné, fil., tr. dor. (*Rel. anc.*). **200 fr.**

> Très bel exemplaire aux armes du maréchal DE RICHELIEU.

402. GESNERUS (Conradi). HISTORIÆ ANIMALIUM lib. I de quadrupedibus viviparum. *Tiguri, Froschorer,* 1551. — Liber II de quadrupedibus oviparis, cum appendix, 1554. — Liber III qui est de aviam natura, 1555. — Liber IIII qui est de piscium et aquatilium animantium natura, 1558. — Lib. V qui est de serpentium natura, adjecta est ad calcem scorpionnis insecti historia, 1587. — Ens. 5 parties reliées en 4 vol. in-4, mar. rouge, dos orn., fil., tr. dor. (*Rel. anc.*).   **1.200 fr.**

> Cet important ouvrage, orné de nombreuses figures en bois, a été pendant longtemps le meilleur et le plus complet que l'on eut sur la zoologie en général, et sous plus d'un rapport il mérite encore une place distinguée dans la bibliothèque d'un naturaliste curieux de suivre l'histoire des progrès de la science.
>
> Cette édition est la plus belle et la plus estimée, et est très rare ainsi complète, avec la 5ᵉ partie.
>
> ON Y A JOINT : Icones animalium quadrupedum viviparorum et oviparorum, buæ in historiæ animalium Conr. Gesneri describantur, cum nomenclaturis latina, ital., gall., germanica, editio seconda, *Tiguri,* 1560. — Icones avium omnium quæ in historia avium... 1555. — Icones animalium aquatilium in mari et dulcibus aquis degentium, 1560.
>
> Magnifique reliure très fraiche.

403. GEYLER DE KEISERLICH (Johan). Evangelia. Das plenarium uszerlesen und davã gezogen in des hochgelerten Doctor Keyserspers Uszlegung der Evangelien un de leren... (A la fin :) *Strasburg, von Johanne Grieninger,* 1522 ; pet. in-fol., veau.   **350 fr.**

> TRÉS RARE ouvrage orné de nombreuses figures sur bois.

404. Girofflier (Le) aux Dames. Ensemble le dit des sibiles. Epistre de Seneque a Lucille, consolatoire de liberal leur amy qui estoit triste pource que la cite de Lyon dont il estoit arsc et bruslee. Par ceste epistre on peult clerement congnoistre quant et comment la cite de Lyon fut dernierement destruicte Et en quel lieu elle estoit fondée : et quelle elle estoit et les ans de sa durée. (A la fin :) *Imprime à Paris, par Michel le Noir, s. d. ;* in-4 goth. de 12 ff., fig. sur bois, mar. rouge, milieux dorés, tr. dor. (*Capé*).   **30 fr.**

> Reproduction faite par Adam Pilinski.

405. Goëthe. Les Souffrances du jeune Werther, traduites par le comte de la B... (Bédoyère). Seconde édition. *Paris, impr. de Crapelet,* 1845 ; in-8, demi-rel. chagr. grenat, tête dor., *non rogné,* couv. cons.   **20 fr.**

> Exemplaire sur PAPIER DE HOLLANDE, orné de 4 jolies figures dessinées par *T. Johannot* et gravées à l'eau-forte par *Burdet.* Quelques taches.

406. Goldsmith. Le Vicaire de Wakefield de Goldsmith, traduction, préface et notes par Charles Nodier. Nouvelle édition. Eaux-fortes de Lalauze. *Paris, Libr. des Bibliophiles,* 1888 ; in-8, portr. et fig., demi-rel. dos et coins de mar. bleu, tête dor., *non rogné (Pougetoux).* **40 fr.**

> Un des 20 exemplaires ser PAPIER DE CHINE avec les figures de *Lalauze* en double état : AVANT et avec la lettre.

Et de Livres anciens et modernes

407. **Goncourt** (Edmond de). Chérie. *Paris, Charpentier,* 1884 ; in-12, demi-rel. dos et coins de mar. brun, dos orné, tête dor., *non rogné.* 20 fr.

> ÉDITION ORIGINALE. — L'un des 100 exemplaires tirés sur PAPIER DE HOLLANDE. Couverture conservée.

408. **Goncourt** (Edmond de). La Fille Élisa. *Paris, G. Charpentier,* 1877 ; in-18, demi-rel. dos et coins de mar. citr., *non rogné,* couv. 40 fr.

> ÉDITION ORIGINALE avec envoi autographe de l'auteur au dessinateur Giacomelli. Exemplaire auquel on a ajouté : La Fille Elisa, scène d'atelier, par un auteur bien connu (Lemercier de Neuville). A Rome, au temple de Vénus, 2 eaux-fortes.

409. **Goncourt** (Ed. de). Madame Saint-Huberty, d'après sa correspondance et ses papiers de famille. *Paris, Charpentier,* 1885 ; in-12, demi-rel. dos et coins de mar. brun, dos orné, tête dor., *non rogné* (*Pouillet*). 20 fr.

> ÉDITION ORIGINALE. — L'un des 50 exemplaires tirés sur PAPIER DE HOLLANDE. — Couverture conservée.

410. **Goncourt** (Jules de). Lettres. Fac-similé de lettres. Portrait d'après un émail de Claudius Popelin, gravé à l'eau-forte par Abot. *Paris, Charpentier,* 1885 ; in-12, demi-rel. dos et coins de mar. brun, dos orné, tête dor., *non rogné.* 18 fr.

> ÉDITION ORIGINALE. — L'un des 10 exemplaires tirés sur PAPIER DU JAPON. Couverture conservée.

411. **Goncourt** (Ed. et J. de). L'Art du XVIIIe siècle. *Paris, Charpentier,* 1881-1882 ; 3 vol. in-12, demi-rel. dos et coins de mar. brun, dos orné, tête dor., *non rogné.* 45 fr.

> L'un des 50 exemplaires tirés sur PAPIER DE HOLLANDE. Couvertures conservées.

412. **GONCOURT** (Ed. et J. de). LA FEMME AU DIX-HUITIÈME SIÈCLE. Nouvelle édition, revue, augmentée et illustrée de soixante-quatre reproductions sur cuivre par Dujardin, d'après les originaux de l'époque. *Paris, Firmin Didot,* 1887 ; gr. in-8 carré, mar. Lavallière clair, dos orné, comp. de fil., angles à l'oiseau, tr. dor. sur fausses marges, couv. cons. (*Canape*). 400 fr.

> L'un des 75 exemplaires numérotés sur PAPIER DU JAPON, contenant une double suite en bistre, des gravures en couleur.

413. **GONCOURT** (Ed. et J. de). MADAME DE POMPADOUR. Nouvelle édition, revue et augmentée de lettres et documents inédits, illustrées de cinquante-cinq reproductions sur cuivre par Dujardin et de deux planches en couleur par Quinsac, d'après les originaux de l'époque. *Paris, Firmin Didot,* 1888 ; gr. in-8 carré, mar. Lavallière clair, dos orné, comp. de fil. sur les plats, coins dorés à l'oiseau, tr. dor. sur fausses marges, couv. cons., étui (*Canape*). 400 fr.

> Un des 75 exemplaires numérotés sur PAPIER DU JAPON.

414. **Goncourt** (Ed. et J. de). Pages retrouvées. Préface de Gustave Geffroy. *Paris, Charpentier,* 1886 ; in-12, demi-rel. dos et coins de mar. brun, dos orné, tête dor., *non rogné* (*Pouillet*). 15 fr.

> ÉDITION ORIGINALE. — L'un des 50 exemplaires tirés sur PAPIER DE HOLLANDE. Couverture conservée.

415. **Goncourt** (Ed. et J. de). Théâtre (Henriette Maréchal. — La Patrie en danger). *Paris. Charpentier,* 1879 ; in-12, demi-rel. dos et coins de mar. brun, tête dor., *non rogné* (*Pouillet*). 15 fr.

> ÉDITION ORIGINALE collective. — L'un des 50 exemplaires tirés sur PAPIER DE HOLLANDE. Couverture conservée.

416. **GOUDEAU** (Émile). PAYSAGES PARISIENS. Heures et Saisons. Illustrations composées et gravées sur bois et à l'eau-forte par Auguste Lepère. *Paris, imprimé pour Henri Béraldi,* 1892 ; gr. in-8, mar.

Achat de Bibliothèques

.citron, encadr. de fil. droits, brisés et entrecroisés sur le dos et les plats, doubl. et gardes de soie marron, bordure int. de 7 fil., tr. dor. sur fausses marges, couv. conserv., étui (*Canape*).   800 fr.

Tirage unique à 138 exemplaires numérotés sur PAPIER VÉLIN DU MARAIS.

417. Graffigny (Mme de). Œuvres complètes de Mme de Graffigny. Nouvelle édition. *Paris, Briand*, 1821 ; in-8, portr. et fig., demi-rel. dos et coins de mar. rouge, dos orné, tête dor., *non rogné*.   10 fr.

Exemplaire avec la double suite du portrait et des 3 figures de *Devéria*, AVANT LA LETTRE sur *Chine* et sur blanc.
Les figures de l'édition manquent.

418. Grand Théâtre historique (Le), ou nouv. Histoire universelle, tant sacrée que profane, depuis la création du monde jusqu'à la fin du XVIIIe siècle (par P. Gueudeville). *Leide, P. Vander Aa*, 1703 ; 5 tomes en 4 vol. in-fol., avec une quantité de jolies figures sur cuivre, gravées à mi-page, veau marbr.   150 fr.

Intéressant ouvrage où l'on voit : les progrès de l'Évangile, ses persécutions et ses triomphes, la naissance, la durée et l'extirpation des hérésies, etc. Orné d'un grand nombre de figures de *Luiken* ou de *Romain de Hooghe*.

419. Grandville et **Méry**. Les Étoiles, dernière féerie par J.-J. Grandville, texte par Méry. Astronomie des Dames par le Cte Fœlix. *Paris, G. de Gonet*, s. d. (1849) ; 2 parties en 1 vol. gr. in-8, demi-rel. chagr. noir.   10 fr.

15 planches gravées sur acier et coloriées.

420. Grenier (F.). Album de chasses au tir et au chien d'arrêt. *Paris, Aubert*, s. d.; in-4 obl., cart. toile.   100 fr.

Album composé d'un titre et 33 lithographies, dans un joli coloris ancien. On y a joint une planche lithographiée, réclame d'un magasin de modes.

421. Gresset. Ver-Vert ou les voyages du Perroquet de la Visitation de Nevers, poème héroï-comique en quatre chants, nouvelle édition par G. d'Heylli. *Paris*, 1877 ; in-8, demi-rel. mar. rouge, coins, tête dor., *non rogné*.   12 fr.

Superbe exemplaire avec les eaux-fortes de *Guillaumot*.

422. Gretserus (Jacobus), s. j. De modo agendi Jesuitraum cum pontificibus, prælatis principibus, populo juventute et inter se mutuo. *Ingolstadii, ex typographia Adami Sartorii*, 1600; in-4, mar. olive, dos orné (*Rel. anc.*).   100 fr.

Aux armes de J.-A. de Thou, et de sa première femme, Marie Barbançon, avec leur monogramme sur le dos du volume.

423. Grindlay. Scenery costumes and architecture, chieffy on the Western Side of India by Captⁿ Robert Melville Grindlay. *London*, 1826-1830 ; 2 vol. in-fol., demi-rel. chag., dos et coins, tête dor., *non rognés*.   125 fr.

Illustré de 2 titres gravés et de 36 planches en couleur.

424. Gualdo (Cte Galeazzo). Histoire du ministère du cardinal Mazarin, traduite de l'italien. *Paris, Ch. de Sercy*, 1672; 2 vol. in-12, mar. rouge, dos orné, fil., tr. dor. (*Rel. anc.*).   50 fr.

425. Guichard. Funérailles et diverses manières d'ensevelir les Romains, Grecs et autres nations, tant anciennes que modernes, décrites par Claude Guichard. *Lyon, Jean de Tournes*, 1581 ; in-4, fig., veau. 60 fr.

Ouvrage orné de figures sur bois (l'une d'elles, p. 179, est signée *Cruche inv.*), et de très jolies lettrines du goût le plus parfait. Le titre est également orné d'un encadrement sur bois.
A la suite, on a relié : *Oraison funèbre de la reyne Anne-Marie-Mauricette d'Autriche, mère de Louis XIIII, prononcée par le R. P. Charles de Presciony*, Metz, 1666, in-4.

Et de Livres anciens et modernes

426. Guigard (Johannis). Armorial du bibliophile avec illustration dans le texte. *Paris, Bachelin-Deflorenne ;* 2 vol. in-8, rel. en un, dos et coins, mar. rouge, tête dor., *non rogné.*   30 fr.

    1ᵉ édition. Ouvrage de première utilité pour la recherche des blasons.

426 bis. Guise. Les Amours du Grand Alcandre (Henri IV), par Mᴵᴵᵉ de Guise, suivis de pièces intéressantes pour servir à l'histoire de Henri IV (par J.-B. de La Borde). *Paris, Didot l'aîné,* 1786 ; 2 vol. in-12, mar. rouge, dos orn., fil., tr. dor. (*Derôme*).   100 fr.

    Bel exemplaire dans une reliure très fraîche.

427. Guyard de Berville. Histoire de Pierre Terrail, dit le chevalier Bayard. Nouvelle édition. *Paris, Dehansy,* 1789 ; in-12, mar. rouge jans., dent. int. (*Chatelin*).   25 fr.

428. Habert (Isaac). De consensu Hierarchiæ et Monarchiæ adversus paræniticum Optati Galli schismatum fictoris libri sex. *Parisiis, Blaise,* 1640 ; pet. in-4, mar. rouge, dos orné, comp. de fil., tr. dor. (*Rel. anc.*).   80 fr.

    Rare et recherché.
    Aux armes du chancelier SÉGUIER.

429. Halévy (Ludovic). La famille Cardinal. *Paris, Calmann Lévy,* 1883 ; pet. in-8, demi-rel. dos et coins de mar. fauve, dos orné et mosaïqué de mar. bleu, tête dor., *non rogné,* couv. cons. (*Champs*). 45 fr.

    Exemplaire sur PAPIER VERGÉ illustré de la suite des figures de *Mas,* gravées à l'eau-forte par *Massard.* D'un frontispice de *Mas* gravé par *Abot,* en DOUBLE ÉTAT avant et avec la lettre.

430. Hamilton. Contes, publiés avec une notice de M. de Lescure. *Paris, Jouaust,* 1873 ; 4 parties en 2 vol. in-16, demi-rel. dos et coins de mar. vert, tête dor., *non rognés (Petit-Simier).*   15 fr.

    Le Bélier — Fleur d'épine — Les quatre Facardins — Zeneyde.

431. HARAUCOURT (Edmond). L'EFFORT — La Madone — L'Antechrist — L'Immortalité — La Fin du Monde. *Paris, publié pour les Sociétaires de l'Académie des Beaux Livres, Bibliophiles Contemporains,* 1894 ; gr. in-8 carré, mar. tête de nègre, grande composition en mosaïque de mar. La Vallière et brun, sur le plat supérieur, doubl. et gardes de soie brochée, tr. dor. sur fausses marges, couv. conserv., étui (*Canape*).   700 fr.

    Édition illustrée par *Lunois, Eugène Courboin, Carlos Schwabe, A. Massé,* etc., et tirée à 160 exemplaires numérotés pour les membres de la Société.

432. Havard (Henry). Dictionnaire de l'ameublement et de la décoration depuis le XIIIᵉ siècle jusqu'à nos jours. *Paris, Quantin,* s. d.; 4 vol. in-4, br.   120 fr.

433. Hédelin. Des Satyres, brutes, monstres et démons, de leur nature et adoration contre l'opinion de ceux qui ont estimé les satyres estre une espèce d'hommes distincts et separez des adamiques. *Paris, Nicolas Buon,* 1627 ; pet. in-8, veau fauve, dos orné, fil. (*Rel. anc.*)   40 fr.

    Aux armes de PRONDRE DE GUERMANTE.

434. Hefner-Alteneck (de). Serrurerie, ou les ouvrages en fer forgé du moyen âge et de la renaissance. Edition française publiée par M. Edwin Tross, texte traduit par M. Daniel Ramée. *Paris, Tross,* 1869-1870 ; 3 parties en 1 vol. gr. in-4, titre rouge et noir, lettres ornées, texte encadré, mar. brun, dos orné, fil., dent. int., tr. dor. (*Hardy*). 150 fr.

    Bel exemplaire aux armes de M. André Masséna, PRINCE D'ESSLING, sur papier Wathman, tiré à petit nombre, contenant 84 planches gravées en taille-douce.

Achat de Bibliothèques

435. HEIDNISCHER götter und göttingen prächtiger auffzug, an 1695, gehalten in Dressden (*Augspurg, zu finden bey Jerem. Wolff... gedruck bey Joh. Jac. Lotter* (1718); pet. in-fol. obl., fig., veau fauve, dos et angles des plats fleurdelysés, fil. (*Rel. anc.*).   400 fr.

> Volume orné de 19 (sur 20) grandes planches très curieuses, représentant diverses scènes de la mythologie, en une grande procession qui eut lieu à Dresde, en 1695. TRÈS RARE.
> Le titre et le texte qui comprennent 8 feuillets sont remmargés.
> Aux armes de CHARLOTTE-ELISABETH DE BAVIÈRE, femme de Monsieur, duc d'Orléans, frère de Louis XIV.

436. Henri IV. Les Oraisons et Discours funèbres de divers autheurs, sur le trespas de Henry-le-Grand... par G. Du Peyrat, aumônier. *Paris, R. Estienne*, 1611 ; 951 pp. — Discours funèbre sur la mort de Henry-le-Grand par Pierre Fenouillet, evesque de Montpellier. *Paris*, 1611; 255 pp.; 2 parties in-8, rel. en un vol., vélin. (*Rel. anc.*).   45 fr.

437. HEURES. CES PRÉSENTES HEURES SONT A LUSAIGE DE ROMME tout au long sans riens requerir : *ont esté imprimées nouuellement a Paris. Pour Germain Hardouyn, demourant à Paris entre les deux portes du palais* (Almanach de 1524 à 1537) ; in-8 de 83 feuillets, mar. noir, doublé de mar. rouge, dent. int., tr. dor. (*Bauzonnet-Trautz*).   2.000 fr.

> Très beau livre d'heures, imprimé sur VÉLIN, dont les figures au nombre de 36, les bordures et les lettres majuscules ont été très finement miniaturées à l'époque.
> Au verso du titre, se lisent 16 vers en français sur la Sainte Hostie, commençant par : *O Hostie très salutaire.*

438. HEURES. HORÆ BEATE MARIE VIRGINIS secundum usum romanum. *Paris, Thielmam Kerver* (Almanach de 1497 à 1520); in-8, goth., de 124 ff. mar. gren., fil., dos orn., dent. int., tr. dor. (*Gruel*).   900 fr.

> Ces heures sont ornées de 19 grandes figures et d'un certain nombre de petites. Bordures à chaque page avec histoires religieuses, scènes populaires, sujets de chasse, etc.
> Bel exemplaire imprimé sur papier, non colorié.

439. HEURES HORÆ IN LAUDEM BEATISSIMÆ VIRGINIS MARIÆ ad usum Romanum. Accesserunt denuô aliquot suffragia. *Lugd., apud Guliel. Rovillium*, 1550 ; in-8 de 176 ff., réglé, veau fauve, dos orné, entrelacs dorés et peints, tr. ciselée et dor. (*Rel. anc.*).   1.000 fr.

> Ces heures, exécutées à Lyon par *Mathias Bonhomme*, sont illustrées à toutes leurs pages de curieux encadrements gravés sur bois dont la plupart portent le monogramme P. V. ; ils sont formés de cariatides et d'enroulements aussi riches que variés, se retrouvant dans les « Emblèmes d'Alciat » publiés à la même époque. Les 14 grandes figures qui complètent l'ornementation de ce beau volume ont été certainement exécutés par l'un des artstes attitrés de la célèbre officine lyonnaise, par *Jean Moni*.
> Très bel exemplaire dans une riche reliure du XVI° siècle, contemporaine de la publication du livre.

440. Histoire de Cicéron, tirée de ses écrits et des monuments de son siècle... (trad. de l'anglais de C. Middleton, par l'abbé A.-F. Prévost). Seconde édition revue et corrigée. *A Paris, chez Didot*, 1749; 4 vol. in-12, front. dess. et gr. par Cochin, mar. rouge, dos orné, fil., tr. dor. (*Rel. anc.*).   350 fr.

> Exemplaire aux armes de la COMTESSE D'ARTOIS.

441. Histoire des Flagellans, où l'on fait voir le bon et le mauvais usage des Flagellations parmi les Chrétiens. Trad. du latin de M. l'abbé Boileau (par l'abbé Granet). *Amsterdam, F. Vander Plaats*, 1701 ;

Et de Livres anciens et modernes

in-12, mar. bleu, dos orné, dent. sur les plats et dent. int., tr. dor. (*Padeloup*).   **150 fr.**

ÉDITION ORIGINALE de cette traduction.

Exemplaire aux armes du Marquis Adrien de LA VIEUVILLE, de Wignacourt, grand-prieur de Champagne et grand-maître de l'Ordre de Malte, ayant appartenu ensuite à GUYON DE SARDIÈRE, qui a mis sa SIGNATURE sur le titre et quelques ANNOTATIONS MANUSCRITES en plusieurs endroits.

442. Histoire (L') des Grecs, ou de ceux qui corrigent la fortune au jeu (par le chevalier Ange Gondar). *Londres, Nourse,* [1758 ; in-12, demi-rel. mar. vert, tête dor., éb.   **8 fr.**

Bel exemplaire.

443. Histoire et cronicque du petit Jehan de Saintré et de la jeune dame des Belles Cousines, sans aultre nom nommer ; collationnée sur les mss. de la Bibliothèque Royale et sur les éditions du XVIe siècle. *Paris, Firmin-Didot,* 1830; in-8, demi-rel., fig. sur bois et lettres ornées. **20 fr.**

444. Histoire complète et véritable de M. Mayeux, suivie de son traité de paix avec le Juste-Milieu, racontée par lui-même. *Paris,* 1833 ; in-12, front., chagr. bleu, tête dor., *non rogné.*   **8 fr.**

445. Histoire des Modes françaises, ou révolutions du costume en France, depuis l'établissement de la monarchie jusqu'à nos jours (par Roger Molé). *Amsterdam et Paris, Costard,* 1773 ; in-12, veau, dos orné, fil.   **25 fr.**

Avec le supplément contenant les *Recherches sur les chevelures artificielles.* Très rare.

446. Histoire (l') naturelle éclaircie dans deux de ses parties principales, la lithologie et la conchyliologie dont l'une traite des pierres et des coquillages, ouvrage dans lequel on trouve une nouvelle méthode et une notice critique des principaux auteurs qui ont écrit sur ces matières, par M*** (Dézallier d'Argenville). *Paris, De Bure,* 1742 ; in-4, mar. rouge, fil., tr. dor. (*Rel. anc.*).   **250 fr.**

Beau volume enrichi d'un frontispice de Boucher et de 32 pl. gravées en taille- uce, reproduisant d'après nature les différents coquillages.

Aux armes du chancelier DAGUESSEAU sur le dos et les plats.

447. Histoire des ordres militaires, ou des chevaliers des milices séculières et régulières de l'un et de l'autre sexe qui ont été établis iusqu'à présent, contenant leur origine, leurs fondations, leurs progrè leur manière de vie, leur décadence, leurs réformes, et les événement. les plus considérables qui y sont arrivez. Nouvelle édition, tirée de l'abbé Guistiniani, du R. P. Bonanni, de M. Herman, de Schosnebeck, du R. P. Héliot, du R. P. Honoré de Sainte-Marie... et un traité historique de M. Basnage sur le duel. *Amsterdam, Pierre Brunel,* 1721 ; 4 vol. in-12, veau fauve, dos orné.   **40 fr.**

Orné de 138 figures représentant les différents habillements de ces ordres.

Cet ouvrage qui fait suite à l'Histoire du clergé séculier et régulier, etc., est fort rare.

448. Histoire critique de la philosophie par M. D*** (A.-F. Boureau-Deslandes). *Amsterdam, François Changuion,* 1737-1756 ; 4 vol. in-12, mar. bleu, fil., dos ornés, tr. dor. (*Rel. anc.*).   **80 fr.**

Ex-libris de LAMOIGNON.

449. HISTOIRE DES QUATRE FILS AYMON, très nobles et très vaillants chevaliers. Illustrée de compositions en couleurs par Eugène Grasset. Gravure et impression par Charles Gillot. Introduction

Achat de Bibliothèques

et notes par Charles Marcilly. *Paris, H. Launette*, 1883 ; gr. in-8 carré, mar. noir, large bordure à compart. de mosaïque de mar. bleu, vert, rouge et La Vallière, milieu orné d'attributs mosaïqués, ornem. de fleurs et de feuillages également mosaïqués sur l'autre plat, doubl. et gardes de soie brochée, tr. dor., couv. cons., étui (*Canape*). 850 fr.

Un des 100 exemplaires numérotés sur PAPIER DU JAPON, dans une splendide reliure de *Canape*.

450. Histoire (l') réduite à ses principes, dédiée à M. le duc de Bourgogne (par le P. Galimard). *Paris, Fr. Muguet*, 1690 ; 2 vol. in-12, mar. rouge, dos orné, fil., tr. dor. (*Rel. anc.*). 50 fr.

451. Histoire sacrée de l'Ancien et du Nouveau Testament, représentée par figures, avec des explications tirées des SS. Pères, par A. J. D. Bassinet (et L'Ecuy). *Paris, impr. de Crapelet*, 1804-1806 ; 8 vol. in-8, fig., veau granit, dos orné, dent., tr. dor. (*Rel. anc.*). 250 fr.

6 grandes cartes et près de 600 jolies figures gravées sur cuivre par *Voysard*, d'après les maîtres de la peinture et du dessin.
Très bel exemplaire en parfait état.

452. Histoire d'un voyage littéraire, fait en 1733, en France, en Angleterre et en Hollande, avec une lettre fort curieuse concernant les prétendus miracles de l'abbé Paris et les convulsions risibles du chevalier Folard. (Par Charles-Etienne Jordan). *La Haye, Ad. Moetjens*, 1735 ; in-12, demi-rel. veau. 12 fr.

« Ce voyage a obtenu l'estime particulière des gens de lettres. L'auteur, dans les villes célèbres où il s'est trouvé, a visité les bibliothèques publiques et les savants, et il donne, soit sur les hommes, soit sur les livres, les renseignements les plus curieux ». (Barbier, Anonymes, II, 659).

453. Holbein (Hans). Icones historiarum Veteris Tastamenti icones ad vivum expressæ... *Lugduni, apud J. Frellonium*, 1547 ; pet. in-4, fig. veau brun. (*Rel. anc. fatiguée*). 200 fr.

Édition ornée de 98 planches gravées sur bois d'après les dessins de *Hans Holbein*, qui, selon M. Edw. Tross, serait la deuxième sous la date de 1547, qui est la plus rare.
Légères cassures et mouillures dans les marges.

454. HOMÈRE. Eustath, archiepisc. thessalonicensis, commentarii in Homeri Iliadem et Odysseam (en grec) (edidit N. Majoranus ; cum indice Math Devarii). *Romæ, Ant. Bladus*, 1542-1550 ; 4 vol. in-fol., mar. rouge, dos orné, fil., tr. dor. (*Derôme*). 1.000 fr.

Édition originale de cet ouvrage important. Bel exemplaire dans une reliure très fraîche.

455. Homère. Ilias. — Odyssea. *Impensis J. Bowyer et H. Clements, Bibliopolarum Londinensium*, 1714 ; 2 vol. in-8, mar. rouge doublé de mar. rouge, dos ornés, dent. int., fil., tr. dor. (*Rel. anc.*). 250 fr.

L'Odyssée, qui est le deuxième vol. de cette jolie et très correcte édition a été imprimé, en 1705.
Exemplaire réglé. Frontispice.
Armes modernes sur les plats.

456. Homère. Iliade. — Odyssée. Traduction nouvelle, par Leconte de Lisle. *Paris, Alph. Lemerre*, 1867-1868 ; 2 vol. in-8, en feuilles dans 2 cartons. 100 fr.

L'un des 5 exemplaires tirés sur PARCHEMIN.

457. Horace. Poésies, traduites en français avec des remarques et des dissertations critiques par le R. P. Sanadon. Nouvelle édition revue sur les corrections de l'auteur. *Amsterdam*, 1756 ; 8 vol. in-8, mar. vert, dos orné, fil., tr. dor. (*Rel. anc.*). 250 fr.

Édition sans retranchements. Bel exemplaire en GRAND PAPIER DE HOLLANDE.

Et de Livres anciens et modernes

458. Horace. Œuvres en latin et en français avec des remarques critiques et historiques par M. Dacier. Troisième édition, *Paris, J.-B. Ballart*, 1709 ; 10 vol. in-12, mar. rouge, dos orné, fil., tr. dor. (*Derôme*). **250 fr.**

Édition recherchée pour les notes.
Bel exemplaire réglé. Armes anglaises sur les plats.

459. Horace. Œuvres ; traduction nouvelle par Jules Janin. *Paris, Hachette*, 1861; in-18, dos et coins de mar. bleu, tête dor., *non rogné*. **7 fr.**

460. Horstius. Paradisus animæ christianæ Lectissimis omnigenœ pietatis deliciis amœnus. Studio et opera Jacobi Merlo Horstii. *Coloniæ, Balth. ab Egmont*, 1716; pet. in-12, mar. vert, dos orné, large dent., tabis, tr. dor. (*Rel. anc.*). **30 fr.**

Le dos de la reliure porte les armes de Léopold-Charles de CHOISEUL-STAINVILLE, abbé de S.-Arnould de Metz.
1 frontispice et figures en taille-douce.

461. Huet, évêque d'Avranches. Traité philosophique de la faiblesse de l'Esprit Humain. *Amsterdam, H. du Sauzet*, 1723 ; in-12, mar. vert jans., tr. dor. (*Thivet*). **15 fr.**

Très beau portrait.

462. Hugo (Victor). L'Année terrible. *Paris, Michel Lévy*, 1873; gr. in-8, demi-rel. dos et coins de mar. rouge, dos orné, tête dor., *n. rog.* **12 fr.**

Illustrations de *Léopold Flameng*. Couverture conservée.

463. Hugo (Victor). Les Burgraves, trilogie, deuxième édition. *Paris, Michaud*, 1843 ; in-8, demi-rel. dos et coins de mar. rouge, tête dor., *non rogné*. (*Pouillet*). **10 fr.**

Couverture conservée.

464. Hugo (Victor). Les Feuilles d'Automne, par Victor Hugo. *Paris, Eugène Renduel*, 1832 ; in-8, demi-rel. mar. rouge, *non rogné*. **40 fr.**

ÉDITION ORIGINALE, avec frontispice de *Tony Johannot*, gravé sur bois par *Porret*.

465. Hugo (Victor). Notre-Dame de Paris. *Paris, Renduel*, 1836 ; 3 vol. in-8, demi-veau fauve, dos orné, tr. marbrées. **150 fr.**

Illustré de 1 frontispice et 11 planches hors texte, gravées sur acier par *E. Finden, W. Finden, R. Staines, A. Lacour-Lestudier, T. Phillibrocon, G. Periam*, d'après *D. Rouargue, Louis Boulanger, Raffet, Tony* et *Alfred Johannot, Camille Rogier*.
On a ajouté le portrait de V. Hugo, lithographie par Delpech et 2 DESSINS ORIGINAUX de VICTOR HUGO (?) 1° « *Le soir de ma noce* » avec notes de musique. — 2° « *Ma fille vous l'épouserez* ».

466. Hugo (Victor). Notre-Dame de Paris. *Paris, Perrotin*, 1850 ; gr. in-8, cart. toile, fers spéciaux, tr. dor. (*Rel. de l'éditeur*). **12 fr.**

Edition illustrée d'après *de Beaumont, Tony Johannot, Lemud, Meissonier, de Rudder et Steinheil*.

467. Hugo de S.-Victor, Origène et Dominique **Nanus**. In hoc volumine continenc tractatus infrascripti venerabilis magistri Hugonis de Sancto Victore canonici regularis viri doctissimi et sanctissimi. De Sacramentis lib. II. Didascalon lib. VII. De anima Christi tract. I. De laude Charitatis tract. I. Quo stadio orandus sit deus tract. I. Mysterium de filia Jepte tract. I. etc. (In fine :) *Venetiis per Jacobum Pentium Leucensem, anno 1506 die 21 octob.* ; in-fol. goth. de 192 ff. (le dernier blanc) à 2 col. — Explanatio Origenis Adamanti presbytery in Epistola Pauli ad Romanos divo Hieroymo Interprete (In fine :) *Venetiis, per Simonem de Luere, 26 januarii 1505 ;* in-fol. goth. de 74 ff. (le dernier blanc) à 2 col. — Polyanthea Opus suavissimus floribus exornatum compositum per Dominicum Nanum mirabellium, civem albensem.

Achat de Bibliothèques

Venetiis, 1507 (In fine :) *Venetiis, arte et impensis Petri Lichtenstein coleniensis Germani, anno 1507 di 17 februarii ;* in-fol. goth. de 218 ff. à 2 col. Ens. 3 ouvrages en 1 vol. in-fol., peau de truie estampée, fermoirs. (*Rel. anc.*). 150 fr.

Beaux exemplaires réunis dans une bonne reliure du début du XVI° siècle, avec ornements à froid sur les plats.

468. Hume (Dav.). The history of England from the invasion of Julino Cœsar to the revolution in 1688, by David Hume, Esq. New edition corrected. *London, printed for A. Millar, in the Strand,* 1762 ; 6 vol. in-4, mar. rouge, fil., dos ornés, tr. dor. (*Derôme*). 200 fr.

Ouvrage divisé en trois parties de deux vol. chaque. 1. L'Angleterre sous la maison de Plantagenet. 2. Sous la Maison de Tudor. 3. Sous la Maison de Stuart. Ex-libris de M. Thierry de Villedavray.

469. Instructions chrestienne sur les mystères de Nostre Seigneur Jésus-Christ, et sur les principales festes de l'année (par Antoine de Singlin). *Paris, André Pralard,* 1673 ; 5 vol. in-8, mar. rouge, fil. sur les dos et les plats, tr. dor. (*Rel. anc.*). 125 fr.

470. Italie. Recueil de 30 aquarelles originales de Federico Ciappa donnant des vues d'Italie exécutées d'après nature pendant les années 1847-1848, de 3 dessins dont 1 au crayon représentant le Forum de Pompeï (signé G. Gigante, 1854) et 2 au lavis, et de 6 lithographies coloriées. Ens. 39 pièces en un album pet. in-fol. oblong, rel. perc. noire. 200 fr.

Les très jolies aquarelles de *Frédéric Ciappa* donnent différentes vues de Naples et de ses environs, 3 vues du Vésuve dont une du cratère en 1847 et une de l'éruption du 1" octobre 1857, des vues de Pouzzoles et de sa grotte, des îles de Capri, d'Ischia et Procida, de Castellamare, de Sorrente, des ruines d'Herculanum. En Sicile, vues de Palerme, de la grotte de S" Rosalie sur le mont Pellegrino, près de Palerme, etc. Ces aquarelles sont admirables de coloris, de grâce et de vérité.

471. Janin (Jules). L'Ane mort et la femme guillotinée. *Paris, Delangle,* 1830 ; in-16, cart., *non rogné.* 12 fr.

Deuxième édition, imprimée par J. Didot sur PAPIER VERGÉ et illustrée d'un frontispice et d'une figure d'*Alfred Johannot.*
Bel exemplaire.

472. Janin (Jules). Un Hiver à Paris. Deuxième édition. *Paris, Curmer,* 1844 ; gr. in-8. L'Eté à Paris. *Paris, Curmer,* gr. in-8 ; ens. 2 vol. gr. in-8, demi-rel. chagr. rouge, dos ornés. 20 fr.

Chacun de ces ouvrages est orné de jolies vignettes gravées sur bois.

473. Janin (Jules). La Normandie. Illustrée par MM. Morel-Fatio, Tellier, Gigoux, Daubigny, Debon, H. Bellangé, A. Johannot. *Paris, Ernest Bourdin* (1844) ; gr. in-8, fig., demi-rel. chagrin vert, plats toile, tr. dor. 10 fr.

Reliure de l'éditeur.

474. Jaume Saint-Hilaire. Plantes de la France, décrites et peintes d'après nature, par Jaume Saint-Hilaire. *Paris, l'auteur,* 1808-1809 ; 4 vol. in-4, veau racine, dos orné, dent., tr. marb. 150 fr.

400 belles planches coloriées.

475. Jésuites. Appel à la raison des écrits et libelles publiées par la passion contre les jésuites de France, seconde édition, 2 parties (par le P. Balband, jésuite provençal). — Nouvel appel à la raison, etc. *Bruxelles, Vandenberghen,* 1762 ; ens. en 1 vol. in-12, veau, dos orn. (*Rel. anc.*). 10 fr.

Et de Livres anciens et modernes

476. Jodelle. Les Œuvres et mélanges poétiques d'Estienne Jodelle, sieur du Lymodin. Premier volume. *Paris, Chesneau et Patisson;* 1574 ; in-4, mar. rouge, dos et plats ornés de fil. à froid, dent. int., tr. dor. *(Lortic).*
　　　　　　　　　　　　　　　　　　　　　　　　　200 fr.

　　Bel exemplaire de ce volume. Le seul publié par les soins de M. Ch. de La Mothe.

477. JODELLE. Les Œuvres et Meslanges poetiques d'Estienne Jodelle, sieur du Lymodin. Reueuës et augmentes en ceste dernière edition. *Paris, Robert Le Fizelier,* 1583 ; in-12, mar. citron, dos orné, fil. droits et cintrés, doublé de mar. rouge, large dent., tr. dor. *(Trautz-Bauzonnet).*
　　　　　　　　　　　　　　　　　　　　　　　　　600 fr.

　　Exemplaire réglé, avec témoins, conforme à la description donnée par Brunet (III, col. 550) et avec les 10 ff. de pièces diverses qui ne se trouvent pas dans tous les exemplaires.

478. Joinville (Jean, sire de). L'Histoire de saint Louis, le Credo et la lettre à Louis X, avec un texte rapproché du français moderne mis en regard du texte original, corrigé et complété à l'aide des anciens manuscrits et d'un manuscrit inédit par Natalis de Wailly. *Paris, Ad. Le Clerc,* 1867 ; in-8, mar. Lavalière, fil. à froid, dent. int., tr. dor. *(Petit, sʳ de Simier).*
　　　　　　　　　　　　　　　　　　　　　　　　　35 fr.

　　Frontispice en chromolithographie.
　　Bel exemplaire en GRAND PAPIER.

479. Jubinal. Mystères inédits du XVᵉ siècle, publié pour la première fois, par Achille Jubinal, d'après le m. s. de la Bibliothèque Stᵉ-Geneviève. *Paris, Techener,* 1837 ; 2 vol. in-8 br.
　　　　　　　　　　　　　　　　　　　　　　　　　15 fr.

480. Julyot (Ferry). Les Elegies de la belle fille lamentant sa virginité perdue. Réimpression complète publiée d'après l'édition originale de 1557, avec notice, éclaircissements et index. *Paris, L. Willem,* 1873 ; in-8, mar. fauve, dos orné, fil., tête dor., *non rogné (Courmont).* 50 fr.

　　Un des 25 exemplaires sur PAPIER DE CHINE.

481. Justin. Sancti Justini, philosophi et martyris opera. Græcus textus multis in locis correctus ; et latina Joannis Langi, versio passim emmandata : um varians lectio, emmendationum coniecturiæ, et tres indices seorsim infine additi. Ab initio prœmissa veterum de Justino elogia, ordinis et censuræ ratio... *Lutetiæ Parisiorum, Sebastiani Cramoisy,* 1615 ; in-fol., mar. rouge, dos orn., fil., tr. dor. *(Rel. anc.).* 200 fr.

　　Aux armes de J.-A. DE THOU et de sa seconde femme.

482. Justini. Historiarum ex Trogo Pompeio libri XLIV. *Parisiis, J. Barbou,* 1770 ; in-12, front., mar. rouge, dos orné, large dent., tr. dor. *(Rel. anc.).*
　　　　　　　　　　　　　　　　　　　　　　　　　250 fr.

　　Reliure ancienne de *Derome* d'une fraicheur remarquable.

483. Keepsake. De l'Art en province, illustré de gravures anglaises. *Moulins, Desrosiers,* 1840-1841 ; 2 vol. in-8, velours vert et rosé frappé, tr. dor.
　　　　　　　　　　　　　　　　　　　　　　　　　20 fr.

　　Gravures sur acier et au trait. Joli encadrement du texte.

484. Keepsake. Paris-Londres. Keepsake français. 1840-1841. Nouvelles inédites. *Paris, Delloye,* 1841 ; in-8, fig., mar. vert, dos orn.; encad. et orn. aux angles, à froid. milieux dorés, tr. dor. *(Boutigny).*　15 fr.
　　Frontisice et 25 vignettes gravés sur acier. Forme le tome IV.

Achat de Bibliothèques

485. Keepsake. Ne m'oubliez pas. Morceaux choisis de littérature contemporaine. *Paris, Janet, s. d.* (1836) ; in-12, veau rouge, dos orn., doubl. encad. de fil. noirs, dent. à froid, tr. dor. (*Rel. anc.*). 25 fr.

Illustré de 7 vignettes hors texte gravées sur acier, dont une représente la *Sainte Chapelle.*

486. Labarte. Histoire des Arts industriels au moyen âge et à l'époque de la Renaissance, par Jules Labarte. Deuxième édition. *Paris, V⁰ A. Morel et Cie, 1872-1875* ; 3 vol. in-4, fig., demi-rel. dos et coins de mar. rouge, tête dor., éb. 175 fr.

Ouvrage orné de planches en chromolithographie, en lithographie sur *Chine*, et de vignettes sur bois intercalées dans le texte.
Bel exemplaire.

487. Labé (Louise). Œuvres de Louise Charly, lyonnoise, dite Labé, surnommée la Belle Cordière. *Lyon, les frères Duplain, 1762* ; in-12, mar. bleu, jans., tr. dor. (*Thivet*). 50 fr.

Frontispice et vignettes gravées en taille-douce par *Daullé* d'après *Nonnotte.*
Bel exemplaire, vendu 71 fr. à la vente GUY-PELLION.

488. Làbé (Louise). Œuvres de Louise Labé, lyonnoise, surnommée la Belle Cordière. *Brest, impr. de Michel, 1875* ; in-8, cart., *non rogné.* 10 fr.

489. La Borde (Cte Alex. de). Description des nouveaux jardins de la France, et de ses anciens châteaux (en français en anglais, et en allemand) ; les dessins par Ch. Bourgeois. *Paris, Bourgeois, 1808* ; in-fol., demi-veau rouge. 100 fr.

Important ouvrage contenant 128 planches (sur 129).

490. La Bruyère. Les Caractères de Théophraste, traduits du grec. Avec les caractères ou les mœurs de ce siècle. *Paris, Michallet, 1688* ; *Bruxelles, Jean Léonard,* in-12, mar. rouge, dos orné, fil. à comp., dent. int., tr. dor. (*Chambolle-Duru*). 60 fr.

Copie de la première édition des *Caractères.* RARE. Très bel exemplaire.

491. La Bruyère. Les Caractères de Théophrase, traduits du grec. Avec les caractères ou les mœurs de ce siècle. Dixième édition. *Paris, Estienne Michallet, 1699* ; in-12, mar. rouge, fil. à comp., tr. dor. (*Lortic*). 80 fr.

Très bel exemplaire.

492. La Chapelle (de). Recuel (*sic*) de divers portraits des principales dames de la porte du Grand-Turc, tirée au naturel sur les lieux, et dédiées à Madame la Comtesse de Fiesque ; par George de La Chapelle, peintre de la ville de Caen. *Paris, Antoine Estienne, 1648* ; in-fol., fig., demi-rel. veau. 150 fr.

Suite de 1 titre et 11 estampes gravés par *Nicolas Cochin,* de Troyes, d'après les peintures de *La Chapelle.* Portraits de Sultane, dame grecque, dame arménienne, dame de Perse, de Turquie, etc. Jolis paysages de fonds gravés avec une pointe fine et spirituelle. Il manque dame juive. Texte et planches.

493. La Chesnaye-Desbois. Dictionnaire de la Noblesse, contenant les généalogies, l'histoire et la chronologie des familles nobles de France, l'explication de leurs armes, etc. *Paris, Veuve Duchesne, 1770-1778* ; 12 vol. in-4, bas. racine, dos orné, fil., tr. rouge. 250 fr.

Bel exemplaire de cet excellent ouvrage.

494. La Faye. Recherches sur la préparation que les Romains donnoient à la chaux dont ils se servoient pour leurs constructions et sur la composition et l'emploi de leurs mortiers. *Paris, impr. royale, 1777* ; in-8, veau fauve, dos orné, fil., tr. dor. (*Rel. anc.*). 20 fr.

Exemplaire aux armes de Jean-Frédéric PHÉLYPEAUX, comte de MAUREPAS, ministre d'Etat.

Et de Livres anciens et modernes

495. La Fayette. La Princesse de Clèves (par Mme de La Fayette), nouvelle édition. *Amsterdam, Abraham Wolfgang,* 1688; in-12, mar. rouge, dos orné, fil., dent. int., tr. dor. (*Chambolle-Duru*).   60 fr.

496. La Fontaine. Les Amours de Psyché et de Cupidon, avec le poème d'Adonis. *Paris, Saugrain et Didot,* 1797; 2 vol. in-12, demi-rel. dos et coins de mar. rouge, dos orné, tête dor, *non rognés.* (*Allô*).   65 fr.

     Edition ornée de figures par *Moreau le Jeune* et gravées sous sa direction par *Dambrun, Duhamel, Dupréel, de Ghendt, Halbou, Petit et Simonet.*

497. La Fontaine. Les Amours de Psyché et de Cupidon, suivies d'Adonis, poème. *Paris, Leclère fils,* 1863; 2 vol. in-12, demi-rel. dos et coins de mar. citron, tête dor., *non rognés.*   45 fr.

     Exemplaire tiré sur PAPIER VÉLIN, contenant les figures dessinées par *Moreau* et gravées par *Delvaux.*

498. La Fontaine. Contes et nouvelles en vers par Jean de La Fontaine. *Paris, Leclerc,* 1861; 2 vol. in-8, port. et fig., demi-mar. bleu, tête dor. *non rognés.*   40 fr.

     Grand papier. Tiré à 100 exemplaires numérotés.

499. La Fontaine. Contes et nouvelles en vers, avec notice et notes par A. Pauly. *Paris, A. Lemerre,* 1868; 2 vol. in-12, demi-rel. dos et coins de mar. rouge, dos orné, tête dor., *non rognés.*   25 fr.

     PAPIER VERGÉ. Rare.

500. La Fontaine. Contes et Nouvelles en vers. *Lyon, Scheuring,* 1874; 2 vol. in-8, broché.   40 fr.

     Figures, vignettes en-têtes et culs-de-lampe gravés à l'eau-forte.

501. La Fontaine. Fables choisies. *Amsterdam,* 1728; 5 vol. in-12, fig., mar. vert, dos orné, fil., tr. dor. (*Padeloup*)   300 fr.

     Portrait de La Fontaine gravé par *B. Picart,* figures et front. de *Salomon de Causse.*

502. La Fontaine. Fables. Imprimé par ordre du Roi pour l'éducation du Dauphin. *Paris, Didot,* 1787; 2 vol. in-12, mar. rouge, dos orné, fil., tr. dor. (*Derôme*).   60 fr.

     Bel exemplaire dans une reliure très fraîche.

503. La Fontaine. Fables, nouvelle édition précédée de l'éloge de La Fontaine par Chamfort. *Paris,* 1825; 2 vol. in-8, demi-percaline, *non rognés.*   20 fr.

     Exemplaire lavé et encollé orné d'un portrait de La Fontaine par *Devéria* et d'une jolie suite de figures de *Ransonnette.*

504. La Fontaine. Fables. Nouvelle édition revue et accompagnée de notes par C.-A. Walckenaer. *Paris, Nepveu et De Bure,* 1826; 2 vol. in-8, veau gris, dos orné, fil. dor., dent. et ornements à froid, tr. dor. (*Rel. romantique*).   30 fr.

     Portrait de La Fontaine gravé par *Dequevauvilliers* et 17 figures hors texte, gravées par *Schroeder, Heina, Devilliers jeune* et *Bosq, Simonet aîné,* d'après *Moreau le jeune.* Exemplaire sur PAPIER VÉLIN avec les figures sur CHINE.

505. La Fontaine. Fables de La Fontaine, illustrées par Grandville. *Paris, Furne,* 1842-1843; 2 vol. in-8, demi-rel. dos et coins de mar. rouge.   20 fr.

     Figures de *Grandville.*

Achat de Bibliothèques

506. La Fontaine. Fables de La Fontaine. Notice par M. Poujoulat. *Tours, Mame,* 1875 ; gr. in-8, mar. rouge, dos orné, fil., dent. int., tr. dor. (*Chambolle-Duru*).   150 fr.

> Exemplaire sur PAPIER DE CHINE, illustré de 50 grav. et 1 portrait à l'eau-forte par *V. Foulquier*.

507. LA FONTAINE. ŒUVRES de La Fontaine. Nouvelle édition revue, mise en ordre et accompagnée de notes, par C.-A. Walckenaer. *Paris, Lefebvre,* 1822 ; 6 vol. in-8, port. et fig. mar. citron, compart. de fil. droits et courbés, dent. int., tr. dor. (*Brany*).   800 fr.

> Exemplaire sur GRAND PAPIER VÉLIN auquel on a ajouté :
> 1° La suite complète des figures de *Moreau* pour les *Œuvres* (tirage de 1814), épreuves AVANT LA LETTRE :
> 2° La même suite pour les *Œuvres,* regravée pour l'édition de 1822, épreuves AVANT LA LETTRE ;
> 3° La suite des figures de *Tony Johannot,* pour les *Œuvres,* épreuves AVANT LA LETTRE sur Chine ;
> 4° La suite des 24 figures de *J. David,* pour les *Fables ;*
> 5° La suite de *Bergeret,* pour les *Fables,* épreuves AVANT LA LETTRE ;
> 6° La suite de *Devéria,* pour les *Œuvres* AVANT LA LETTRE ;
> 7° La suite des figures de *Moreau,* pour *Psyché,* épreuves AVANT LA LETTRE ;
> 8° Nombreuses figures et portraits divers dont celui de La Fontaine placé en tête des *Fables Causides* par *Lemire,* épreuve à L'ÉTAT D'EAU-FORTE, remargée.

508. La Force (Mlle de). Histoire de Marguerite de Valois, reine de Navarre. *Paris, Didot l'ainé,* 1783 ; 6 vol. in-12, mar. rouge, doublé de tabis, orn. sur le dos et les plats, tr. dor. (*Rel. anc.*).   150 fr.

> Portrait. Bel exemplaire en papier vélin.

509. Lagier de Vaugelas. Soixante vues des plus beaux palais, monuments et églises de Paris, cathédrales et châteaux de la France, gravées par Couché fils et dessinées sous sa direction, avec leurs explications tirées des meilleurs auteurs par M. Lagier de Vaugelas. *Chez Vilquin,* s. d. (1818) ; in-8, mar. rouge à longs grains, dos orné à petits fers, fil., dor. et dent. à froid sur les plats, tr. dor. (*Rel. romantique*). 60 fr.

> Taches de rousseurs.

510. LAGNIET (Jacq.). Recueil des plus illustres proverbes, mis en lumière par Jacq. Lagniet. *Paris* (1657-1663) ; in-4, fig., veau brun, dos orné, fil.   300 fr.

> Réunion de 109 planches de ce recueil singulier, dont quelques-unes sont coupées au cadre et remontées. TRÈS RARE.

511. La Guérinière (De). École de cavalerie contenant : la connaissance, l'instruction de la conservation du cheval. Avec figures en taille-douce. *Paris, Huart et Moreau fils,* 1751 ; in-fol., veau. (*Rel. anc.*).   130 fr.

> Un des traités les plus importants sur l'art de l'équitation. Exemplaire bien complet, avec planches et portraits d'écuyers d'après *Parrocel.*

512. Lamartine (A. de). Cours familier de littérature. *Paris,* 1856-1867 ; 24 vol. in-8, demi-rel. dos et coins de mar. brun, têtes dor., *non rognés.*   150 fr.

513. La Monnoye (Bernard de). Noei borguignon de Gui Barôzai. Quateime edicion. *Ai Dioni, ché Abran Lyron de Modene,* 1720 ; in-8, demi-rel. veau, *non rogné.* (*Thouvenin*).   12 fr.

> Exemplaire en GRAND PAPIER auquel on a ajouté 36 pages de musique.

514. La Motte (Houdar de). Œuvres. *Paris, Prault,* 1754 ; 10 tomes en 11 vol. in-8, port., mar. vert, dos orn., fil., tr. dor. (*Rel. anc.*). 300 fr.

> Bel exemplaire en GRAND PAPIER provenant des bibliothèques d'Hangard et du prince Radzivill.

Et de Livres anciens et modernes

515. La Rochefoucauld. Mémoires du duc de La Rochefoucauld. *Paris, Renouard*, 1804-1817 ; 2 parties en 1 vol. in-12, port., mar. bleu, fil. et fers à froid, tr. dor. (*Thouvenin*).   100 fr.

> Édition ornée de 8 portraits. La première partie, entièrement inédite, a paru après la deuxième.

516. La Rochefoucauld (Sosthène, duc de). Mémoires de M. de La Rochefoucauld, duc de Doudeauville. *Paris, Michel Lévy*, 1861-1864 ; 14 vol. in-8, demi-rel. veau fauve, *non rognés*.   100 fr.

> Mémoires intéressants sur la Révolution, l'Empire, la Restauration et le règne de Louis-Philippe.
> Tomes I à XIV. Exemplaire en GRAND PAPIER VERGÉ entièrement non rogné.

517. LARCHEY (L.). LES CAHIERS DU CAPITAINE COIGNET (1776-1850), publiés d'après le manuscrit original, par Lorédan Larchey, illustrés par J. Le Blant. *Paris, Hachette*, 1888 ; in-4, mar. vert foncé, dos orné, encadr. de 6 fil. droits et brisés, avec feuillages aux angles, sur les plats, doubl. et gardes de soie rouge cerise, bordure int. de fil. avec couronnes de laurier aux angles, tr. dor. sur fausses marges, couv. cons., étui (*Canape*).   500 fr.

> Un des 25 exemplaires numérotés sur PAPIER DU JAPON auquel on a ajouté 2 DESSINS ORIGINAUX de *J. Le Blant* ayant servi à l'illustration du livre.

518. La Rue (Gerv. de). Essais historiques sur les Bardes, les jongleurs et les trouvères normands et anglo-normands, suivis de pièces de Malherbe, qu'on ne trouve dans aucune édition de ses œuvres, par M. l'abbé de La Rue. *Caen, Mancel*, 1834 ; 3 vol. gr. in-8, mar. vert, dos orné, fil., tr. dor. (*Bauzonnet*).   100 fr.

> Très bel exemplaire en GRAND PAPIER VÉLIN, dans une excellente reliure de Bauzonnet.

519. Latour. Le Langage des Fleurs, par Mme Charlotte de Latour. 3e édition. *Paris, Aubry*, s. d. ; in-12, demi-veau.   15 fr.

> Illustré de nombreuses et jolies figures en couleur de *Bessa*, gravées par *Victor*.

520. Laval (de). Sentences et Instructions chrestiennes tirées des œuvres de saint Augustin. *Paris, P. Petit*, 1677 ; 2 vol. in-12. — Sentences et Instructions tirées des Œuvres de saint Jean Chrysostome. *Paris, P. le Petit*, 1682 ; 2 vol. in-12. Ens. 4 vol. in-12, mar. rouge, dos orné, comp. de fil., tr. dor. (*Rel. anc.*).   150 fr.

> Vignettes de *S. Le Clerc*. Le tome Ier des Sentences de saint Augustin porte sur la garde : « A Madame la duchesse de Chevreuse ».

521. Lavallée (Th.). Histoire de l'Empire Ottoman depuis les temps les plus anciens jusqu'à nos jours. *Paris, Garnier*, 1855 ; gr. in-8, demi-rel. dos et coins de chagrin La Vallière.   8 fr.

> Très jolies figures sur acier par *Allom*.

522. Lavallée (Joseph). Voyage pittoresque et historique de l'Istrie et de la Dalmatie, rédigé d'après l'itinéraire de L.-F. Cassas. *Paris*, 1802 ; in-fol., veau racine, dos orné, comp. de dent., tr. dor. (*Rel. anc.*). 100 fr.

> Ouvrage orné d'un frontispice et de 65 belles planches, vues, monuments, plans, gravés par les meilleurs artistes du commencement du siècle.
> Très bel exemplaire.

523. Le Clerc. [Calendrier des Saints pour tous les jours de l'année]. Godtvrugtige almanach of lof-gedachtenis der Heligen op ijder dag van't Jaar. Gevolgt na den beruchten Sebastian le Clerc. Welstandig verschikt, verteekent, en in't licht gegeven, door Jean Goeree. *Te Amsterdam*. 1730 ; 3 tomes en 1 vol. in-4, veau brun.   75 fr.

> Recueil complet du calendrier des saints, gravé d'après les dessins de *Sébastien Le Clerc*. Il comprend 3 titres et 368 planches sans texte, dont les 68 premières ont été coloriées.
> Bel exemplaire.

Achat de Bibliothèques

524. Legrand d'Aussy. Fabliaux ou Contes. Fables et Romans du douzième et du treizième siècle, traduits ou extraits par Legrand d'Aussy. *Paris, Renouard,* 1829 ; 5 vol. in-8, fig., demi-rel. dos et coins mar. bleu, têtes dor., *non rognés.*
150 fr.

Grand papier vélin, 18 jolies figures par *Moreau* et *Desenne* en double état, avant la lettre sur Chine et avec la lettre. Lettre autographe de Renouard à M. Frère, libraire.

525. Le Hay. Recueil de cent estampes représentant les différentes nations du Levant, tirées sur les tableaux peints d'après nature en 1707 et 1708, par les ordres de M. de Ferriol et gravées en 1712-1713 par les soins de M. Le Hay. *Paris,* 1714 ; gr. in-fol., véau, marb. (*Rel. anc.*)
100 fr.

Première édition de ce recueil contenant 100 planches, auquel on a ajouté un texte imprimé, 2 planches et 1 page de musique qui manquent souvent.
Déchirure à la planche des Derviches. *Mouillures.*

526. Le Maire et Aubert. Les Traits de l'histoire universelle, sacrée et profane, d'après les plus grands peintres et les meilleurs écrivains. *Amsterdam et Paris,* 1760 ; 2 vol. in-8, texte gravé, veau marbré. 15 fr.

300 planches gravées par *Le Maire.*

527. Le Maout (Emm.). Botanique. Organographie et taxonomie. Histoire naturelle des familles végétales et des principales espèces selon la classification de M. Adrien de Jussieu. *Paris, Curmer,* 1854 ; pet. in-4, cart. toile, fers spéciaux (*Rel. de l'éditeur*).
15 fr.

Frontispice, 18 planches sur bois, 23 planches coloriées et nombreuses vignettes dans le texte.

528. Lemau de la Jaisse. Plans des principales places de guerre et villes maritimes frontières du royaume de France. *Paris, Didot,* 1736 ; pet. in-8, veau.
15 fr.

112 plans de places fortes avec leurs armoiries gravées.

529. Le Moyne (Pierre). La Gallerie des Femmes fortes, par lé P. Pierre le Moyne. *A Leyden, chez Jean Elzevier et à Paris, chez Charles Angot,* 1660 ; pet. in-12, front. et fig., mar. La Vallière, dos orné, fil., milieux, tr. dor.
30 fr.

Frontispice, jolis et nombreux portraits de femmes ayant joué un rôle dans l'histoire sacrée et profane.

530. Lenglet du Fresnoy. Histoire de Jeanne d'Arc, dite la Pucelle d'Orléans. *Amsterdam, par la Compagnie,* 1765 ; 3 tomes en un vol. in-12, portr., mar. rouge jans., tr. dor. (*David*). |
50 fr.

Bel exemplaire.

531. Lenglet du Fresnoy. Traité historique et dogmatique du secret inviolable de la confession. *Imprimé à Lille, Paris, Jean Musier,* 1708 ; pet. in-8, veau brun. (*Rel. anc.*).
12 fr.

Ouvrage rare avec l'*Addition au traité du secret inviolable de la Confession. Paris,* 1708.

532. Le Pautre. Œuvre de Jean Le Pautre. *Paris,* s. d. (XVII siècle) ; 2 vol. in-fol., demi-rel. dos et coins de mar. rouge.
225 fr.

200 planches de frises, plafonds, panneaux, cheminées, décorations intérieures, etc., montées sur papier fort.

533. Le Petit (Jules). Bibliographie des principales éditions originales d'écrivains français du XVᵉ au XVIIIᵉ siècle. *Paris, Quantin,* 1888 ; gr. in-8, br. couv.
25 fr.

Ouvrage contenant 300 fac-similés de titre de livres. Papier vergé.

Et de Livres anciens et modernes

534. **Le Prévost** (l'abbé). Oraison funèbre de Guillaume-Egon de Furstemberg, cardinal, evesque et prince de Strasbourg. *Paris, Vve de Simon Bénard*, 1705 ; in-4, mar. noir, dos orné, fil. (*Rel. anc.*). **100 fr.**

 Exemplaire en GRAND PAPIER, aux armes du roi Louis XIV.

535. **Lesage**. Le Bachelier de Salamanque ou les mémoires de D. Chérubin de la Ronda, tirés d'un manuscrit espagnol par M. Le Sage. *Paris, chez Valleyre et Gissey*, 1736, *pour le 1er vol. et* 1738 *pour le 2e vol.*, avec privilège du Roy ; 2 vol. in-12, fig., mar. rouge, dos orné, fil., dent. int., tr. dor. (*Thibaron*).   **100 fr.**

 EDITION ORIGINALE pour les deux volumes.
 Bel exemplaire grand de marges. Haut. : 165 mill.

536. **Le Sage**. Le Diable boiteux, précédé d'une notice sur Le Sage, par M. J. Janin. *Paris, Ernest Bourdin*, 1845 ; in-8, demi-rel. chagrin rouge, tête jaspée, *non rogné*.   **20 fr.**

 Edition illustrée par *Tony Johannot*, d'un frontispice sur Chine et de 140 vignettes dans le texte, gravées sur bois.

537. **Le Sage**. Le Diable boiteux, par Le Sage. *Paris, Jouaust*, 1868 ; in-8, mar. rouge, dos orné, fil., tr. dor. (*Chambolle-Duru*). **60 fr.**

 Un des 20 exemplaires sur PAPIER DE CHINE. De la collection des « Romans classiques du XVIII' siècle, publiés par G. d'Heilly et F. Steenackers ». Rare.

538. **Le Sage**. Histoire de Gil Blas de Santillane. — Lazarille de Tormès. *Paris, Dubochet*, 1846 ; gr. in-8, demi-rel. chagrin rouge. **20 fr.**

 Edition illustrée par *Jean Gigoux* et par *Meissonier*.
 Les figures sur bois de ce dernier artiste pour Lazarille de Tormès sont, dans cette édition de PREMIER TIRAGE.
 Légères taches de rousseur.

539. **Le Sage**. Histoire de Gil Blas de Santillane. Préface par H. Reynald. *Paris, Jouaust*, 1879 ; 4 vol. in-12, mar. rouge jans., tête dor., *non rogné (Chambolle-Duru)*.   **170 fr.**

 Très bel exemplaire sur PAPIER DE CHINE, avec 13 eaux-fortes par *R. de Los Rios*, et la suite, ajoutée, des figures de *H. Pill*, sur *Chine*, AVANT LA LETTRE.

540. **Lettre** sur le prétendu Solon des Pierres gravées. — Explication d'une médaille d'or de la famille Cornuficia (par Charles Baudelot de Dairval). *Paris, Lamesle*, 1717 ; in-4, mar. rouge, dos orné, fil., tr. dor. (*Rel. anc.*).   **100 fr.**

 Aux armes du DUC D'ORLÉANS.

541. **Lewin** (W.). Les Oiseaux de la Grande-Bretagne, rangés dans un ordre systématique, gravés avec soin, et peints d'après nature, avec des descriptions, contenant l'histoire complète de chaque oiseau.... *Londres, Johnson*, 1795-1801 ; 8 vol. in-4, demi-rel. dos et coins de mar. rouge à longs grains (*Rel. anc.*).   **175 fr.**

 Deuxième édition de cet important ouvrage, illustré de 336 PLANCHES COLORIÉES à l'époque.
 Texte français et anglais.

542. **Liancourt**. Réglement donné par une dame de qualité à M*** sa petite-fille, pour sa conduite et pour celle de sa maison : avec un autre réglement que cette dame avait dressé pour elle-mesme. *Paris, Augustin Le Guerrier*, 1698 ; in-12, mar. rouge, dos orné, encad. de fil., coins orn., dent. int., tr. dor.   **35 fr.**

 Cet ouvrage est de Jeanne de Schomberg, duchesse de Liancourt, si célèbre par son esprit, morte en 1674.
 Elle écrivit ce livre pour sa petite-fille, la princesse de Marsillac, Jeanne-Charlotte du Plessis, héritière de Liancourt et de La Roche-Guyon.
 Publié, avec la vie de l'auteur par l'abbé J.-Jacques Boileau.

Achat de Bibliothèques

543. Limagne (E.). Mosaïque. *Paris, H. Mandeville, s. d.* (1854-1857) ; 4 vol. in-4, cart. toile, fers spéciaux, tr. dor. (*cart. de l'éditeur*). 120 fr.

> I. Album du Monde élégant. — II. Loisirs du grand monde. — III. Soirées des salons. — IV. Seconda Sera. Soirées intimes.
> Superbe publication dont chaque volume contient 1 frontispice et 23 planches (en tout 4 front. et 92 pl.) gravés sur acier par de célèbres artistes anglais tels que : *R.-A. Arlett, J.-T. Smyth, J. Cousen, W. Taylor, R. Graves, J.-J. Jenkins*, etc., etc., d'après *T. Lawrence, Lanseer, Ward, Roberts, Goodal, Turner, Van Leruis, Van Dyck, Wared*, etc., etc,
> Texte encadré d'un double filet noir.

544. LIVIUS (Titus). Historiarnm libri, interpretatione et notis illustravit Joan. Dujatius, in usum Delphini ; acc. librorum deperditor, supplementa per J. Freinshemium. *Parisiis, F. Léonard*, 1679-1682 ; 6 vol. in-4, front. et pl. grav., mar. rouge, doubl. de mar. rouge, dos orn., doubl. encad. de filets, dent. int., tr. dor. (*Rel. anc.*).   400 fr.

> De la collection *ab. usum Delphini.*
> Exemplaire dans une jolie reliure doublée, très fraiche, ornée de fleurs de lys au centre et aux angles des encad. du dos, ainsi qu'aux angles de l'encad. inf. des plats.
> Au bas du dos de chaque volume est frappée l'estampille de LOUIS DE FRANCE, dit le GRAND DAUPHIN.

545. Livre-Journal de Lazare Duvaux, marchand-bijoutier ordinaire du roy, 1748-1758, précédé d'une étude sur le goût et sur le commerce des objets d'art au milieu du XVIIIe siècle. *Paris, Société des Bibliophiles français*, 1873 ; 2 vol. in-8, demi-veau, dos orn.   25 fr.

546. Longus. Les Amours pastorales de Daphnis et de Chloé, traduites par J. Amyot. *Paris, Lemerre.* 1872 ; pet. in-12, demi-rel. dos et coins de mar. gren., tête dor., *non rogné.*   8 fr.

> PAPIER VERGÉ.
> Frontispice à l'eau-forte par *Boilvin.*

547. Longus. Daphnis et Chloé, ou les pastorales de Longus, traduites du grec par J. Amyot. Nouvelle édition. *Paris, Leclère*, 1863 ; in-8, fig., demi-rel. mar. rouge, dos orné, tête dor., éb.   20 fr.

> En-têtes de *Eisen* et de *Wille*, gravés par *de Longueil*, reproduisant ceux qui illustrent les Sens de du Rosoy.
> On a ajouté à cet exemplaire la réduction des 8 figures de *Prud'hon* et de *Gérard.*

548. Longus. Daphnis et Chloé. Traduction d'Amyot. *Paris, libr. des bibliophiles*, 1872 ; in-12, mar. orange, dos orné, fil., tr. dor. (*Cuzin*). 35 fr.

> Compositions d'*Emile*|*Lévy*, gravée à l'eau-forte par *Flameng.* Dessins de *Giacomelli*, gravés sur bois par *Rouget* et *Sargent.*
> Taches de rousseurs.

549. Lorrain (Jean). Un Démoniaque. Espagnes. Histoires du bord de l'eau. *Paris, Dentu*, 1895 ; in-12, br.   50 fr.

> Exemplaire sur PAPIER DE HOLLANDE, orné de 18 compositions de *René Point* au crayon de couleur et à l'aquarelle.

550. LORRIS et DE MEUNG. Le Rommant de la rose, nouvellement reveu et corrigé oultre les précédentes impressions. *On les vend a Paris en la grant sale du Palays au premier pillier en la boutiq de Jehan André.* (A la fin :) *Fin de rommāt de la rose veu ɾ corrigé oultre les precedētes īpressions. Et imprimé nouvellement a Paris. Lan mil cinq cens XXXVII* (1537) ; pet. in-8 goth. de ᴠɪɪɪ ff. lim., et 404 ff. chiffrés, figures sur bois, veau granit., dos orn., fil., tr. dor. et ciselée. (*Rel. anc.*).   400 fr.

> Bel exemplaire qui diffère de celui décrit au supplément du Manuel du Libraire, en ce qu'il porte la marque de *Jehan André*, il a le même nombre de ff., et le feuillet blanc à la fin, avec la marque de *Jehan André*, au lieu de *Jehan Denis*, indiqué par M. Deschamps.
> Cette édition est illustrée de 49 jolies petites figures sur bois.
> Piqûres de vers à 2 feuillets.

Et de Livres anciens et modernes

551. Louvet de Couvray. Les Amours du chevalier de Faublas. Nouvelle édition. *Paris, Tardieu*, 1821 ; 4 vol. in-8, demi-rel. veau. **30 fr.**

 8 jolies figures en taille-douce d'après les dessins de *Collin*.

552. Lysias. Lysiae opera omnia graece et latine, cum versione nova, triplici indice, variantibus lectionibus, et notis, edidit Athanasius Auger. *Parisiis, Franç. Ambr. Didot l'aîné*, 1783 ; 2 vol. in-8 tirés in-4, ais de bois recouverts de mar. rouge, dos orné, fil., tr. dor. (*Derôme*). **100 fr.**

 Un des 100 exemplaires tirés in-4 sur GRAND PAPIER D'ANNONAY.

553. Machiavel. Œuvres. Nouvelle édition, augmentée de l'anti-Machiavel. *A la Haie, aux dépens de la compagnie*, 1743 ; 6 vol. in-12, mar. rouge, dos orn., fil., tr. dor. (*Rel. anc.*). **250 fr.**

 Bel exemplaire.

554. Magnières (Cte de). Essai de finance. *Paris, Bastien*, 1775 ; in-8, mar. rouge, filets, dos orné, dent. int., tr. dor. (*Rel. anc.*). **100 fr.**

 Bel exemplaire aux armes du DUC DE BERRY.

555. Magnin (Charles). Histoire des Marionnettes en Europe depuis l'antiquité jusqu'à nos jours. *Paris Michel Lévy*, 1852 ; in-8, demi-rel. dos et coins de mar. rouge, dos orné, tête dor., *non rogné*. **15 fr.**

556. Magnus (Olaus). Historia de gentibus septentrionalibus. *Antverpiæ, ex officina Christ. Plantini*, 1558 ; in-8, demi-rel. veau. **100 fr.**

 Bel exemplaire, orné de jolies et curieuses petites figures sur bois de cet abrégé du grand ouvrage de Magnus, dû à Corn. Scribonius Graphæus.

557. Magny (Olivier de). Les Gayetez. *Turin, Gay*, 1869 ; — Les Soupirs. *Turin, Gay*, 1870 ; — Les Amours. *Turin, Gay*, 1870. Ens. 3 ouvrages en un vol., demi-rel. dos et coins de mar. brun, tête dor. non rogné (*Champs*). **30 fr.**

558. Malherbe. Poésies de Malherbe, suivies d'un choix de ses lettres. Édition nouvelle avec des variantes et des notes. *Paris, Janet et Cotelle*, 1822 ; in-8, portr., demi-rel. veau fauve avec coins, dos orné, ébarbé. **15 fr.**

 Bel exemplaire dans une jolie reliure de l'époque.

559. Malo (Charles). Histoire des Tulipes. *Paris, Louis Janet, s. d.* ; pet. in-12, br. **15 fr.**

 12 planches en couleurs dessinées par *H. Bessa*.

560. Malo (Charles). Les Papillons. *Paris, Janet, s. d.* ; pet. in-12, cart. *non rogné*. **15 fr.**

 Titre et 11 planches finement coloriés.

561. Malpighii Opera omnia, figuris elegantissimis in aesi incitis illustrata Tomis Duobus, 54 planches. *Londini*, 1686 ; — Appendix repetitas auctasque de Ovo inculbato, 4 planches. *Londini*, 1686 ; — Operum, Tomus secundus, 39 planches, *Londini*, 1686. — De Bombyce, 12 planches. — De Formatione Lulli in ovo, 7 planches. — Epistolæ anatomicae. Ens. 6 ouvr. en 1 vol. in-fol., veau fauve, dos orn., fil. (*Rel. anc.*) **100 fr.**

 AUX ARMES ET AU CHIFFRE de Charles de Saint-Maur, duc de MONTAUSIER et de sa femme JULIE D'ANGENNES.

562. Mancini-Nivernois. Œuvres publiées par l'auteur. *Paris, impr. de Didot jeune*, 1796 ; 8 vol. — Œuvres posthumes du même. *Paris*, 1807 ; 2 vol. — Ens. 10 tomes rel. en 8 vol. gr. in-8, 3 port. dont 1 dess. et gr. par Saint-Aubin, les 2 autres dess. par Heima, veau fauve, dos orné, fil., comp. à fr., dent. int., tr. dor. **200 fr.**

 Bel exemplaire en GRAND PAPIER DE HOLLANDE.

Achat de Bibliothèques

563. Manesson-Mallet (Allain). La Géométrie pratique, divisée en quatre livres. Ouvrage enrichi de cinq cents planches gravées en taille-douce. *Paris, Anisson*, 1702 ; 4 vol. in-8, veau, dos orn. 120 fr.

Ouvrage très recherché à cause des 355 vues de Paris et de châteaux de France dont il est orné ; ces vues sont souvent les seules qui nous aient été conservées de beaucoup de monuments de Paris.
Bel exemplaire.

564. Mantz (Paul). Les Chefs-d'œuvre de la Peinture italienne. *Paris, Firmin-Didot*, 1870 ; in-fol., cart. toile. (*Rel. de l'édit.*). 85 fr.

Ouvrage contenant 20 planches chromolithographique exécutées par F. *Kellerhoven*, 30 planches sur bois et 40 culs-de-lampes et lettres ornées.
Exemplaire sur GRAND PAPIER A LA FORME.

565. MANUSCRIT. BREVIARIUM RUTH-ROMANUM ; 3 vol. in-18, veau. 1.000 fr.

Curieux manuscrit du XV⁰ siècle d'une fine écriture à deux colonnes, sur vélin fin, de 538 feuillets. Son ornementation consiste en bordures composées de feuillages, fleurs et fruits et de lettres initiales enluminées, dont l'or domine les autres couleurs.

566. MANUSCRIT. HORÆ, in-4, bas. 1.500 fr.

Manuscrit du XV⁰ siècle sur vélin fin, comprenant 143 feuillets ornés à chaque page d'une jolie bordure composée de feuillages, fleurs et fruits.
Les bordures, dessinées avec soin, et un grand nombre de lettres initiales grandes et petites sont enluminées de couleurs très douces, l'or y joue un grand rôle.
Une seule miniature orne le texte ; elle représente sainte Véronique, mais l'absence d'autres miniatures n'enlève pas la valeur artistique de ce manuscrit, les bordures en font un modèle de l'art de la décoration des marges des manuscrits au XV⁰ siècle.

567. MANUSCRIT. In ho fato como fa colui chi e in uno Grande Prato de Fiore che eleze tuta la cirna per far una bella Gurlanda ; pero voio de questo mio Pizolo Iavorento abia nome Nior de virtu e de Costumi e se algun defeto ie fosse, etc...; in-4, vélin. 500 fr.

Manuscrit du XV⁰ siècle, sur papier, de 51 ff., d'une belle écriture en lettres romaines, 22 lignes par pages.
Ce volume est orné de 35 dessins emblématiques en couleurs.
On a relié avec : *Aristolebis d'Etica Volgarizata*. Manuscrit sur papier de 50 ff., d'une belle écriture.

568. Manuscrit. Cinquante quatrins, contenans preceptes et enseigne-mens utiles pour la vye de lhome composez a l'imitation de Phocy-lides, d'Epicharm, et autres anciens poe [tes] G. [rec] par S. De Pybrac. — Continuation des quatrains du S. De Pybrac ; in-18, veau brun, dos orn., fil., mil. dor., tr. dor. 150 fr.

Curieux manuscrit en français avec latin en regard, écrit au XVII⁰ siècle, sur vélin fin. Le titre est réglé en or. Les majuscules sont également en or.

569. MANUSCRIT. Collection de Psaumes et de Cantiques choisis, 1769. — Collection d'Hymnes et de Proses choisies, 1769. — Prière du matin et du soir. — Ens. 3 vol. ms. in-4, mar. vert, fil., dos orné, dent. int., gardes de papier doré, tr. dor. (*Rel. anc.*). 300 fr.

Ces trois recueils manuscrits furent exécutés en l'année 1769 pour l'usage particulier du marquis Louis-Nicolas DAUVET, lieutenant-général des armées du roi, seigneur de Mainville et autres terres dans le Vexin normand, et châtelain d'Auvillars, dans le pays d'Auge. Ils ont été calligraphiés avec beaucoup de soin. Le titre du premier volume est décoré d'un très artistique et très délicat encadrement dessiné à la plume dans le goût le plus parfait de l'époque.

570. Marguerite de Valois. L'Heptaméron des nouvelles de Margue-rite d'Angoulême, reine de Navarre. Nouvelle édition publiée sur les manuscrits. *Paris, Société des Bibliophiles françois*, 1853-1854 ; 3 vol. in-8, portr., demi-rel. dos et coins de mar. vert, tête dor., *non rognés* (*Capé*). 70 fr.

Bonne édition ornée d'un portrait sur Chine.

Et de Livres anciens et modernes

571. Marguerite de Valois. Les sept Journées de la reine de Navarre, suivies de la huitième. Notice et notes par Paul Lacroix. Planches à l'eau-forte par Flameng. *Paris, Libr. des Bibliophiles,* 1872 ; 4 vol. in-8, portr. et fig., demi-rel. mar. vert, tête dor., *non rognés.* **120 fr.**

Bel exemplaire personnel de l'éditeur Jouaust.

572. Marguerite de Valois. L'Heptaméron des nouvelles de Marguerite d'Angoulême, reine de Navarre. Publiée par MM. Le Roux de Lincy et Anatole de Montaiglon. *Paris, Aug. Eudes,* 1880 ; 4 vol. in-8, port. et fig., mar. vert jans., dent. int., tr. dor. **150 fr.**

Un des 15 exemplaires sur PAPIER DE CHINE, contenant la DOUBLE SUITE DES FIGURES de *Freudenberg,* en noir et en sanguine. Charmants en-têtes et culs-de-lampe.

573. Marguerite de Valois. Mémoires de la reine Marguerite (publiés par Auger de Moléon, seigneur de Granier). *Paris, Ch. Chappellain,* 1628 ; pet. in-8, mar. bleu, dos orné, fil., dent. int., tr. dor. (*Amand*). **60 fr.**

On y a joint l'ex-libris de A.-J. DE BRANCAS.

574. MARIETTE (P.-J.). Traité des pierres gravées. *Paris,* 1750 ; 2 vol. pet. in-fol., titre et front. gravés, mar. rouge, dos orné, dent., enc. de fil., dent. int., tr. dor. (*Gosselin*). **250 fr.**

Frontispice de *Bouchardon* et 257 pierres très finement gravés.

575. Marolois (Samuel). La Perspective, contenant tant la théorie que la pratique et instruction fondamentale d'icelle... *Amsterdam,* 1629 ; in-fol., mar. Lavallière, dos orné, fil., tr. dor. (*Gruel*). **35 fr.**

Texte hollandais. — Nombreuses et belles planches gravées sur cuivre. Le titre a été gratté et remonté.

576. Marot (Clément). Les œuvres de Clément Marot, de Cahors, valet de chambre du Roy. Plus ample et en meilleur ordre qu'auparavant. *A Paris, chez Pierre Gaultier,* 1551 ; in-16, mar. olive, doublé de mar. rouge, fil., dos orné, tr. dor. (*Rel. anc.*). **200 fr.**

Exemplaire réglé, imprimé en italique.

577. Marot. Les Œuvres de Clément Marot, De Cohors (*sic*) en Quercy, valet de chambre du Roy. *A Rouen, chez Th. Mallard,* 1596 ; in-12, mar. brun, dos orné, fil., milieux dorés, dent. int., tr. dor. (*Capé*). **75 fr.**

Jolie édition imprimée en lettres italiques et divisée en 2 parties.
Bel exemplaire.

578. Marot (Clément). Les Œuvres de Clément Marot, de Cahors en Quercy, valet de chambre du Roy. Reveues et corrigées de nouveau. *Rouen, Raphaël du Petit Val,* 1607 ; pet. in-12, mar. vert, dos orné, fil., tr. dor. (*Trautz-Bauzonnet*). **50 fr.**

Belle édition imprimée en lettres italiques.

579. MAROT (Clément). Œuvres, revûes sur plusieurs manuscrits et sur plus de quarante éditions, et augmentées... avec les ouvrages de Jean Marot et Michel Marot. *La Haye, Gosse et Neaulme,* 1731 ; 4 vol. gr. in-4, mar. rouge, dos orné, fil., tr. dor. (*Rel. anc.*). **800 fr.**

Bel exemplaire en grand papier dans une reliure très fraîche.

580. Marot. Œuvres. *Genève (Paris, Cazin),* 1781 ; 2 vol. in-12, port., mar. rouge, dos orné, fil., tr. dor. (*Rel. anc.*). **30 fr.**

Bel exemplaire.

Achat de Bibliothèques

581. Marot (Jean). Poème inédit de Jehan Marot, publié d'après un ms. de la Biblothèque impériale, avec une introduction et des notes par Georges Guiffrey. *Paris, Vve Renouard (Lyon, impr. L. Perrin)*, 1860; in-8, mar. violet, dos orné, fil., milieux, tr. dor.   20 fr.

> Figure sur Chine.

582. Marottes à vendre ou Triboulet tabletier, dont la Gibecière, après avoir été égarée pendant plusieurs siècles nous est enfin heureusement parvenue munie d'un rare assemblage de hochets, breloques, colifichets et babioles. *Au Parnasse burlesque, ex officina de la banque du bel esprit. (Londres, Harding et Wright)*, 1812 ; in-12, veau, dos orné, fil.   10 fr.

> PAPIER VÉLIN.

583. Martial d'Auvergne. Les Arrêts d'Amours, avec l'Amant rendu cordelier à l'observance d'amours. Accompagnez des commentaires juridiques et joyeux de Benoît de Court. *Amsterdam et Paris, Pierre Gandouin*, 1731 ; in-12, veau fauve, dos orné, fil., tr. dor. (*Rel. anc.*). 22 fr.

> Cet exemplaire renferme « *le Glossaire des anciens termes* », rédigé par Lenglet du Fresnoy.

584. Martialis (Valerii). Epigrammata, paraphrasi et notis variorum selectissimus, ...interpretatus est Vincentius Collesso. Numismatibus, Historias atque ritus illustrantibus, exornavit Lud-Smids. *Amstelædami, Gallet*, 1701 ; 2 vol. in-8, fig., mar. rouge, dos orn., fil., tr. dor. (*Derôme*).   120 fr.

> Exemplaire contenant le supplément de 56 pp. Nombreuses planches de médailles gravées.

585. Martin (Henri). Histoire de France depuis les temps les plus reculés jusqu'en 1789. *Paris, Furne*, 1855 ; 17 vol. in-8, demi-rel. mar. vert.   80 fr.

586. MARTINET. Oiseaux. *Paris, chez l'auteur, s. d.* ; in-fol. mar. vert, dos orné, dent., tr. dor. (*Rel. anc.*)   400 fr.

> Réunion de 226 planches de *Martinet*, coloriées au pinceau par une main habile.

587. MARTYN (Thomas). Le Conchologiste (*sic*) universel, montrant la figure de chaque coquille, aujourd'hui, connue, soigneusement dessinée et peinte d'après nature. Le tout arrangé selon le système de l'auteur. *Londres, chez l'auteur*, 1784 ; 2 vol. — Les Figures des coquilles jusqu'à présent inconnues, recueillies en divers voyages à la Mer du Sud, depuis l'année 1764. *Londres, chez l'auteur*, 1784 ; 2 vol. Ens. 4 vol. in-fol., mar. rouge, large dent., dos ornés, tr. dor. (*Rel. anc.*) 1.200 fr.

> Superbe exemplaire d'un ouvrage fort rare. Il contient 322 figures de coquilles peintes très finement sur 160 planches montées su papier bleuté, avec texte français et anglais. En tête de l'ouvrage se trouve la reproduction des 8 médailles d'or que l'auteur a reçues de plusieurs princes, ses souscripteurs.
> Très bel exemplaire dans une reliure d'une grande fraîcheur.

588. Massillon. Petit Carême, *Tours, Mame*, 1862 ; gr. in-8, demi-rel. dos et coins de mar. La Vallière, tr. dor.   20 fr.

> Tirée à 100 exemplaires.

589. MEDICÆ artis principes post Hippocratem et Galenum, græci latinitate donati et latini. *Excudebat H. Stephanus*, 1567 ; 3 vol. in-fol., mar. rouge, dos orn., fil., tr. dor. (*Rel. anc.*).   500 fr.

> Collection estimée et rare à trouver aussi bien conditionnée que cet exemplaire.

Et de Livres anciens et modernes

590. **Mélanges** publiés par la Société des Bibliophiles français. *Paris, impr. Firmin Didot*, 1820-1822 ; 2 vol. in-8, demi-rel. dos et coins d e mar. rouge, *non rognés.*   160 fr.

> Ces deux volumes, entièrement non rognés, n'ont été tirés, le premier qu'à 26 et le second qu'à 28 exempl., tous pour les membres de la Société ; ils sont devenus extrêmement rares.

591. **Mellin de Saint-Gelais.** Œuvres poétiques. *Paris, Guillaume de Luyne*, 1656 ; in-12, veau fauve, fil., tr. dor.   20 fr.

> Papier jauni par le temps.

592. **MÉMOIRE** dressé par ordre de M. le duc de Praslin, secrétaire d'Etat et ministre de la Marine, sur Saint-Domingue, par J. Rolland, ancien capitaine d'artillerie et ingénieur du roy. *Paris*, 1766 ; mss. in-4 de 263 p., mar. rouge, très larges dentelles à petits fers sur les plats, dos orné, dent. int., tr. dor. *(Rel. anc.).*   1.200 fr.

> TRÈS JOLIE RELIURE orné de larges dentelles à petits fers, avec les armes mosaïquées de CHOISEUL, DUC DE PRASLIN.
> C'est le manuscrit de dédicace.

593. **Mémoires** de la Ligue, sous Henri III et Henri IV, Rois de France, comprenant, en six volumes ou recueils, les plus infimes particularitez mémorables des affaires de la Ligue, depuis l'an 1576 jusques à l'an 1598 (par Simon Goulart). *S. l. (Genève)*, 1598-1604 ; 6 vol. in-12, mar. rouge, fil., dos ornés, tr. dor. *(Rel. anc.).*   120 fr.

> Déchirure au titre du premier volume enlevant une partie du texte.

594. **Menestrier.** Nouvelle méthode raisonnée du blason ou de l'art héraldique. *Lyon, Ponthus*, 1778 ; pet. in-8, veau marb.   12 fr.

> Nombreuses figures de blasons.

595. **Méon.** Blasons. Poésies anciennes des XVe et XVIe siècles extraites de différents auteurs, imprimés et manuscrits, par M. D. M*** (Méon). Nouvelle édition augmentée d'un glossaire. *Paris, Guillemot*, 1809 ; in-8, demi-rel. mar. bleu.   18 fr.

> Exemplaire d'A. AUDENET.

596. **Méon** et **Barbazan.** Fabliaux et Contes des poètes françois des XIe et XVe siècles, tirés des meilleurs auteurs, publiés par Barbazan. *Paris, Warel (impr. de Crapelet)*, 1808 ; 4 vol. — Nouveau Recueil de fabliaux et contes inédits publié par M. Méon. *Paris, Chasseriau*, 1823; 2 vol. — Ensemble 6 vol. gr. in-8, demi-rel. dos et coins de mar. rouge, tête dor., *non rognés (Brany).*   275 fr.

> Splendide exemplaire en GRAND PAPIER DE HOLLANDE, très rare avec les 6 figures . Celles du Nouveau recueil sont en double état sur Chine collé et sur papier vélin.

597. **Méon.** Le Roman du Renart, publié d'après les mss. de la Bibliothèque du Roi des XIIIe, XIVe et XVe siècles, par M. D. M. Méon. *Paris, Treuttel et Würtz*, 1826-1835 ; 5 vol. in-8, fig., demi-rel. dos et coins de mar. brun, tête dor., *non rognés.*   150 fr.

> Très bel exemplaire avec les figures de *Desenne* AVANT LA LETTRE, et les EAUX-FORTES, et auquel on a ajouté le « Supplément » contenant les variantes et les corrections publiés par Chabaille.

598. **Meraugis de Portlesguez.** Roman de la Table ronde, par Raoul de Houdenc, publié par H. Michelant, d'après les manuscrits de Vienne et de Turin. Avec illustrations représentant les miniatures du manuscrit de Vienne. *Paris, Tross*, 1869 ; gr. in-8, mar. rouge, dos orné, fil., tr. dor. *(Petit).*   130 fr.

> Exemplaire sur PEAU DE VÉLIN, orné de 17 gravures sur bois. Pages encadrées d'un filet rouge.

Achat de Bibliothèques

599. Mercurialis (Hieron.), de Arte gymnastica libri sex : in quibus exercitationum omnium vetustarum genera, loca, modi, facultates et quidquid denique ad corporis humani exercitationes pertinet diligenter explicatur. Secunda editione aucti et multis figuris ornati. *Parisis, J. du Puys,* 1757 ; in-4, fig., vélin. 30 fr.

Nombreuses figures sur bois.

600. MÉRIAN Todten-Tantz wie derselbe in der löblichen und veitberühmtem Stad Bassel... nach, dem original in kuper gerbracht und herausgegeben durch Matth Merians sel Erben. *Franckfurt,* 1696 ; in-4, fig., veau marb., dos orn. (*Rel. anc.*). 400 fr.

Rare édition de la DANSE DES MORTS DE BALE. Elle est ornée de 41 planches rehaussées d'un joli coloris ancien.

601. Mérian (Marie). Dissertation sur la generation et les transformations des Insectes de Surinam dans laquelle on traite des vers et des chenilles de Surinam, des plantes, fleurs et fruits dont ils vivent et dans lesquels on les a trouvez. On y parle aussi des crapaux, lezards, serpens, aragnées et autres petits animaux. *La Haye, Pierre Gosse,* 1726 ; 1 vol. — Histoire des Insectes de l'Europe. *Amsterdam,* 1730 ; 1 vol. — Ens. 2 vol. in-fol., veau, dos de mar. rouge (*Rel. anc.*). 200 fr.

Le premier de ces ouvrages est orné de 72 et le second de 184 planches. Beaux exemplaires avec les PLANCHES FINEMENT COLORIÉES à l'époque.
Texte latin et français.

602. Mérian (Marie-Sibille). Dissertation sur la génération et les transformations des Insectes de Surinam dans laquelle on traite des vers et des chenilles de Surinam, des plantes, fleurs et fruits dont ils vivent et dans lesquels on les a trouvez. On y parle aussi des crapaux, lezards, serpens, aragnées et autres petits animaux. *La Haye, Pierre Gosse,* 1726 ; 1 vol. — Histoire des Insectes de l'Europe. *Amsterdam,* 1730 ; 1 vol. — Ens. 2 tomes en un vol. in-fol., veau (*Rel. anc.*). 60 fr.

Le premier de ces ouvrages comprend 72 et le second 184 belles planches très finement gravées en taille-douce.
Texte latin et français.

603. Merigot fils (F.). Promenade ou itinéraire des jardins d'Ermenonville. *Paris, Mérigot,* 1811 ; in-8, vélin blanc, *non rogné.* 30 fr.

Orné de 25 planches représentant les principales vues d'Ermenonville.

604. Messie (Pierre). Les diverses Leçons, mises de castillan en françois, par Cl. Gruget, parisien. Plus la suite de celles d'Ant. du Verdier, S. de Vauprivas. *Tournon, par Cl. Michel, impr. de l'Université,* 1610 ; pet. in-8, mar. noir, jans., tr. dor. 25 fr.

605. Meszeulreuter (Johan.). Neu-eröffneter Masquen-Saal, oder : Der verkleindeten Heydnischen Götter, Göttinnen und vergötterter Helden theatralischer Tempel. *Bayreuth, Lobern,* 1723 ; in-fol., pl., demi-rel. vélin blanc. 250 fr.

202 planches de masques, costumes de théâtre, etc.

606. Méténier. La Grâce. *Paris, Giroud,* 1886 ; in-12, cart., *non rogné.* 40 fr.

ÉDITION ORIGINALE sur PAPIER DE HOLLANDE, illustrée de 6 aquarelles originales de J. Apoux.

607. Meursius. Joanni Meursii elegantia latini sermonis seu Aloisia signa toletana de arcanis amoris et veneris adjunctis fragmentis quibusdam eroticis. *Lugduni Batavorum ex typis Elzevirianis (Paris, Barbou),* 1774 ; 2 part. en 1 vol. in-8, veau, fil. 25 fr.

Titre et frontispice gravés.

Et de Livres anciens et modernes

608. Mezeray. Histoire de France depuis Faramond jusqu'à maintenant (1598). Œuvre enrichie de plusieurs belles et rares antiquitez, et d'un abrégé de la vie de châque Reyne dont il ne s'estoit presque point parlé cy-devant, avec les portraits au naturel des Roys, des Reynes et des Dauphins... le tout embelly d'un recueil nécessaire des médailles qui ont esté fabriquées sous châque règne... par F. E. Du Mézeray. *A Paris, chez Mathieu Guillemot*, 1643-1651 ; 3 vol. in-fol., frontispices, nombr. portr. et fig., mar. rouge, dos orné, fil., dent. int., tr. dor. (*Rel. anc.*).

300 fr.

ÉDITION ORIGINALE très estimée.
Bel exemplaire avec tous les *cartons* et conforme [à la description du *Manuel* (*III*, 1693-1694).

609. Mézeray (le sr de). Histoire de France avant Clovis, l'origine des François et leur établissement dans les Gaules. *Amsterdam, et se vend à Liège, chez J.-F. Broncart*, 1700 ; 1 vol. — Abrégé chronologique de l'Histoire de France divisé en six tomes. *Amsterdam, Ant. Schelte*, 1700 ; 6 vol., front. grav. et portraits. — Ens. 7 vol. in-12, mar. rouge jans., tr. dor.

250 fr.

Bel exemplaire dans une bonne reliure ancienne. Aux armes d'ESTAVAYÉ, baron DE MOLONDIN.

610. Mille et une Nuits (Les). Contes arabes, traduits par Galland. Edition illustrée par les meilleurs artistes français et étrangers, revue et corrigée sur l'édition princeps de 1704 ; augmentée d'une dissertation sur les Mille et Une Nuits, par M. le baron Silvestre de Sacy. *Paris, Ernest Bourdin, 16, rue de Seine-Saint-Germain, s. d.* (1840) ; 3 vol. gr. in-8, br. (couv. ill.).

60 fr.

Bel exemplaire du PREMIER TIRAGE de cette édition des Mille et Une Nuits, ornée d'un très grand nombre de figures insérées dans le texte et de 20 planches tirées à part. (Les frontispices des deux derniers volumes manquent.) Couverture illustrée imprimée en bleu et or sur fond blanc.
Taches de rousseur.

611. Millingen (James). Peintures antiques de vases grecs de la collection de sir John Coghill. *Rome*, 1817 ; 2 vol. in-fol., demi-rel. dos et coins de mar., tête dor., *non rognés*.

140 fr.

112 planches gravées.

612. Milton. Le Paradis perdu, traduction nouvelle, avec des notes, la Vie de l'auteur, un discours sur son poëme, les remarques d'Addisson, et à l'occasion de ces remarques, un discours sur le poëme épique, par M. Racine. *Paris, Desaint et Saillant*, 1755 ; 3 vol. in-12, mar. rouge, dos ornés de fil., dent. dor. et à froid sur les plats, tr. dor.

100 fr.

Traduction estimée par le fils de Racine. Bel exemplaire.

613. MISSALE ROMANUM ex decreto sacrosancti Concilii Tridentini restitutum, S. Pie V. Pontificis Maximi Jussu editum. Clementis VIII et Urbani VIII, auctoritate recognitum.... *Vindobonæ*, 1862 ; in-fol., demi-rel. dos et coins de mar. grenat, tête dor., *non rogné* (*Bretault*).

500 fr.

Ce missel, publié par M. Henri Raiss, avec l'assistance d'un comité d'artistes et d'archéologues, est une des plus belles productions qu'ait données le procédé xylographique de l'impression en couleurs.
Bel exemplaire de l'ÉDITION DE LUXE, dans laquelle les miniatures et les initiales sont données en or, en argent et en couleurs, telles qu'elles ont été exécutées dans les peintures originales par des miniaturistes célèbres des écoles de l'Allemagne méridionale, du Bas-Rhin et de la Flandre au Moyen-Age.

614. Missel romain, selon le règlement du Concile de Trente, traduit en françois. *Paris, Léonard*, 1676 ; 5 vol. in-32, mar. brun jans., doublé de mar. rouge, dent. int., tr. dor. (*Rel. anc.*).

100 fr.

Achat de Bibliothèques

615. Missel romain, latin et françois. *Paris, G. Desprez*, 1722 ; 4 vol. in-12, mar. vert, dos ornés, large dent. sur les plats, tr. dor. (*Rel. anc.*).   100 fr.

Bel exemplaire dans une reliure ancienne bien conservée.

616. MOLIÈRE. Les Œuvres de M. de Molière revues, corrigées et augmentées, enrichies de figures en taille-douce. *Paris, Thierry, Barbin et Trabouillet*, 1682 ; 8 vol. in-12, fig. de Brissart, veau fauve, dos orné, fil., tr. dor. (*Rel. anc.*).   800 fr.

Première édition complète des œuvres de Molière, renfermant 6 pièces restées jusquelà inédites. C'est également la première offrant un texte absolument conforme à la représentation, texte qui a été revu par un des acteurs de la troupe de Molière, Varlet de la Grange ; c'est encore la première édition illustrée.
Exemplaire hors ligne, très pur, très grand de marges.

617. Molière. Œuvres complètes de Molière, avec les notes de tous les commentateurs. Edition publiée par L.-Aimé Martin. *Paris, Lefèvre*, 1824-1826 ; 8 vol. in-8, port. et fig., veau gris, dos et plats orn. de dent. et de motifs en or et à froid, tr. marb. (*Duplanil*).   225 fr.

Belle édition que recommandent une histoire de la troupe de Molière et les recherches curieuses de l'éditeur sur les sources où l'on suppose que ce poète a puisé.
Illustré d'un portrait et de 18 gravures de *Desenne*. Magnifique reliure romantique très fraîche.

618. Molière. Œuvres, précédées d'une notice sur sa vie et ses ouvrages par M. Sainte-Beuve. *Paris, Dubochet*, 1844 ; gr. in-8, demi-rel. dos et coins de chagrin rouge, tête dor., *non rogné*.   15 fr.

Portrait et vignettes par *Tony Johannot*.

619. Molière. Œuvres complètes de Molière, nouvelle édition, collationnée sur les textes originaux avec leurs variantes, précédée de l'histoire de sa vie et de ses ouvrages par J. Taschereau. *Paris, Furne et Cie*, 1863 ; 6 vol. in-8, demi-veau fauve.   60 fr.

On a ajouté la suite de 18 figures d'après *Desenne, Hersent, Alf. Johannot, Horace Vernet*, et le portrait de Molière par *Chenavard*. Tirage sur Chine.

620. Molière. Théâtre complet de J.-B. Poquelin de Molière, publié par D. Jouaust. Préface par M. D. Nisard. Dessins de Louis Leloir, gravés à l'eau-forte par Flameng. *Paris, Lib. des Bibliophiles*, 1876-1883 ; 8 vol. in-8, portr. et fig., cart., tête dor., *non rognés*.   150 fr.

Très bel exemplaire sur PAPIER VERGÉ DE HOLLANDE.

621. Monde dramatique (le), revue des spectacles anciens et modernes. *Paris*, 1835-1839 ; 8 vol. in-8, cart.   175 fr.

Ouvrage assez rare à rencontrer complet, orné de nombreuses vignettes sur bois, de lithographies représentant les principales scènes des meilleures pièces de cette époque, et de portraits d'auteurs et d'artistes dramatiques, gravés sur cuivre ou lithographiés.

622. Monselet (Charles). Portraits après décès, avec lettres inédites et fac-simile. *Paris, Faure*, 1866 ; in-12, demi-rel. dos et coins toile, *non rogné*.   6 fr.

ÉDITION ORIGINALE, couverture conservée.

623. Monselet (Les Tréteaux de Charles). *Paris, Poulet-Malassis et de Broise*, 1859 ; in-12, br.   10 fr.

ÉDITION ORIGINALE. Frontispice dessiné par Bracquemond.

624. MONSTRELET (Enguerrand de). Les Chroniques de France, d'Angleterre, d'Escosse, d'Espaigne, de Bretaigne, de Gascogne, de Flandres et llieux circonvoisins. (A la fin :) Cy finist le tiers volume de Enguerrand de Monstrelet, avecques les grandes chroniques des roys de France Loys XI de ce nõ et Charles VIII son fils, des papes régnans en leur

Et de Livres anciens et modernes

temps et plusieurs autres nouvelles choses advenues en Lombardie es Italles et aultres divers pays es têps du règne des dictz roys. *Paris, Jehan Le Petit et Michel Le Noir*, 1512 ; 3 tomes rel. en 2 vol. in-4, mar. rouge jans., dent. int., tr. dor. (*Hardy*).   **300 fr.**

Caractères gothiques, figures sur bois.

625. MONSTRELET. Le premier [le tiers] volume des Croniques de France, Dangleterre, Descoce, Despaigne, de Bretaigne, de Gascongne, de Flandres et lieux circonvoisins. *Imprimé à Paris pour François Regnault*, 1518 ; 3 vol. pet. in-fol. goth., vélin.   **350 fr.**

Bel exemplaire, grand de marges.

626. Montaigne. Les Essais de Michel, seigneur de Montaigne. Edition nouvelle enrichie d'annotations en marge, corrigée et augmentée d'un tiers outre les précédentes impressions. *Paris, Claude Rigaud*, 1608 ; in-8, titre gravé, vélin.   **25 fr.**

Bonne édition, 8 ff. lim., y compris le titre gravé et le portrait de Montaigne par Th. de Leu, 1129 pp. et 18 ff. de table. Piqûres de vers.

627. MONTAIGNE. Les Essais de Michel de Montaigne. Nouvelle édition enrichie et augmentée aux marges du nom des autheurs qui y sont citez, avec les versions des passages grecs, latins et italiens. *Paris, Christophle Journel*, 1659 ; 3 vol. in-12, mar. rouge, dos orn., fil., tr. dor. (*Rel. anc.*).   **350 fr.**

Titres gravés par *de Larmessin*
Edition rare.

628. Montano (Gio.-Batt.). Libro primo [e secundo] Scielta di varii Tempietti antichi con le piaute et alzatte desegnati in prospettiva di M. Gio. Battista Montano Milanese. Date in luce, per Gio. Battista Soria Romano, et fatti intagliare in rame. *Roma, Soria*, 1624-1638 ; gr. in-4, vélin.   **70 fr.**

Première partie : titre, dédicace, 2 portraits et 66 planches. — Seconde partie : titre (avant l'inscription) et 25 planches. L'ensemble gravé sur cuivre.

629. Montesquieu. Œuvres avec éloges, analyses, commentaires, remarques, notes, réfutations, imitations ; par MM. Destutt de Tracy, Villemain, membres de l'Institut ; D'Alembert, Helvetius, Voltaire, Condorcet et Bertolin. *Paris, Feret*, 1827 ; 8 vol. in-8, demi-rel. dos et coins veau, dos ornés. (*Ginain*).   **80 fr.**

Portrait dessiné par *Chaudet*, gravé par *P.-A. Tardieu*. Jolie reliure.

630. Montesquieu. Le Temple de Gnide, mis en vers par Colardeau. *Paris, Lejay*, 1773 ; in-8, veau.   **30 fr.**

Un titre gravé avec le portrait de Corneille en médaillon, et 7 charmantes figures par *Monnet*, gravées par *Baquoy, Delaunay* et *Ponce*. Belles épreuves.

631. MONTFAUCON. L'Antiquité expliquée et représentée en figures, par Dom Bernard de Montfaucon. *Paris, Delaulne*, 1719, 10 vol. — Supplément au livre de l'antiquité expliquée. *Paris, Delaulne*, 1724, 5 vol. — Ens. 15 vol. in-fol., veau écaille, fil., dos ornés, tranche dorée (*Derome*).   **500 fr.**

Ouvrage le plus important sur l'antiquité, comprenant environ 1000 planches.

632. MONTFAUCON (R.-P. Bernard de). LES MONUMENS DE LA MONARCHIE FRANÇAISE, qui comprennent l'histoire de France avec les figures que l'injure des tems a épargnées. *Paris*, 1729-1733 ; 5 vol. in-folio, veau écaille, filets, dos ornés, tranche dorée. (*Derome*).   **500 fr.**

Cet ouvrage des plus importants pour l'histoire de France par les monuments de la sculpture, de la peinture, etc., est orné de 307 planches gravées en taille-douce. Bel exemplaire en GRAND PAPIER.

Achat de Bibliothèques

633. Moralité des Blasphémateurs de Dieu à dix-sept personnages. *Paris, Silvestre,* 1831 ; pet. in-folio goth., format agenda, mar. rouge, double rangée de fil., *non rogné (Closs).*   25 fr.

Un des 86 exemplaires sur PAPIER DE HOLLANDE de cette réimpression fac-simile, exécutée par Crapelet.

634. Moreau (P.). Les Sainctes Prières de l'âme chrestienne, escrites et gravées d'après le naturel de la plume par P. Moreau, M^e escrivain juré. *Paris, l'auteur,* 1632; in-12, chagrin vert, fil. à froid, tr. dor. 110 fr.

Joli volume entièrement gravé, avec bordures à chaque page ornées de fleurs, de fruits et d'arabesque.

635. Musique. La feuille chantante ou le journal hebdomadaire composé de chansons, vaudevilles, rondeaux, ariettes, romances, duos, brunettes, etc. Avec un accompagnement de violon et basse chiffrée pour le clavecin ou la harpe dont il paraîtra une feuille périodique chaque lundi à commencer le 2 janvier 1764. *A Paris, chez M. de la Chevardière,* 1764-1781 ; 3 vol. in-8, mar. rouge, dos orné, fil., fleurons aux angles, tr. dor. (*Rel. anc.*).   70 fr.

Publication entièrement gravée. Années 1764, 1765 et 1781. Sur les plats des reliures, l'inscription suivante : *M^{le} Nicolas.*

636. MUSIQUE. Recueil des airs, preludes et ritournelles de violon des opéras de feu M. de Lully. *Escrit par Dupont à Paris,* 1694 ; 2 vol. in-fol., mar. rouge, dos orné, doubl. rangée de fil., tr. dor. (*Rel. anc.*).   250 fr.

Manuscrit sur papier, avec musique notée, très bien calligraphié. Il se compose des deux parties *Dessus* et *Basse.*
Belle reliure aux armes de Hilaire Rouille DU COUDRAY, conseiller d'Etat et bibliophile distingué.

637. Musset (Alfred de). Œuvres complètes. *Paris, Hébert,* 1884 ; 10 vol. in-8. — Biographie d'Alfred de Musset, sa vie et ses œuvres, par Paul de Musset, avec fragments inédits en prose et en vers et lettres inédites ; in-8. Ens. 11 vol. in-8, demi-rel. mar. bleu, dos ornés, têtes dor., *non rognés.*   100 fr.

Bonne édition ornée de 28 gravures d'après les dessins de *Bida ;* d'un portrait de A. de Musset gravé par *L. Flameng ;* d'un portrait de Paul de Musset, gravé par *Dubouchet* et d'une gravure d'après un dessin d'*Emile Bayard.*
Bel exemplaire en parfait état.

638. NAPOLÉON. CORRESPONDANCE INÉDITE. *Paris, Imp. Impériale,* 1858-1869 ; 32 vol. in-4, demi-rel. dos et coins de mar. rouge, dos orné, têtes dor., *non rogné (Capé).*   500 fr.

Bel exemplaire de la plus grande fraîcheur.

639. NAPOLÉON. Recueil d'articles insérés dans le correspondant de Hambourg pendant les Cent Jours de l'usurpation, avec le texte français (par L.-A. Fauvelet de Bourrienne). *Hamburg,* 1816 ; in-8, mar. rouge à longs grains, dos orné, large dent., dent. int., tr. dor. (*Rel. anc.*).   100 fr.

Ces articles sont au nombre de seize et accompagnés d'un avis de l'éditeur.
Bel exemplaire aux armes du roi LOUIS XVIII.

640. Nepos (Cornelius). Vitæ excellentium Imperatorum, et in eas Jani Gebhardi Spicilegium. *Amstelodami, ex off. Janssoniana,* 1644 ; pet. in-12, titre gravé, veau fauve, dos orné de mar. rouge, fil., tr. dor. 12 fr.

Hauteur : 124 mill.

Et de Livres anciens et modernes

641. **Nilus** (S. P. N.). Epistolæ, in quibus controversiarum hodie flagrantium luculenta extant præjudicia. Opera et studio Petri Possini. *Parisiis, typ. regia*, 1657; in-4, mar. rouge, dos orné, fil., tr. dor. (*Rel. anc.*). 150 fr.

> Première édition de ce livre, avec le texte grec et latin.
> Très bel exemplaire aux armes et au chiffre du Roi Louis XIV.

642. **Nivers.** Processional avec les saluts, suivant l'antiphonaire des religieuses, par feu M. Nivers, organiste de la chapelle du Roi et de Saint-Sulpice de Paris. *Paris, Ch. Ballard,* 1736 ; in-12, mar. rouge, dos orn., très larg. dent., tr. dor. (*Rel. anc.*). 100 fr.

> Jolie reliure à large dentelle.

643. **Nodier.** Histoire du roi de Bohême et de sept châteaux. *Paris, Delangle,* 1830 ; in-8, mar. rouge, fil. à froid, tr. dor. 20 fr.

> Les nombreuses et curieuses vignettes sur bois qui ornent cet ouvrage sont un des premiers essais de l'illustration romantique appliquée aux livres.
> Portrait ajouté.

644. **NODIER.** Journal de l'expédition des Portes de Fer, rédigé par Charles Nodier, de l'Académie française. *Paris, Imprimerie royale,* 1844 ; gr. in-8, fig., cart., *non rogné.* 500 fr.

> Superbe livre, illustré de figures hors texte sur papier de Chine avant la lettre, et de nombreuses vignettes dans le texte d'après *Raffet, Decamps, Dauzats,* admirablement gravés par *Lavoignat.*
> Ce volume n'a été imprimé qu'à un petit nombre d'exemplaires destinés à être offerts en présent.

645. **Nodier** (Charles). Questions de littérature légale. *Paris, impr. Crapelet,* 1828 ; gr. in-8, chagrin rouge, dos orné, encadr. de fil., tabis, tr. dor. 25 fr.

> Exemplaire sur grand papier vergé.

646. **Nollet** (Abbi.). Leçons de physique expérimentale. *Paris,* 1745-1764 ; 6 vol. in-12, mar. rouge, fil., tr. dor. (*Rel. anc.*). 150 fr.

> Frontispice de *Moreau,* et 119 planches gravées par *Dheulland, Brunet, Bradel* et *Gobin.*

647. **Nouveau recueil** de pièces en vers et en prose (par Mme Dumont, née Lutel). *Paris, L. G. de Hansy,* 1764 ; in-12, veau granit, dos orné, fil., tr. dor. (*Rel. anc.*). 40 fr.

> Recueil très rare. (Barbier, *Dict. des Ouvrages anonymes,* III, 510).
> Bel exemplaire aux armes de la Duchesse de Grammont.

648. **Nouveau Testament** (Le) de N. S. Jésus-Christ, traduit en français selon l'édition vulgate, avec les différences du grec (par Ant. Arnauld). *Mons, Gasp. Migeot,* s. d. ; 2 vol. in-12, mar. noir, dos orn., fil., tr. dor. (*Rel. anc.*). 50 fr.

649. **Nus** et **Méray.** Les Papillons. Métamorphoses terrestres des peuples de l'air par Amédée Varin. *Paris, Martinon et De Gonet, s. d.* ; 2 vol. gr. in-8, cart., *non rognés.* 35 fr.

> Bel exemplaire orné de 34 planches coloriées, gravées sur bois. Cartonnage ill. de l'éditeur.

650. **OFFICE** de la Semaine Sainte en latin et en françois à l'usage de Rome et de Paris, avec des Réflexions et Méditations. Prières et Instructions pour la Confession et communion à l'usage de la Maison de Madame la Dauphine. *A Paris, chez la veuve Mazières et Garnier,* 1746 ; in-8, titre et fig. grav. par Cochin, mar. rouge, dos orné, ornement et dorures à petits fers et au pointillé, couvrant entièrement les plats, gardes de papier doré à ramages, tr. dor. (*Rel. anc.*). 150 fr.

> Très bel exemplaire aux armes de Marie-Josèphe de Saxe, mère de Louis XVI.

Achat de Bibliothèques

651. Old Nick et **Grandville**. Petites misères de la vie humaine. Joco
Siera. *Paris, H. Fournier,* 1843 ; gr. in-8, demi-chag. vert, *non
rogné.* 20 fr.

1re édition illustrée de 200 vignettes sur bois, dont 50 grandes tirées à part, y compris
deux titres-frontispices. Curieux sujets humoristiques sur les mésaventures et les
tribulations d'autrui. Mouillures.

652. Ordonnance de Louis XIV, roy de France et de Navarre, ensemble
les édits et déclarations touchant la réformation de la Justice du mois
d'août 1669. *Paris,* 1671 ; in-18, mar. rouge, dos et coins fleurdelisés,
double rangée de fil., tr. dor. (*Rel. anc.*). 25 fr.

653. Origine (de l') des lois, des arts et des sciences et de leur progrès
chez les anciens peuples (par A.-Y. Goguet et A.-C. Fugère). *Paris,
Desaint et Saillant,* 1758 ; 3 vol. in-4, mar. rouge, dos orn., fil., tr.
dor. (*Rel. anc.*). 75 fr.

654. Ossian. Poesie di Ossian figlio di Fingal, antico poeta celtico Ul-
timamenti scorperti, e tradotte in prosa Inglese da Jacopo Macpherson,
e da quella trasportate in verso Italiano dall' ab Melchiori Cesaretti, con
varie Annotazioni dé dua traduttori. *In Padova, G. Comino,* 1763 ; front.
et fleuron grav., mar. rouge, dos orné, fil., tr. dor. (*Derôme*). 150 fr.

Traduction italienne de ce célèbre barde du III° siècle. Bel exemplaire aux armes
de Turgot.

655. OTTIERI (F. M.). Istoria delle guerre avvenute in Europa e parti-
colarmente in Italia per la successione alla Monarchia delle Spagne
dall' anno 1696, all' anno 1725. *Roma, Rocco Bernabo,* 1728 ; 7 vol.
in-4, mar. rouge, fil., dos ornés, tr. dor. (*Rel. anc.*). 500 fr.

Aux armes de Madame Marie-Adélaïde, fille de Louis XV.

656. Ovide. Les Métamorphoses d'Ovide, mises en vers françois par
T. Corneille. *Suivant la copie de Paris, à Liège, chez François Bron-
cart,* 1698 ; 3 vol. pet. in-8, mar. rouge jans., tr. dor. (*Chambolle-
Duru*). 100 fr.

Bonne traduction illustrée d'un grand nombre de figures gravées sur cuivre.

657. Palissy (Bernard). Le Moyen de devenir riche, et la manière véritable, par laquelle tous les hommes de la France pourront apprendre à
multiplier et augmenter leurs thresors et possessions. Par maistre Bernard Palissy, de Xaintes, ouvrier de terre et inventeur des rustiques
figulines du Roy. *Paris, Robert Fouet,* 1636 ; 2 tomes en 1 vol. in-8,
mar. rouge, dos orné, fil., tr. dor. (*Chambolle-Duru*). 120 fr.

Bel exemplaire, très grand de marges.

658. Pallas. Voyages dans plusieurs provinces de l'empire de Russie et
dans l'Asie septentrionale, traduits de l'allemand par Gauthier de la
Peyronie. *Paris, Lagrange,* 1788-1793 ; 5 vol. in-4 et atlas in-fol., mar.
rouge, dos ornés, dent., tr. dor. (*Rel. anc.*). 100 fr.

659. Palustre (Léon). La Renaissance en France. *Paris, Quantin,* 1879-
1885 ; 3 vol. in-fol., cart. 180 fr.

Nombreuses figures gravées sous la direction d'*Eugène Sadoux.* Ouvrage publié
à 375 fr.

660. Pantin (Pierre). Conciones graecorum patrum à Petro Pantino
Tiletano decano Bruxell. Nunc primum Graecé editae, Latinecque con-
versae. *Antuerpiae, apud Joachimum Trognaesium,* 1604 ; in-8, mar.
rouge, dos orné, fil., tr. dor. (*Rel. anc.*). 100 fr.

Exemplaires aux armes de Jacques-Auguste de Thou et de sa seconde femme.

Et de Livres anciens et modernes

661. Parcieux (de). Traité des Annuités, ou des rentes à terme connu, avec plusieurs tables qui mettent à la portée de tout le monde le calcul des emprunts et les opérations de finance. Ouvrage présenté au Roi, le 8 juillet 1781, par M. de Parcieux. *A Paris, chez l'auteur*, 1783 ; in-4, mar. vert, dos orné, fil., dent. int., tr. dor. (*Derome*).   200 fr.

Bel exemplaire aux armes de Georges-Louis PHÉLYPEAUX, archevêque de Bourges et chancelier de l'Ordre du Saint-Esprit.

662. Paris (Paulin). Toiles peintes et tapisseries de la ville de Reims ou la mise en scène du théâtre des confrères de la Passion. *Paris, H. de Bruslart*, 1843 ; 2 tomes en un vol. in-4, et album in-fol., demi-rel. veau fauve.   150 fr.

32 planches dessinées et gravées par *Leberthais* et soigneusement coloriées. Quelques planches sont piquées.

663. Paris. Description historique de Paris et de ses plus beaux monuments, gravés en taille-douce par F. Martinet pour servir d'introduction à l'histoire de Paris et de la France par Beguillet. *Paris*, 1779 ; in-4, br.   65 fr.

Tome Ier de la description de Paris par Beguillet. Exemplaire dans sa brochure primitive.

664. Paris. Paris and its Environs displayed in ,a series of two hundred picturesque views from original drawings taken under the direction of A. Pergin, Esq. The engravings executed under the superintendence of Mr. C. Heath, with topographical and historical descriptions. *London, Jennings and Chaplin*, 1831 ; 2 vol. pet. in-fol., 100 pl. gr renfermant 200 vues, demi-rel. chag. rouge, plats toile, tr. dor.   100 fr.

Exemplaire avec les planches sur PAPIER DE CHINE en épreuves AVANT LA LETTRE.

665. Paris. Nouvelles Vues de Paris, par Ph. Benoist et J. Jacottet. *Paris, Gihaut frères, s. d. (vers 1860)* ; in-fol. obl. de 41 pl. lithogr., demi-rel. bas. fauve, dos orné.   25 fr.

On a relié à la suite deux lithographies de Provost représentant le Cirque d'Eté et le Jardin d'hiver des Champs-Elysées.

666. Paris. Plan topographique et raisonné de Paris. Ouvrage utile au citoyen et à l'étranger, dédié et présenté à Monseigneur le duc de Chevreuse, gouverneur de Paris, par les Srs Pasquier et Denis, graveurs, 1758 ; pet. in-8, veau marb., dos orné (*Rel. anc.*).   50 fr.

Ouvrage entièrement gravé, contenant 12 petits en-têtes ou culs-de-lampe représentant des vues de Paris, dessinées et gravées par *Pasquier*.

667. Paris. Tableau historique et pittoresque de Paris, depuis les Gaulois jusqu'à nos jours, par J.-B. de Saint-Victor. *Paris, Nicolle et Le Normont*, 1808-1809 ; 6 vol. in-4, fil., demi-rel. mar. rouge, *non rognés*.   100 fr.

Ouvrage aussi curieux qu'intéressant pour l'histoire de Paris, orné de 299 figures, gravées à la manière noire, représentant les monuments de la capitale au commencement du XIXe siècle.

668. Paris à travers les âges. Aspects successifs des monuments et quartiers historiques de Paris depuis le XIIIe siècle jusqu'à nos jours. Fidèlement restauré par M. Hoffbauer. Texte par Ed. Fournier, P. Lacroix, A. de Montaiglon, Bonnardot, J. Cousin, Franklin, V. Dufour. *Paris, Firmin-Didot*, 1875-1882 ; 14 livraisons in-fol. en cartons. 100 fr.

Ouvrage d'une très grande érudition, reconstituant avec la plus rigoureuse exactitude l'aspect des anciens quartiers et monuments de Paris.

Achat de Bibliothèques

669. Paris-Londres. Keepsake français. Nouvelles inédites, illustrées de vignettes gravées à Londres par les meilleurs artistes. *Paris, Delloy-Desmé et C*^{ie}, 1837-1842 ; 5 vol. in-8, demi-veau rouge, dos ornés. (*Rel. anc.*).
100 fr.

Collection ornée de 5 titres gravés et 124 gravures sur acier.

670. PARIS QUI CRIE. Petits métiers. Notice par A. Arnal, H. S. Ashbee, J. Claretie, A. Giraudeau, E. Paillet, E. Rodrigues, etc. Préface par H. Beraldi. Dessins de Pierre Vidal. *Paris, imprimé pour les Amis des Livres*, 1890 ; in-8 carré, fig., mar. brun jans., tr. dor. (*Lortic fils*).
350 fr.

Tiré à 120 exemplaires. Curieuses illustrations coloriées. Aquarelle originale de P. *Vidal* sur le faux-titre. Couverture conservée.

671. Paris qui s'en va. Texte par Alfred Delvau, Th. Gautier, Ars. Houssaye, etc., etc. *Paris, Taride, s. d.* ; in-fol., cart. toile rouge, tr. dor. 25 fr.

25 eaux-fortes par *Léopold Flameng*, dont quelques-unes sont différentes de l'édition précédente.

672. Parnasse Satyrique (le) du XIXe siècle. Recueil de vers piquants et gaillards de MM. Béranger, V. Hugo, E. Deschamps, A. Barbier, A. de Musset, Barthélemy, Protat, G. Nadaud, de Banville, Baudelaire, Monselet, etc., etc. *Rome, à l'enseigne des sept péchés capitaux, s. d.* ; 2 vol. in-12, demi-chag. rouge, tête dor., *non rognés.*
40 fr.

673. Pas (Crispin de). Ærcis formis a Crispin Passæo expressus versibursque tam latinis quam Germanicis ornatus sententiis ite exss. Patribus desumptis, explicatus per R.-D. Guilielmum Salsmannum et S. Albani. *Arnhemii, Jansonium*, 1616 ; pet. in-4, vél. bl. (*Rel. anc.*). 100 fr.

Titre et 58 fig. (sur 59) grav. sur cuivre. Mouillures.

674. Pascal. Pensées sur la religion et sur quelques autres sujets qui ont esté trouvés après sa mort parmy ses papiers. *Paris, Guillaume Desprez*, 1670 ; in-12 de 41 ff. lim., 365 pp. et 10 ff. de table, mar. vert jans., dent. int., tr. dor. (*Hardy*).
60 fr.

Contrefaçon de l'édition originale exécutée à Grenoble.

675. Pasquier. Les Lettres d'Estienne Pasquier, conseiller et advocat du roy en la chambre des Comptes de Paris. *Lyon, Veyrat*, 1597 ; in-16, mar. rouge, compart. de filets, dos orné, tr. dor. (*Rel. anc.*). 200 fr.

Exemplaire réglé, dans une jolie reliure du XVIe siècle, le dos est orné de feuillages dorés à petits fers ; sur les plats, au milieu d'une guirlande de feuillage, la lettre F entourée de quatre S barrés.

676. Passerat (Jean). Recueil des Œuvres poétiques de Jean Passerat, lecteur et interprete du Roy. Augmenté de plus de la moitié, outre les precedantes impressions. *Paris, Abel Langelier*, 1606. — Joannis Passeratii Kalendæ Januariæ et varia quædam poëmatia. *Parisis, apud Abel Angelerium*, 1606. Ens. 2 tomes en un vol. pet. in-8, veau fauve, dos orné, fil. (*Rel. anc.*).
50 fr.

Bel exemplaire.

677. Peignot. Amusement philologique. Seconde édition. *Dijon*, 1824 ; in-8, demi-rel. chagrin brun, *non rogné.*
7 fr.

678. Peignot. Essai analytique sur l'origine de la langue française et sur un recueil des monuments authentiques de cette langue ; depuis le IXe siècle jusqu'au XVIIe, avec des notes historiques, philologiques et bibliographiques. *Dijon, Lagier*, 1835 ; in-8, demi-rel. maroq., *non rogné.* 15 fr.

Exemplaire sur GRAND PAPIER VÉLIN.

Et de Livres anciens et modernes

679. **Peignot** (Gabriel). Précis historique, généalogique et littéraire de la Maison d'Orléans, avec notes, table et tableau, par un membre de l'Université (Etienne-Gabriel Peignot). *Paris, Crapelet,* 1830 ; gr. in-8, portr., cart., *non rogné.*   12 fr.

Exemplaire en GRAND PAPIER VÉLIN.

680. **Pennant** (Thoma). Zoologia Britannica Tabulis Aeneis CXXXII Illustrata Classis I quadrupedia. (Texte et 11 planches). — Classis II Aves. (40 planches sur 121 et texte des planches I à XLI). *Augsburg,* 1771. — TREW. Plantae selectae, quarum imagines pinxit G.-Dion Ehret, notis illustravit Ch. J. Trew, et vivis coloribus repræsentavit J.-Jac. Haid. Decuria X. *Norinbergæ,* 1750-1773. Ens. 2 ouv. en 1 vol. in-fol., veau (*Rel. anc.*).   100 fr.

Ces deux ouvrages ont été soigneusement coloriés à l'époque.
Le premier ne contient que 51 planches.
Le second, remarquable pour la vérité et la vivacité des couleurs, comprend 100 planches, et les portraits de G. D. Ehret, D. C. J. Trew et J. J. Haidius.

681. **Péréfixe** (Hardouin de). Histoire du roy Henry le Grand. *Amsterdam, Ant. Michiels,* 1661 ; in-12, mar. vert, fil., tr. dor. (*Rel. anc.*). 15 fr.

Édition imprimée par François Foppens de Bruxelles. Haut. 135 mill.
Cachet sur le titre. — Portraits en couleur de Henri IV et Sully ajoutés.

682. **Péréfixe** (Hardouin de). Histoire du roy Henry le Grand, composé par Messire Hardouin de Perefixe, archevesque de Paris. Reveue et corrigée par l'auteur. *Amsterdam, Daniel Elzevier,* 1678 ; pet. in-12, front., mar. rouge jans., tr. dor. (*David*).   25 fr.

Haut. : 128 mm.

683. **PERRAULT**. Les Hommes illustres qui ont paru en France pendant ce siècle, avec leurs portraits au naturel, par M. Perrault, de l'Académie françoise. *A Paris, chez Antoine Dezallier,* 1696-1700 ; 2 tomes en 1 vol. in-fol., front. et portr., mar. rouge, dos orné, fil., dent. int., tr. dor. (*Capé*).   300 fr.

Superbe exemplaire en GRAND PAPIER coutenant les portraits de Pascal, Arnault, Du Cange et Thomassin, avec leurs notices.

684. **Perrault** (Ch.). Contes des Fées, par Ch. Perrault, de l'Académie françoise. *A Paris, chez Lamy,* 1781 ; in-12, fig., mar. rouge, dos orné, fil., tr. dor. (*Cuzin*).   200 fr.

Édition ornée de figures en-têtes par *de Sève* et *Martinet.*

685. **Perrault**. Les Contes des fées en prose et en vers de Charles Perrault Deuxième édition revue et corrigée et précédée d'une lettre critique par Ch. Giraud. *Lyon, impr. L. Perrin (Paris, Leclère),* 1865 ; in-8, portr. et vign. demi-rel. cuir de Russie, dos orné, tête dor., *non rogné.* (*Thivet*).   25 fr.

Papier vergé. Portraits et jolis en-têtes gravés sur cuivre.

686. **Perrault** (Ch.). Œuvres choisies, avec les mémoires de l'auteur et des recherches sur les Contes de fées, par Collin de Plancy. *Paris, Brissot-Thivars,* 1826 ; in-8, demi-rel. veau, *non rogné.*   10 fr.

Portrait-médaillon de Perrault, encadré de vignettes, illustrations de ses contes.

687. **Petit-Neveu** (Le) de Bocace, ou nouveaux contes en vers (par Plancher de Valcour). Nouvelle édition revue, corrigée et augmentée par M. Pl. D. (Pluchon-Destouches). *Amsterdam (Montargis),* 1787 ; 3 tomes en 1 vol. in-8, demi-rel. dos et coins de mar. violet, dos orné, tête dor., *non rogné.*   18 fr.

Achat de Bibliothèques

688. Piedagnel (Alexandre). Avril. *Paris, Liseux*, 1877 ; in-12, demi-rel. dos et coins de mar. bleu, tête dor., *non rogné, couv. cons. (Chape-lain)*.
8 fr.

Charmant frontispice de *Giacomelli*.

689. Pigal. Recueil de scènes populaires. *Paris, chez Martinet et Gihaut (lith. de Langlumé)*, s. d. ; in-4, demi-rel. veau rouge, dos orné, *non rogné (Bretault)*.
280 fr.

Titre et 52 planches lithographiés en couleur. Bel exemplaire.

690. Piganiol de la Force. Nouvelle description de la France dans laquelle on voit le gouvernement général de ce royaume, celui de chaque province en particulier, et la description des Villes, Maisons Royales, Châteaux et Monumens les plus remarquables, avec la distance des lieux pour la commodité des voyageurs. Ouvrage enrichi de figures en taille-douce par M. Piganiol de la Force. *A Amsterdam*, 1719 ; 6 vol. in-12, vélin à rec. (*Rel. anc.*).
45 fr.

691. PIGMALION ou la statue animée (par F. Boureau-Deslandes). *A Londres (Paris), Harding*, 1742 ; in-12, mar. citron, dos orné, très large dent., milieux dorés, tr. dor. (*Rel. anc.*).
150 fr.

Édition RARE de ce roman philosophique qui fut condamné au feu par le Parlement de Dijon.
Exemplaire dans une jolie reliure à dentelle.

692. Piis (de). Contes nouveaux en vers, et poésies fugitives de M. de Piis. Nouvelle édition, revue, corrigée et considérablement augmentée. *A Saintes (Cazin)*, 1781 ; 2 tomes en 1 vol. in-8, mar. vert, dos orné, fil. et dent. encad. les plats, tr. dor. (*Derôme*).
100 fr.

Exemplaire en GRAND PAPIER auquel on a ajouté deux frontispices non signés, mais de *Marillier*, et 1 portrait gravé par *Gaucher*.

693. Pindarus. Carmina, cum lectionis varietate et adnotationibus iterum curavit. Chr. Gottl. Heyne, additis interpretat. lat. et G. Hermanni commentatione de Metris Pindari, etc... *Gottingæ, Dieterich*, 1798-1799 ; 3 tomes en 5 vol. in-8, mar. rouge, dos orn., fil. et dent., tr. dor. (*Bozérian*).
180 fr.

Exemplaire en GRAND PAPIER.
La reliure est de la plus grande fraîcheur.

694. Pineau. Mémoire sur le danger des Inhumations précipitées, et sur la nécessité d'un Réglement, pour mettre les Citoyens à l'abri du malheur d'être enterrés vivans... Par M. Pineau, Docteur en Médecine. *A Niort, chez Pierre Elies*, 1776 ; in-8, mar. vert, dos orné, fil., tr. dor. (*Rel. anc.*).
100 fr.

Exemplaire aux armes de MADAME VICTOIRE, fille de Louis XV.

695. Pinelli (Bartholomeo). Nuova Raccolta di cinquanta motiva pittoreschi e costumi di Roma, incisi all' acqua forte da Bartolomeo Pinelli Romano. *Roma*, 1810, *presso Lorenzo Lazzari ;* in-4, vélin blanc. 50 fr.

Titre avec portrait de l'auteur et 49 eaux-fortes, costumes et scènes de mœurs romaines au début du XIX⁰ siècle.
A la suite : *Raccolta di 50 costumi di Roma e sue vicinanze tuli da Bartolomeo Pinelli incisi allaqua forte da Gaetano Cottafava.* Roma, 1826, in-4, titre et 50 planches.

696. Piroli. Antiquités d'Herculanum gravées par Th. Piroli, avec une explication, publiées par F. et P. Piranesi. *Paris, Piranesi*, 1804-1806 ; 6 tomes en 3 vol. gr. in-4, pl., demi-rel. veau fauve.
60 fr.

Nombreuses planches gravées sur cuivre.

Et de Livres anciens et modernes

697. **PIRON**. Œuvres complètes d'Alexis Piron, publiées par **M. Ri-**
goley de Juvigny. *Paris, Lambert,* 1776 ; 7 vol, in-8, mar. rouge, dos
ornés, large dent. sur les plats, dent. int., tr. dor. (*Rel. anc.*). 600 fr.

> Edition ornée d'un portrait de l'auteur dessiné et gravé par *A. de Saint-Aubin.* —
> Mouillures. — Superbe reliure de *Derôme.*

698. **Piron**. Supplément aux Œuvres complètes d'Alexis Piron, publiées
par M. Rigoley de Juvigny. Poésies diverses. *A Neufchatel,* 1775 ; in-8,
mar. rouge, dos orné, fil. et orn. sur les plats, dent. int., tr. dor. 35 fr.

> Réimpression faite par Gay.

699. **Pitre-Chevaller**. La Bretagne ancienne et moderne. *Paris, Coque-*
bert, s. d. (1844) ; in-4, demi-rel. mar. bleu avec coins, dos orné, fil.,
tête dor., éb. (*Brany*). 40 fr.

> Illustrations en noir et en couleur par *Leleux, Penguilly* et *Tony Johannot.* Bel
> exemplaire de l'ÉDITION ORIGINALE.

700. **Plaute**. M. Accii Plauti Comediae, ex recensione Joach. Camerarii,
opera Joan. Sambuci, cum observationibus variorum. *Antuerpiae,*
Christoph. Plontini, 1566 ; in-18, mar. rouge, dos orné, fil., tr. dor.
(*Rel. anc.*). 150 fr.

> Exemplaire aux armes de Charles de CASTELLAN, abbé commendataire de Saint-
> Epvre en 1636.

701. **Pluquet**. Mémoires pour servir à l'histoire des égarements de
l'esprit humain, par rapport à la religion chrétienne, ou Dictionnaire des
hérésies, des erreurs et des schismes ; précédé d'un Discours dans
lequel on recherche quelle a été la religion principale des hommes, etc.
Paris, Nyon, 1762 ; 2 vol. in-8, mar. rouge, dos ornés, fil., tr. dor.
(*Rel. anc.*). 40 fr.

> Première édition de cet excellent ouvrage. Bel exemplaire.

702. **PLUTARQUE**. Plutarche Chaeronensis quae extant opera. *Excu-*
debat Henr. Stephanus. 1572 ; 6 vol. in-8, mar. rouge, dos ornés, fil.,
dent. int., tr. dor. (*Rel. anc.*). 600 fr.

> Admirable reliure de *Derôme* dite à l'oiseau de toute fraîcheur.
> Ces six volumes ne contienent que le texte grec.

703. **Plutarque**. Les Œuvres morales et meslées de Plutarque translatées
de grec en françois reveues et corrigées en cette seconde édition en
plusieurs passages par le translateur (Jacques Amyot). *Paris, Vascosan,*
1574 ; 7 vol. pet. in-8, mar. rouge, dos orné à la grot., fil., tr. dor.
(*Rel. anc.*). 150 fr.

> Jolie reliure de *Padeloup.*

704. **Ponsard** (René). Les Échos du bord. Préface par François Coppée.
Dessins de MM. Chalot, Willette, Grasset et Mabboux. *Paris, Lemon-*
nyer, 1884 ; in-12, br. 50 fr.

> Orné dans les marges de 15 dessins au crayon de couleur par *Ch. Guillemain.* Envoi
> d'auteur signé.

705. **Poésies** des XVe et XVIe siècles, publiées d'après des éditions gothiques et des manuscrits. *Paris, Silvestre,* 1830-1832 ; in-8, demi-rel.
dos et coins de mar. rouge, dos orné, *non rogné (Moreau).* 40 fr.

> Recueil de 15 pièces tiré à 100 exemplaires sur PAPIER VERGÉ numéroté et imprimé en
> caractères gothiques : Lart et science de rhetorique. — Le Casteau damours. — Le debat
> de liver et de leste. — Le debat du vieil et du jeune. — Sermon nouveau. — Le Caquet
> des bonnes chambrières. — Sermon de S. Haren. — La Réformation des dames de
> Paris. — Deploration de Robin. — Le Songe doré de la Pucelle. — La Complaincte de la
> grosse cloche de Troyes. — Les Soubaiz du Monde. — La Farce du Meunyer. —Moralité
> de l'aveugle et du boiteux. — La Farce de la pipée.

Achat de Bibliothèques

706. Poésies provençales des XVIe et XVIIe siècles, publiées d'après les éditions originales et les manuscrits. *Marseille, impr. des Hoirs Feissat aîné et Demouchy ; Paris, J. Techener ;* 2 vol. in-12, mar. rouge jans., dent. int., tr. dor. (*Allô*). 50 fr.

Bel exemplaire d'un livre intéressant et rare, car il n'a été tiré qu'à 100 exemplaires sur papier de Hollande. On est redevable de cet excellent ouvrage à M. Anselme Mortreuil, avocat à Marseille, qui, dans une préface aussi bien écrite que documentée, nous fait connaître et apprécier le poète Claude Brueys, d'Aix, auquel le *Jardin dey Musos provensalos.* écrit avec verve et originalité, méritera toujours d'occuper un des premiers rangs parmi les poètes provençaux.

707. Poètes français (les), recueil des chefs-d'œuvre de la poésie française depuis les origines jusqu'à nos jours, avec une notice littéraire sur chaque poète. Précédé d'une introduction par M. Sainte-Beuve. Publié sous la direction de M. Eugène Crépet. *Paris, Gide,* 1861-1862 ; 4 vol. in-8, demi-rel. veau fauve. 35 fr.

708. Poètes français (Les) depuis le XIIe siècle jusqu'à Malherbe, avec une notice historique et littéraire sur chaque poète (par Anguis). *Paris, impr. de Crapelet,* 1824 ; 6 vol. in-8, demi-veau vert, dos ornés, *non rognés.* 30 fr.

Exemplaire entièrement non rogné.

709. Poisle Desgranges. Les Sonnets impossibles. *Paris, Bachelin,* 1873 ; in-8, veau fauve, dos orné, fil., tr. dor. (*Petit-Simier*). 10 fr.

12 eaux-fortes par *Alfred Taié*, accompagnant douze sonnets monosyllabes.

710. Pope. Œuvres diverses. Traduites de l'anglais. Nouvelle édition. Augmentée de plusieurs pièces et de la vie de l'auteur, avec de très belles figures en taille-douce. *Amsterdam et Leipzig, chez Arkstée et Merkus,* 1758 ; 7 vol. in-12, mar. vert, dos orné, fil., tr. dor. (*Derôme*). 120 fr.

Bel exemplaire de cette édition illustrée de 23 figures et de fleurons par Blakey, Hayman, Waleet, Walker, gravés par *Fritsch* et *Punt*.

711. Portefeuille d'un talon rouge, contenant des anecdotes galantes et secrètes de la cour de France. *A Paris, de l'impr. du comte de Paradès,* 178* ; in-12 de 42 pp., demi-rel. mar. rouge, tête dor., *non rogné.* (*Knecht*). 20 fr.

Les exemplaires de cette violente pièce satirique ayant été en partie détruits, sont devenus extrêmement rares.

712. Portraits. Recueil de 219 portraits de rois, princes, seigneurs de France et de l'étranger, gravés par Baltazar Moncornet. *S. l. n. d.* (*Paris,* 1652) ; in-4, mar. rouge, dos orn., large dent., tr. dor. et ciselée. (*Rel. anc.*). 100 fr.

Mouillures.

713. Portraits. Recueil de portraits divers. En un vol. in-4, vélin. 125 fr.

Littérateurs, savants, personnages de la Révolution, etc., Sieyès, Grégoire, Beaumarchais (dans des nuages), marquis de Bièvre, La Guérinière, Thiverny, économe de Bicêtre, Lantara (Pense-t-il à son Art ou au marchand de vin ?), les frères de Bure, Mirabeau, portrait en couleur, Kellermann, l'abbé Delille, portrait en couleur, Bonaparte, Nelson, etc. Ensemble 76 portraits.

714. Portraits. Pinacotheca Fuggerorum S. R. I comitum ac baronum in Khierchperg et Weissenhorn. *Ulmæ, apud Joan. Frid. Gaum,* 1754 ; in-4, demi-rel. dos et coins de mar. rouge. 60 fr.

139 portraits gravés en taille-douce par *Wolf. Kilian*.

Et de Livres anciens et modernes

715. **Postes Impériales**. État général des routes de poste de l'Empire
français, du Royaume d'Italie, de la Confédération du Rhin, etc., etc.,
dressé par ordre du conseil d'administration pour l'an 1814 ; *Paris,
Imp. Impériale*, 1814 ; in-8, mar. rouge à long grain, dos orn., large
dent., tr. dor. (*Rel. anc.*).   300 fr.

> Reliure très fraîche aux armes de l'EMPEREUR NAPOLÉON Ier, et au chiffre couronné
> sur le dos de la reliure.
> Le fer des armes de l'empereur employé ici est un des moins communs. Les manteaux
> du collier de la Légion d'honneur qui entourent l'écu sont numérotés de I à XVI en chiffres
> romains. La main de justice est du côté senestre de l'écu, et celle de souveraineté est du
> côté dextre. L'écu est timbré d'un casque ouvert, parti d'azur et d'or.

716. **Pougin**. Bellini, sa vie, ses œuvres. *Paris, Hachette*, 1868 ; in-12,
mar. bleu, dos orné, fil., dent. int., tr. dor. (*Petit*).   35 fr.

> Portrait par *Desjardins*, et fac-simile de musique.

717. **Pradon**. Les Œuvres de M. Pradon. *A Paris, chez Jean Ribou*,
1679 ; in-12, mar. rouge jans., dent. int., tr. dor. (*Cuzin*).   70 fr.

> Sous ce titre, on a réuni les pièces suivantes en ÉDITIONS ORIGINALES : *Pirame et
> Thisbé*, 1674 ; *Tamerlan*, 1676 ; *Phèdre et Hippolyte*, 1677 ; *La Troade*, 1679.
> Bel exemplaire.

718. **Prévost** (L'Abbé). Suite des Mémoires et Avantures d'un homme
de qualité qui s'est retiré du monde (par l'abbé Prévost). *Amsterdam*,
1733 ; in-12, mar. citron, dos orné, fil., tr. dor. (*Trautz-Bauzonnet*,
1856).   125 fr.

> Cette édition a été longtemps considérée comme l'originale de *Manon Lescaut*. Elle
> en est en réalité la première édition séparée ; elle fut publiée à Paris et fut interdite peu
> de jours après son apparition.
> Bel exemplaire. Haut. : 160 mill.

719. **Prideaux**. Histoire des Juifs et des peuples voisins, depuis la décadence des royaumes d'Israel et de Juda jusqu'à la mort de Jésus-Christ,
par M. Prideaux. *A Amsterdam, chez Arkstée et Merkus*, 1755 ; 6 vol.
in-12, fig. et cartes, mar. vert olive, dos ornés, fil., tr. dor. (*Rel. anc.*). 120 fr.

> Bel exemplaire.

720. **Promenade du Luxembourg** (la), par Monsieur Le*** (le Chevalier de Mailli). *Imprimé à Rouen, à Paris, chez Claude Jombert*,
1713. — Histoire du Chevalier de Rohan. *S. l. n. d.* Ensemble deux
ouvrages en un vol. in-12, fig., mar. rouge, dos orné, fil., tr. dor. (*Rel.
anc.*).   120 fr.

> Exemplaire aux armes de Jeanne-Baptiste d'Albert de Luynes, comtesse DE VERRUE.

721. **Prudhomme** (L.). Histoire générale et impartiale des erreurs, des
fautes et des crimes commis pendant la Révolution française. *Paris,
an V* (1797) ; 6 vol. in-8, veau racine (*Rel. anc.*).   50 fr.

> Illustré de 7 figures gravées. — Bel exemplaire.

722. **PTOLOMÆI COSMOGRAPHIA** (latine reddita, curam map-
parum gerente Nicolas Donis Germanoi. *Impressum Ulmae opera et
expensis Justi de Albano de Venetiis, per provisorem suum Johannem
Reger*. Anno MCCCCLXXXVI (1486) ; in-fol., cartes et lettrines, rel.
étoffe de soie.   750 fr.

> Édition de la plus insigne rareté, renfermant 204 ff. de texte à 2 col. de 44 lignes, y
> compris les 61 ff. qui contiennent les 32 cartes. Chacune de celles-ci occupe l'intérieur
> d'une ff. entière (2 pp.), avec l'explication imprimée sur la partie extérieure de la pre-
> mière moitié. Dans le haut de la mappemonde (première carte) les mots : insculptum est
> per Johannem Schnitzer de Armszheim.
> Le texte est orné de figures et de plus de 150 lettres capitales gravées en bois et
> coloriées.
> EXEMPLAIRE BIEN COMPLET et, sauf un certain nombre de piqûres, jaunissures ou
> mouillures et de rares déchirures marginales, d'une exceptionnelle conservation pour un
> ouvrage de l'espèce : il est presque non rogné (rempli de témoins) et renferme les *32
> cartes coloriées*.

Achat de Bibliothèques

723. QUADRAGESIMALE nouum editũ ac predicatũ a quodam fratre minore de obseruantia in inclita ciuitate Basilieñ de filio prodigo τ de angeli iṗius ammonitône salubri p servones diuisũ. (A la fin avant la table :)... *Impressum, Basilée per Michaelem furter Ciuē Basilieñ...* MCCCCXCV (1495) ; in-8, goth., demi-rel., dos et coins de mar. vert.   400 fr.

Première édition fort rare. « Ce volume contient 18 gravures sur bois très naïves, exécutées dans le style des xylographes. Elles montrent quel était le goût qui dominait à Bâle avant l'influence de Holbein. » (Didot; Cat. rais., n° 254).

724. Quatrelles (Lépine). Légende de la Vierge de Munster. Illustrations de Eugène Courboin. *Paris, Charpentier* (1881); in-4, br.   8 fr.

15 planches hors texte par *Courboin*. Couverture illustrée par *Grasset*.

725. Quinze Joyes (les) de mariage, avec des notes et un glossaire par D. Jouaust, et une préface de Louis Ulbach. *Paris, Librairie des Bibliophiles,* 1877 ; in-12, demi-rel. mar. bleu, dos orné, fil., tête dor., *non rogné,* couv. conservée.   12 fr.

Bel exemplaire orné de 15 vignettes et 15 culs-de-lampe gravés à l'eau-forte par *Ad. Lalauze.*

726. Rabelais. Les Œuvres, augmentées de la vie de l'auteur et de quelques remarques sur sa vie et sur l'histoire avec la clef de l'explication de tous les mots difficiles. *S. l.,* 1659 (sic pour 1669); 2 vol. pet. in-12, chagr. bleu, fil. à froid, tr. dor. (*Vve Niedrée*).   50 fr.

Jolie édition, contrefaçon de l'elzévirienne de 1663, dant elle reproduit le texte page pour page et presque ligne pour ligne. — Raccommodage au titre du tome II.

727. Rabelais. Les Œuvres de Rabelais, avec des remarques historiques et critiques (de Jac. Le Duchat et Bern. de La Monnoye). *Amsterdam, Henri Bordesius,* 1711 ; 6 tomes reliés en 5 vol. pet. in-8, mar. rouge, dos et plats orn., dent. int., tr. dor. (*Rel. anc.*).   400 fr.

Edition correcte et assez belle et certainement la meilleure qui eût paru jusqu'ici.

728. Rabelais. Les quatre livres de maistre François Rabelais, suivis du manuscrit du cinquième livre, publiés par MM. A. de Montaiglon et Louis Lacour. *Paris, Académie des Bibliophiles (Jouaust),* 1868 ; 3 vol. in-8, demi-rel. mar. rouge avec coins, tête dor., *non rognés* (*David*). 80 fr.

L'un des 25 exemplaires sur PAPIER DE CHINE.

729. Racan. Les Œuvres de M. Honorat de Breuil, chevalier, seigneur de Racan. *Paris, A.-U. Coustelier,* 1724 ; 2 vol. in-12, mar. vert olive, dos orné, dent., tr. dor. (*Rel. anc.*).   100 fr.

Ces deux volumes font suite à la collection des Poètes françois de Coustelier. TRÈS RARE.

730. RACINE. ŒUVRES DE RACINE. *Paris, Claude Barbin,* 1676 ; 2 vol. in-12, front. et fig., mar. rouge, dos orné, double rangée de fil., tr. dor. (*Lortic*).   400 fr.

Bel exemplaire de la PREMIÈRE ÉDITION COLLECTIVE des Œuvres de Racine, comprenant les neuf pièces représentées jusqu'alors, et illustrée de jolies figures en taille-douce par *F. Chauveau.* Haut. : 157 mill.

731. Racine. Œuvres de Racine. *Paris (David),* 1760 ; 3 vol. in-4, demi-rel. veau, dos orné.   100 fr.

1 portrait par *de Sève,* 3 fleurons sur les titres, par *de Sève,* gravés par *Aliamet, Flipart, Lemire, Lempereur. Sornique* et *Tardieu* et 13 vignettes et 60 culs-de-lampe, tous par *de Sève,* gravés par *Baquoy, Flipart* et *Legrand.*

732. Racine. Œuvres. Imprimé par ordre du roi pour l'éducation du Dauphin. *Paris, Didot l'aîné,* 1784; 5 vol. in-18, mar. rouge, dos orné, fil., tr. dor. (*Derôme*).   150 fr.

Et de Livres anciens et modernes

733. RACINE. Œuvres de Jean Racine, avec les variantes et les imitations des auteurs grecs et latins, publiées par M. Petitot. *Paris, Stéréotypie d'Herhan*, 1807 ; 5 vol. in-8, port. et fig. mar. rouge à long grain, dos orné à petits fers et au pointillé, dent. de feuillage dans un encadrem. de fil. sur les plats, doublés et gardes de tabis, dent. formant encadrement, tr. dor. (*Bozérian*).   450 fr.

> Exemplaire sur papier vélin, figures de *Moreau* AVANT LA LETTRE. Portrait par *Saint-Aubin*.

734. Racine. Œuvres de J. Racine. Nouvelle édition revue sur les plus anciennes impressions et les autographes et augmentée de morceaux inédits, de variantes, de notices, de notes, d'un lexique des mots remarquables, d'un portrait, de fac-simile, etc., par M. Paul Mesnard. *Paris, Hachette*, 1865-1873 ; 8 vol. in-8 et 2 albums dont 1 de musique, demi-rel. veau fauve., dos orné.   75 fr.

> Excellente édition. De la collection des *Grands Ecrivains*.

735. Racine (J.). Théâtre complet de Jean Racine. *Parme, Bodomi*, 1813 ; 3 vol. in-fol., peau de truie, fil. à froid, *non rognés*.   150 fr.

> Édition luxueuse imprimée par ordre du prince Joachim Napoléon, roi des Deux-Siciles pour l'éducation du prince Achille Napoléon, son fils.

736. Raulin. Traité analytique des eaux minérales ; de leurs propriétés et de leur usage dans les maladies. *Paris Vincent*, 1774 ; 2 vol. in-12, mar. rouge, dos orné, fil., tr. dor. (*Rel. anc.*).   70 fr.

> Aux armes de Marie-Madeleine DE LESPINASSE, marquise de LANGEAC, née de Cusack.

737. Raynal (Guillaume-Thomas). Histoire philosophique et politique des établissemens et du commerce des Européens dans les deux Indes. *Genève J.-L. Pellet*, 1780 ; 5 vol. in-4, dont un forme l'atlas, mar. rouge, dos orné, dent., encad. de fil., tr. dor. (*Tessier*).   250 fr.

> Édition ornée de 4 figures par *Moreau*, gravés par *Launay, Delignon, Duflos* et *Simonnet*, et un très beau portrait de *Cochin*, gravé par *de Launay*.
> Exemplaire dans une reliure très fraîche de Tessier avec son étiquette.
> Armes ajoutées sur les plats.

738. RAYNOUARD. Choix de Poésies originales des Troubadours, par M. Raynouard. *Paris, impr. de Firmin Didot*, 1816-1821 ; 6 vol. in-8, demi-rel. dos et coins de mar. rouge, dos orné, *non rognés (Purgold)*.   300 fr.

> Très bel exemplaire, sur PAPIER VÉLIN, de cette importante publication.

739. Recueil d'opéras, in-4, mar. rouge, dos orné, fil., fleurons d'angles, doub. de tabis bleu, dent. int., tr. dor. (*Rel. anc.*).   150 fr.

> Ce recueil comprend : Pigmalion, 1751. — Le Devin du Village, 1753. — Les Festes grecques et romaines, 1753. — Castor et Pollux, 1754. — Platée, 1754. — Les Elémens, 1754. — Thésée, 1754. — Daphnis et Alcimadure, 1754. — Roland, 1755. — Canente, 1760.
> Aux armes de SEGOING.

740. Recueil de dessins indiens et persans de la fin du XVIIIe siècle. In-4, demi-rel. dos et coins de mar. rouge, dos orné, tr. dor.   100 fr.

> Huit jolies miniatures mesurant en moyenne 240 mill. de hauteur sur 170 mill. de largeur, finement coloriées et rehaussées d'or, ayant pour sujets divers épisodes de la vie de Krischna, de Winschou et de Ravana.

741. Recueil de pièces rares et facétieuses anciennes et modernes en vers et en prose, remises en lumière pour l'esbattement des pantagrué-

Achat de Bibliothèques

listes, avec le concours d'un bibliophile. *Paris, Barraud*, 1872 ; 4 vol. in-8, fig., demi-mar. La Vallière avec coins, tête dor., n. rog., dos orné. (*Allô*).   40 fr.

> Ce recueil, devenu rare, n'a été tiré qu'à 30 exemplaires. Très bel exemplaire orné de 107 vignettes sur bois dans le texte et hors texte, 13 eaux-fortes tirées à part, et lettres ornées.

742. Recueil de quelques pièces nouvelles et galantes tant en prose qu'en vers, dont les titres se trouvent après la préface. (A la Sphère). *Cologne P. Marteau (Holl. Elzeviers)*, 1663 ; in-12 de 3 ff. lim. et 180 pp., mar. brun, dos orné, fil., dent. int., tr. dor. (*Lortic*).   40 fr.

> Bel exemplaire de ce volume très rare. Haut : 127 millim.
> Contient : Voyage de l'Isle Amour ; — Voyage de mess. de Bachaumont et La Chapelle ; — Relation du voyage à Nantes, etc.

743. Recueil de romances historiques, tendres et burlesques, tant anciennes que modernes, avec les airs notés, par M. D. L... (de Lusse). *Paris,* 1767 ; 2 vol. in-8, mar. vert, dos or., fil., tr. dor. (*Rel. anc.*). 200 fr.

> Frontispice et fleuron par *Eisen*, gravées par *de Longueil* et *Aliamet*.
> Cet ouvrage complète l'anthologie de Monnet.
> Aux armes, sur le dos et les angles des plats, de Charles de ROHAN-SOUBISE.

744. Recueil des voiages, qui ont servi à l'établissement et au progrès de la compagnie des Indes Orientales, formée dans les provinces-unies des Païs-Bas. Seconde édition. *Amsterdam, J.-F Bernard et Et. Roger*, 1710-1725 ; 10 vol. in-12, frontispices et cartes, mar. rouge, fil., dent. int., tr. dor. (*Rel. anc.*).   200 fr.

> Bel exemplaire de *Lamoignon*, ainsi que l'indique l'ex-libris et le cachet placés à chaque volume.

745. Recueil dit de Maurepas, pièces libres, chansons, épigrammes et autres vers satyriques sur divers personnages des siècles de Louis XIV et Louis XV, accompagnés de remarques curieuses du temps ; publiés pour la première fois d'après les manuscrits conservés à la bibliothèque impériale, à Paris, avec des notices, des tables, etc. *Leyde*, 1865 ; 6 vol. in-12, mar. rouge jans., dent. int., tr. dor.   120 fr.

> Rare.

746. Recueil général et complet des Fabliaux des XIIIe et XIVe siècles imprimés ou inédits, publiés d'après les manuscrits par M. Anatole de Montaiglon. *Paris, libr. des Bibliophiles*, 1872 ; 2 vol. in-8, mar. rouge jans., tête dor., *non rognés* (*Amand*).   45 fr.

> L'un des 25 exemplaires sur PAPIER DE CHINE (n° 8).
> Bel exemplaire.

747. Réflexions sur la force des préjugés. — Les Pensées de L. D. M. sur le nombre des éleus. *Londres*, 1680 ; ens. 2 parties de 68 et 98 pp. en un vol. in-24, mar. vert, fil., tr. dor. (*Derôme*).   25 fr.

> Ces deux rares petits ouvrages sont de l'écrivain protestant Louis Du Moulin, fils de Pierre, auteur de l'Anatomie de la Messe.

748. Regnard. Les Œuvres de M. Regnard. Nouvelle édition. *La Haye, chez Adrien Moetjens*, 1729 ; 2 tomes en 1 vol. pet. in-12, portraits ajoutés, mar. bleu, tr. dor. (*Duru*).   150 fr.

> Jolie édition, imprimée avec les caractères des Elsevier, acquis par Moetjens.
> Bel exemplaire, grand de marges (Haut. : 142 mill.), avec 2 portraits d'après *Rigaud*, ajoutés, de Regnard, grav. par *Macret*, et de Boileau grav. par *Ingouf*.

749. Regnault. La Botanique mise à la portée de tout le monde, ou collection des plantes d'usage dans la médecine, dans les aliments et dans les arts. *Paris,* 1774 ; 3 vol. in-fol., veau marbr. (*Rel. anc.*).   150 fr.

> 472 planches coloriées.

Et de Livres anciens et modernes

750. Règne végétal (Le) divisé en traité de Botanique, flore médicale, usuelle et industrielle, horticulture théorique et pratique, plantes agricoles et forestières, histoire biographique et bibliographique de la botanique par MM. Réveil, A. Dupuis, Fr. Gérard et F. Herning. *Paris, Guérin,* 1871 ; 17 vol. gr. in-8, dont 9 de texte et 8 de planches, demirel. dos et coins de chagrin rouge, tête dor., *non rognés.*   350 fr.

> Ouvrage renfermant plus de 3.000 dessins de plantes ou de détails botaniques finement coloriés. Publié à 800 fr. Très bel exemplaire de premier coloris.

751. Regnier. Satyres et autres œuvres, accompagnées de Remarques historiques (par Brossette), nouvelle édition considérablement augmentée (par Lenglet du Fresnoy). *Londres, Jacob Tonson,* 1733 ; pet. in-fol., mar. rouge, dos orné, fil., tr. dor. (*Rel. anc.*).   100 fr.

> 1 frontispice par *Natoire,* gravé par *L. Cars,* 1 fleuron sur le titre par *Cochin.*
> 7 vignettes et 15 culs-de-lampe qui se répètent, par *Boucher* et *Natoire,* gravés par *Cochin,* et 3 lettres ornées.
> Exemplaire en GRAND PAPIER.

752. Regnier de la Planche. Histoire de l'estat de France, tant de la République que de la religion sous le règne de François II par Regnier, sieur de la Planche, publiée par M. Ed. Mennechet. *Paris, Techener,* 1836 ; 2 vol. in-8, front., veau fauve, dos orné, fil., tr. dor. (*Simier*). 20 fr.

> Bel exemplaire.

753. Régnier. Habitations des Personnages les plus célèbres de France, depuis 1790 jusqu'à nos jours, dessinées d'après nature par Auguste Régnier et lithographiées par Champin. *Paris, les Auteurs,* 1832 ; gr. in-4, demi-rel. mar. rouge, *non rogné.*   60 fr.

> Très intéressant recueil de 63 jolies planches représentant les maisons habitées par Victor Hugo, Lamartine, Balzac, Lamennais, P.-L. Courier, B. de Saint-Pierre, Delille, Sedaine, Scribe, etc.

754. REISET (Cte de). MODES ET USAGES au temps de Marie-Antoinette. Livre-journal de Madame Eloffe, marchande de modes, couturière-lingère ordinaire de la Reine et des Dames de sa cour. Ouvrage illustré de près de 200 gravures, dont 110 grandes planches, 68 coloriées. *Paris, Firmin Didot.* 1885 ; 2 vol. gr. in-8, mar. bleu foncé, dos orné, 3 fil., tr. dor. sur fausses marges, étuis (*Canape*)   400 fr.

> Un des quelques exemplaires tirés sur PAPIER DU JAPON.

755. RELIURE ; in-8, mar. rouge, dos orn., très large dent. (*Rel. anc.*).   500 fr.

> Jolie reliure de *Derome,* très fraîche, ornée d'une large dent. et des ARMES MOSAIQUÉES de MADAME DE POMPADOUR.
> On a remboîté dans cette reliure les poésies de Malherbe. *Paris, Barbou,* 1764, port. grav. par *Cathelin* d'après *Monstrer,* sur le titre cachet de *Marmontel.*

756. Reliure in-8, mar. rouge, dos fleurdelisé, large dent. à petits fers sur les plats (*Rel. anc., couv. d'Almanach royal,* 1768).   150 fr.

> Jolie reliure aux armes de Jean-François JOLY DE FLEURY, commandeur des Ordres du Roi, conseiller d'Etat et Ministre des Finances sous Louis XVI.

757. RELIURE IN-4 OBLONG, mar. rouge, dos orné, compart. de fil et dent. de fleurs de lis sur les plats (*Rel. anc.*).   500 fr.

> Jolie reliure bien conservée aux chiffres du Comte DU LISCOET, en Bretagne.

758. Rembrandt. L'Œuvre de Rembrandt. Catalogue raisonné de toutes les estampes du maître et de ses peintures, par Charles Blanc. *Paris, Lévy,* 1873 ; 2 vol. pet. in-fol., br.   75 fr.

> 40 eaux-fortes par *Flameng,* et 35 héliogravures d'*Amand Durand.*

Achat de Bibliothèques

759. Restif de la Bretonne. Les Veillées du Marais, ou histoire du grand Oribeau, roi de Mommonie, au pays d'Evinland et la vertueuse princesse Oribelle, de Lagènie. *Imprimé à Waterford, capitale de Mommonie (Paris)*, 1785 ; 4 tomes en 2 vol. in-12, mar. rouge, dos orné, fil., tr. dor. (*Chambolle-Duru*).   120 fr.

> Bel exemplaire.

760. REVUE DES DEUX-MONDES. *Paris*, 1846-1892 ; 262 vol. in-8, demi-rel. veau fauve, dos orné.   700 fr.

> Très bel exemplaire dans une reliure très fraîche.

761. Riccoboni (Mme). Lettres de la Comtesse de Sancerre. *Paris, de l'impr. de Didot l'aîné*, 1780 ; 2 tomes en 1 vol. in-18, mar. vert, dos orné, fil., tr. dor. (*Rel. anc.*).   12 fr.

> De la Collection du comte d'Artois. Bel exemplaire en papier fin.

762. Richard (l'Abbé). Description historique et critique de l'Italie, ou Nouveaux mémoires sur l'état actuel de son Gouvernement, des Sciences, des Arts, du Commerce, de la Population et de l'Histoire naturelle. *Dijon, Franç. Desventes*, 1766 ; 6 vol. in-12, mar. bleu, dos ornés, fil., tr. dor. (*Rel. anc.*).   200 fr.

> Bel exemplaire provenant de la Bibliothèque de Lamoignon, avec son timbre à la page 3 de chaque volume.

763. Richard (Ch.-L.). La Défense de la religion, de la morale, de la politique et de la société. *Paris, Moutard*, 1775 ; in-8, mar. rouge, dos orné, fil., tr. dor. (*Rel. anc.*).   120 fr.

> Bel exemplaire aux armes du cardinal DE LUYNES, archevêque de Sens.

764. Richard (Jules). Le Salon militaire de 1886 [à 1888]. *Paris, Moutonnet et Piaget*, 1886-1888 ; 3 vol. in-4, demi-rel. dos et coins de mar. rouge, tête dor., *non rognés*.   75 fr.

> Chacun de ces volumes renferme 50 belles photogravures.
> Très bel exemplaire.

765. Richardson. Paméla ou la Vertu récompensée (traduit de l'anglois par M. de La Place). *Amsterdam*, 1744 ; 4 vol. in-12, fig., mar. rouge, fil., dos orné, tr. dor. (*Rel. anc.*).   75 fr.

> 4 frontispices et 29 figures dessinés par *Punt*.

766. Richelieu. La Vie du cardinal duc de Richelieu, principal ministre d'Etat de Louis XIII. *Cologne (Amsterdam, Huguetan)*, 1695 ; 2 vol. in-12, port., front. et carte, mar. vert, dos orné, fil., tr. dor. (*Derôme*). 50 fr.

> Première édition. Bel exemplaire.

767. Robida (A.). Le XIXe siècle. Texte et dessins par A. Robida. *Paris, Georges Decaux*, 1888 ; in-4, cart., *non rogné*.   280 fr.

> Exemplaire sur PAPIER DU JAPON avec une aquarelle originale de l'auteur peinte sur le faux-titre.
> Envoi de l'éditeur à M. CONQUET et couverture illustrée en couleur.

768. Rodenbach (Georges). Le Foyer et les Champs, poésies. *Paris, Palmé*, 1877 ; in-12, br.   20 fr.

> Portrait de l'auteur au crayon de couleur par *Georges Aurier* et quatre compositions du même artiste sur les marges.

769. Rohan. Mémoires du Duc de Rohan, sur les choses advenuës en France depuis la mort de Henry le Grand, jusqu'à la paix faite avec les réformez au mois de juin 1629. Seconde édition, augmentée d'un IVe livre. — Voyage du Duc de Rohan, faict en l'an 1600, en Italie, Alle-

Et de Livres anciens et modernes

maigne, Pays-bas Uni, Angleterre et Ecosse. — Discours politiques du Duc de Rohan, faicts en divers temps sur les affaires qui se passoient. — Véritable discours de ce qui s'est passé en l'assemblée politiqué des églises réformées de France, tenuë à Saumur par la permission du Roy, l'an 1611. Servant de supplément aux mémoires du Duc de Rohan. — Le Parfait Capitaine ; autrement l''abrégé des guerres des commentaires de César ; augmenté d'un traicté de l'intérest des Princes et Estats de la Chrétienté. — De l'intérest des Princes et Estats de la Chrestienté, dernière édition. *Amsterdam, Louys Elzevier,* 1646-1648. Ensemble 6 vol. rel. en 4, mar. rouge, dos orn., larg. dent., comp. de fil., dent. int., tr. dor. (*Simier*). 150 fr.

> Jolie impression elzévirienne dans une reliure très fraîche.
> Aux armes de lord ROSTHS.
> Les volumes sont d'inégale grandeur.

770. **Romans** des Douze Pairs de France, publiés par M. Paulin Paris. *Paris, Techener,* 1832-1848 ; 12 vol. in-8, demi-rel. dos et coins de cuir de Russie, tête dor., *non rognés.* 150 fr.

> Collection tirée à un petit nombre d'exemplaires, comprenant : *Li Romans de Berte aux gruns piés.* — *Li Romans de Garm le Loherain,* 2 vol. — *Li Romans de Parise la Duchesse.* — *Li Romans de Raoul de Cambrai et de Bernier.* — *La Chanson des Saxons,* 2 vol. — *La Chevalerie Ogier de Danemarche,* 2 vol. — *Le Romancero français.* — *La Chanson d'Antioche,* 2 vol.
> Exemplaire sur PAPIER DE HOLLANDE.

771. **Ronsard.** Les Hymnes. — Hymne de Bacus, par Pierre de Ronsard, avec la version latine de Jean Dorat. *Paris, André Wechel,* 1555 ; 2 tomes en 1 vol. in-4, mar. bleu, dos orné, fil., tr. dor. (*Thibaron-Joly*). 250 fr.

> *Éditions originales* de ces deux ouvrages, la première en 199 pp. contenant les deux livres des hymnes, la seconde en 32 pp., pour l'hymne de Bacchus.
> Bel exemplaire dans une jolie reliure.

772. **RUSSIE.** A Picturesqne Representation of the Manners, Customs, and Amusements of the Russians ; with an accurate. Explanation of each plate in English and French, by John Augustus Atkinson and James Walker. *London,* 1803-1804 ; 3 tomes en 1 vol. in-fol., pl., mar. olive, fil., tr. dor. (*Rel. anc*). 300 fr.

> Ouvrage remarquable pour ses 100 belles planches gravées en couleur par *J. Atkinson.*
> En tête portrait de l'empereur Alexandre I''.

773. **Saint-Allais.** Nobiliaire universel de France, ou recueil général des généalogies historiques des maisons nobles de ce royaume, par M. de Saint-Allais et par M. de la Chabeaussière. *Paris, Bachelin-Deflorennc,* 1872-1877 ; 21 vol. in-8, demi-rel. mar. rouge, tête dor., *non rognés.* 150 fr.

> Le 21' vol. forme le *Supplément.*

774. **Saint Augustin.** Les Confessions. Traduction nouvelle avec introduction par Edmond Saint-Raymond. *Paris, G. Hurtrel. s. d.* (1883) ; in-8, br. dans un carton. 25 fr.

> Huit eaux-fortes composées et gravées par *Adolphe Lalauze.*

775. **Saint Bernard.** Les Lettres de S. Bernard, premier abbé de Clairuaux, nouvellement traduites en français, augmentées et divisées en 4 parties par le R. P. Dom Antoine de S. Gabriel. *Paris, Pierre de Bresche,* 1672 ; 4 vol. pet. in-8, mar. rouge, dos ornés, double encad. de fil., fleurs de lys aux angles, tr. dor. (*Rel. anc.*). 200 fr.

> Aux armes, sur le dos de la reliure, du ROI LOUIS XIV.

Achat de Bibliothèques

776. **Saint-Foix**. Œuvres de théâtre de M. de Saint-Foix. *Paris, Impr. royale,* 1774 ; 3 vol. in-12, mar. vert, fil., dos ornés, tr. dor.   100 fr.

> Belle édition dans une jolie reliure du temps.

777. **Saint-Just**. Organt, poème en 20 chants. *Au Vatican (Paris),* 1789 ; 2 parties en 1 vol. in-18, veau vert granité, dos orné, dent., tr. dor. (*Rel. anc.*).   25 fr.

> ÉDITION ORIGINALE de ce poème du célèbre conventionnel dont les exemplaires sont devenus très rares.

778. **Saint-Just**. Organt, poème en 20 chants, par Saint-Just, avec la clef. *Au Vatican,* 1867 ; 2 vol. in-8, demi-rel. dos et coins de mar. vert, tête dor., *non rognés*.   25 fr.

> Exemplaire en GRAND PAPIER DE HOLLANDE, avec le portrait de Saint-Just en double état : AVANT LA LETTRE sur JAPON et avec la lettre sur CHINE.

779. **SAINT-SIMON**. MÉMOIRES COMPLETS ET AUTHENTIQUES du duc de Saint-Simon, sur le siècle de Louis XIV et la Régence, collationnés sur le manuscrit original par M. Chéruel, et précédés d'une notice par M. Sainte-Beuve. *Paris, Hachette,* 1856 ; 20 vol. in-8, mar. brun, dos ornés, fil., doublés de mar. rouge, dent. int., armes de Saint Simon en mosaïque, tr. dor. (*Chambolle-Duru*).   6.000 fr.

> Un des cent exemplaires tirés sur GRAND PAPIER DE HOLLANDE, auquel on a ajouté un grand nombre de portraits gravés par *Thomas de Leu, Daret, Boisserin, Montcornet, Desrochers, Odieuvre, Ficquet...,* parmi lesquels nous citerons : Richelieu, grav. par *Crispin de Pas* ; le Prince de Condé, gravé par *Parrocel* ; La Fontaine, d'après *Rigaud,* gravé par Ficquet, en double état ; Fénelon d'après *Vivien,* gravé par *Saint-Aubin* et par *Gaucher* ; J. Racine, gravé par *Savart* ; Louis XIV, gravé par *Landry* ; le Prince de Condé, gravé par *Savart* ; Bossuet, d'après *Rigaud,* gravé par *Gaucher* ; Catinat, gravé par *Savart* ; Louis XIV, d'après *Rigaud,* gravé par *Savart* ; Turenne, gravé par *Lebeau* ; le Prince Eugène, gravé par *de Marcenay* ; Fléchier, gravé par *Edelinck* ; Boileau, d'après *Rigaud,* gravé par *Savart* ; Fénelon, d'après *Vivien,* gravé par *Savart* ; Fénelon, gravé par *Ficquet* ; Montmorency, gravé par *Thomas de Leu* ; La Rochefoucault, gravé par *Choffard* ; Mme de Sévigné, gravé par *Edelinck* ; Fénelon, gravé par *Hubert* ; Fouquet, gravé par *Nanteuil* ; Bossuet, gravé par *de Longueil* ; Sully, gravé par *Lebeau* ; Voltaire, gravé par *Ficquet* et par *Lebeau* ; Mme de Maintenon, gravé par *Ficquet* ; R. Pucelle, gravé par *Lebeau* ; Fontenelle, gravé par *Savart,* épreuve en double état, NON TERMINÉE et TERMINÉE ; d'Argenson, gravé par *de Marcenay* ; Maréchal de Villars et maréchal de Saxe, gravé par *de Marcenay,* etc. — ENSEMBLE 810 PIÈCES.
> Vendu 10.000 fr. à la vente VALERO DE URIA.

780. **Saint-Victor** (de). Album du Tableau de Paris. *S. l. n. d.* (1827) ; in-8. obl., tr. jaspées.   60 fr.

> 206 vues de Paris et 34 plans. Très bel exemplaire.

781. **SAINTE-BIBLE**. LA SAINTE-BIBLE, selon la Vulgate, traduction nouvelle (par MM. Bourassé et Janvier). *Tours, Alfred Mame,* 1866 ; 2 vol. in-folio, fig., mar. rouge, compart. et arabesques, mosaïque de mar. blanc, bleu et brun, doublé de mar. rouge et grenat, entrelac. de fil., gardes de tabis rouge, tr. dor.   1.200 fr.

> Illustrations de *Gustave Doré,* ornement du texte de *Giacomelli.* Superbe exemplaire dans une reliure de toute beauté.

782. **Sainte-Marie** (le R. P. Honoré de). Dissertations historiques et critiques sur la chevalerie ancienne et moderne séculière et régulière. *Paris,* 1718 ; in-4, veau gris. (*Rel. anc.*).   20 fr.

> Nombreuses figures. Bel exemplaire aux armes de la ville de Lyon.

783. **Salerne**. L'Histoire naturelle éclaircie dans une de ses parties principales ; l'ornithologie qui traite des oiseaux de terre, de mer et de rivière, tant de nos climats que des pays étrangers. Traduit du latin de Ray. *Paris, Debure,* 1767 ; in-4, fig., mar. rouge, dos orné, fil., tr. dor. (*Derôme*).   120 fr.

> RARE. Magnifique exemplaire contenant 1 frontispice et 31 planches de *Martinet,* soigneusement coloriés à l'époque.

Et de Livres anciens et modernes

784. SALLUSTIUS. (*A la fin :*) Opus Crispi Salustii feliciter finit *Impressum Anno incarnatiõis domini millesimo quingentesimo quarto.* (1504). *Die uero quinta Nouembris ;* pet. in-8, signat. a - p. non chiff., lettres italiques, mar. bleu, dos orné, fil., tr. dor. (*Rel. anc.*). 250 fr.

> Édition lyonnaise faite à l'imitation des impressions Aldines. Au verso du titre est une préface de l'éditeur. *Balthasar Fidelis Ju. U. D. et Modoenciensis ecclesie archipresbiter ad lectorem.*
> Bel exemplaire aux armes et chiffre du Comte d'Hoym.

785. Sand (George). La Marquise. *Paris, Calmann Lévy,* 1888 ; pet. in-8, demi-rel. mar. bleu avec coins, *non rogné,* couv. 180 fr.

> Illustrations de *Baugnies* gravées par *Courboin.*
> Un des 225 exemplaires tirés sur papier vélin du Marais avec les figures en trois états, dont l'eau-forte pure.

786. Sandeau (Jules). Un début dans la magistrature. *Paris, Calmann Lévy,* 1887 ; pet. in-8, demi-rel. mar. La Vall. avec coins , *non rogné,* couv. 120 fr.

> Un des 225 exemplaires sur papier vélin du Marais avec les figures en trois états, dont l'eau-forte pure.
> 1 portrait et 12 vignettes de *Baugnies,* gravés par *Deville.*

787. Sandras de Courtilz. Annales de la Cour et de Paris, pour les années 1697 & 1698 (par Gatien Sandras de Courtilz). *Cologne, Pierre Marteau (Hollande),* 1702 ; 2 vol. pet. in-12, mar. rouge, dos orné, fil., tr. dor. (*Derôme*). 100 fr.

788. Sapho. Poésies de Sapho, suivies de différentes poésies dans le même genre (publiées par Edme Billardon de Sauvigny). *Amsterdam (Paris, Cazin),* 1777 ; in-12, front., mar. rouge, dos orné, fil., tr. dor. (*Rel. anc.*). 20 fr.

> Bel exemplaire.

789. Satyre Ménippée de la vertu du catholicon d'Espaigne et de la tenue des Estats de Paris (par Le Roy, Gillot, Pithou, Rapin et Passerat). Dernière édition augmentée outre les précédentes impressions. *S. l.,* 1600 ; pet. in-8, portr., mar. rouge jans., tr. dor. (*David*). 25 fr.

> Portrait du sieur Agnote et des 2 charlatans.

790. Satyre Ménippée (la) ou la vertu du catholicon, selon l'édition princeps de 1594. Édition nouvelle avec introduction et éclaircissements par M. Ch. Read. *Paris, Libr. des Bibliophiles,* 1876 ; in-8, portr., mar. brun jans., tête dor., *non rogné.* 30 fr.

> L'un des 15 exemplaires sur Grand Papier de Chine. Bel exemplaire portant le n° 1.

791. Sauvageot. Musée impérial du Louvre. Collection Sauvageot, dessinée et gravée à l'eau-forte par Edouard Lièvre, accompagnée d'un texte historique et descriptif par A. Sauzay. *Paris, Noblet et Baudry,* 1863 ; 2 vol. in-fol., demi-rel. dos et coins de mar. vert, tête dor., *non rognés.* 130 fr.

> 120 planches. Bel exemplaire.

792. Sauval (Henri). Histoire et recherches des Antiquités de la ville de Paris. *Paris, Ch. Moette et Jacques Chardon,* 1724 ; 3 vol. in-fol., veau. 120 fr.

> Exemplaire contenant la partie intitulée : *Les Amours des rois de France sous plusieurs races.*

Achat de Bibliothèques

793. Scarron. Recueil des Œuvres burlesques de M*r* Scarron. *Jouxte la copie à Paris, chez Toussainct Quinet (Bruxelles, Foppens)*, 1655 ; 3 parties en 1 vol. pet. in-12, front. gravé, mar. orange, dos orné, fil., tr. dor. (*Trautz-Bauzonnet*). 75 fr.

Jolie édition, imprimée en italiques ; elle s'annexe à la collection elzévirienne (Willems, n° 1972).

794. Scarron. Le Romant comique de M*r* Scarron (avec la troisième partie par A. Offray). *Amsterdam, Pierre Mortier*, s. d.; in-12, front. grav., mar. rouge, dos orné, fil., dent. int., tr. dor. (*Hardy-Mennil*) 30 fr.

795. Scarron. Le Roman comique, publié par les soins de D. Jouaust, avec une préface par Paul Bourget. *Paris, Jouaust*, 1880 ; 3 vol. in-8, br. 30 fr.

Exemplaire sur papier de Hollande, orné d'eaux-fortes par *Léopold Flameng*.

796. SCARRON. LE ROMAN COMIQUE. Nouvelle édition, illustrée de trois cent cinquante compositions par Edouard Zier. *Paris, H. Launette*, 1888 ; in-4, mar. rouge, dos orné, encadr. de fil. sur les plats, coins dorés, doubl. et gardes de soie verte, encadr. de filets avec ornem. dor. à l'int., tr. dor. sur fausses marges, étui (*Canape*). 500 fr.

Exemplaire tiré sur PAPIER DU JAPON pour M. G. Boudet et auquel on a ajouté 9 DESSINS ORIGINAUX d'*Edouard Zier*, ayant servi à l'illustration du livre.

797. Scheuchzer. Physique sacrée ou Histoire naturelle de la Bible, traduite du latin de M. J.-J. Scheuchzer, enrichie de figures en taille-douce, gravées par les soins de J.-A. Pfeffel. *Amsterdam, P. Schenk*, 1732 ; 8 vol. in-fol., fig., veau fauve, dos orné aux angles, tr. rouge (*Rel. anc.*) 250 fr.

798. Schiller. Œuvres de Schiller. Traduction nouvelle par Ad. Régnier. *Paris, Hachette*, 1859-1862 ; 8 vol. in-8, portr., demi-rel. dos et coins de mar. rouge, tête dor., *non rognés (Cottin-Simier)*. 100 fr.

Un des 100 exemplaires sur GRAND PAPIER VÉLIN.

799. Schœpflinus. Alsatia illustrata celtica, romana, francica, germanica, gallica. Auctor Jo. Daniel Schoepfinus. *Colmariæ, ex Typographia regia*, 1751-1772 ; 2 vol. — J.-D. Schoepflini Alsatia ævi Merovingici, Carolingici, Saxonici, Salici, Suevici diplomatica. *Mannhemii*, 1772. Ens. 3 vol. in-fol., cartes, mar. rouge, fil., tr. dor. (*Rel. anc.*). 300 fr.

Bel exemplaire sur PAPIER DE HOLLANDE, orné de nombreuses gravures.

800. Schoonebeck (Adrian). Nette afbeeldingen der eygenedragten van alle geeftelijke vrouwen en nonnen orders ; nevens een korte aanteke-ning van haar begin voortgang en bereftiging. *Tot Amsterdam*, 1691 ; in-8, demi-rel. bas. 20 fr.

Frontispice et 90 figures gravées sur cuivre représentant les costumes des ordres religieux de femmes au XVII° siècle.

801. Scudéry (de). Almatride ou l'esclave reine. *Paris*, 1660-1663 ; 8 vol. in-12, mar. vert, dos orn., fil., tr. dor. (*Rel. anc.*). 150 fr.

4 frontispices et 1 fig. de *Chauveau*, 1 titre refait et 1 titre remonté.

802. Scudéry (Mlle de). Nouvelles Conversations de Morale. Dédiées au Roy (par Mlle de Scudéry). *A Paris, chez la Veuve de Sébast. Mabre-Cramoisy*, 1688 ; 2 vol. in-12, mar. rouge, dos ornés, fil., tr. dor. (*Rel. anc.*). 100 fr.

Front. par *Seb. Le Clerc*.
Bel exemplaire dans une reliure fraîche.

Et de Livres anciens et modernes

803. **Seba** (Albert). Description exacte des principales curiosités naturelles de son magnifique cabinet. *Amsterdam, Jansson Waesberghe,* 1734-1765; 4 vol. **gr**. in-fol., demi-rel. chag. bleu, *non rognés*. 250 fr.

> Ouvrage des plus important pour l'Histoire naturelle, illustré d'un frontispice et de 449 PLANCHES SOIGNEUSEMENT COLORIÉES.
> Texte latin et français.

804. **Sedan**. Anciennes Ordonnances des Ducs de Bouillon, pour le règlement de la justice de ses Terres et Seigneuries souveraines de Sedan, Jametz, Raucourt, Florenge, Florenville, Messaincourt, Longnes et les Saucy, avec les Coutumes générales des dites Terres et Seigneuries, augmentées de plusieurs ordonnances et réglements postérieurement rendus par les Princes souverains. Dédiées à son Altesse Serenissime Monseigneur le Duc de Bouillon (par Adrien Thesin). *A Sedan, chez Adrien Thesin, imprimeur du Roy et marchand libraire,* 1717 ; in-4, mar. olive, dos orné à petits fers et au pointillé, large dent. à petits fers sur les plats, doublé et gardes de papier à ramages, tr. dor. (*Rel. anc.*). 250 fr.

> Très bel exemplaire dans une RICHE RELIURE DE *Boyet*.
> On a ajouté le portrait de Henry de La Tour, duc de Bouillon, prince souverain de Sedan gravé par *B. Moncornet*.

805. **Segoing** (Charles). Mercure Armorial, enseignant les principes et éléments du Blazon des Armoiries, selon l'ordre et les termes qui se pratiquent en cette science. Enrichy d'un bon nombre de figures enluminées de couleurs propres pour l'intelligence du livre, par C. Segoing, Orléanois, advocat en Parlement. *A Paris, chez Alex. Lesselin,* 1649 ; in-4, fig. de blasons color., demi-rel. dos et coins de veau brun (*Racc. et nom à l'encre sur le titre*). 50 fr.

806. **Sénac de Meilhan**. Considérations sur l'esprit et les mœurs (par Gabriel Senac de Meilhan). *A Londres et se trouve à Paris, chez Prault,* 1789 ; in-8, mar. violet à long grain, dos orné à petits fers et au pointillé, comp. de fil. et ornem. dor. et à froid, tr. dor. (*Bozérian*). 100 fr.

> Portrait de Duclos ajouté ; épreuve sur CHINE AVANT LA LETTRE. Jolie reliure.

807. **Sénault**. Henres nouvelles dédiées à madame la Dauphine. Ecrites et gravées par L. Senault. *Paris, chez l'Autheur, et Versailles, chez Duval, s. d.* (av. 1690) ; in-8, mar. rouge, dos orn., fil., orn. aux angles, tr. dor. (*Rel. anc.*). 50 fr.

> Ces heures, portant au frontispice, les armes de la Dauphine de Bavière, morte en 1690, sont ornées de jolies initiales têtes de pages, culs-de-lampe, etc., d'un goût charmant.

808. **Seroux d'Agincourt**. Histoire de l'art par les monumens, depuis sa décadence au IVe siècle jusqu'à son renouvellement au XVIe. *Paris, Treuttel et Wurtz,* 1823 ; 6 vol. **gr**. in-fol., demi-rel. veau rouge, éb. (*Simier*).

> Ouvrage enrichi de 325 planches gravées en taille-douce. Très bel exemplaire en papier vélin.

809. **Sévigné**. Lettres de Marie de Rabutin-Chantal, marquise de Sévigné, à Madame la Comtesse de Grignan, sa fille. *S. l. ni nom d'imprimeur* (*Rouen*). 1726 ; 2 tomes en un vol., in-12, mar. bleu, dos orné, fil., tr. dor. (*Trautz-Bauzonnet*). 250 fr.

> 2 tomes en 1 vol. in-12 de 1 f. pour le titre, qui est imprimé en rouge et en noir, et 271 pp. chiffr. pour le tome Ier ; 1 f. de titre et 220 pp. chiff. pour le tome II.
> Cette édition des lettres de Madame de Sévigné à sa fille, est une des trois sous la même date, publiées par Thiriot, l'ami et le correspondant de Voltaire, d'après un manuscrit appartenant à l'abbé d'Anfréville.

Achat de Bibliothèques

810. SÉVIGNÉ. Recueil de lettres choisies pour servir de suite aux lettres de Madame de Sévigné à Madame de Grignan, sa fille. *Paris, Rollin*, 1751 ; in-12, mar. vert, dos orn., fil., tr. dor. (*Rel. anc.*) 300 fr.

Bel exemplaire aux armes de MADAME VICTOIRE, avec son ex-libris.

811. SÉVIGNÉ. LETTRES DE MADAME DE SÉVIGNÉ, de sa famille et de ses amis, recueillies et annotées par M. Monmerqué. Nouvelle édition, revue sur les autographes, les copies les plus authentiques, et augmentée de lettres inédites, d'une nouvelle notice, d'un lexique des mots et locutions remarquables, de portraits, de vues et fac-similés, etc. *Paris, Hachette*, 1862-1866 ; 14 vol. in-8, port. et fig., mar. bleu, fil., dos ornés, doublé de mar. rouge, dent., armes de Mme de Sévigné en mosaïque, tr. dor. (*Chambolle-Duru*).   4.000 fr.

Exemplaire en grand papier de Hollande, auquel on a ajouté : la suite des 25 portraits par *Devéria*, épreuves AVANT LA LETTRE et EAUX-FORTES ; la suite de figures publiées par *Blaise*, gravées par *Masquelier* et *Dien* ; 48 pièces tirées des émaux de *Petitot*, épreuves AVANT LA LETTRE ; un très grand nombre d'autres portraits parmi lesquels nous citerons : Mme de Scudéry, d'après *Marillier* gravé par *Pons* ; Colbert, gravé par *Savart* ; Mme de Staal gravé par *Delvaux* ; La Fontaine gravé par *Ficquet*, avec la fable le Loup et l'Agneau ; Racine, gravé par *Savart* ; Corneille gravé par *Ficquet* ; Montaigne, gravé par *Ficquet* et par *Lebeau* ; Molière gravé par *Ficquet* ; Louis XIV gravé par *Savart* ; Turenne gravé par *De Marcenay*, ÉPREUVE AVANT TOUTE LETTRE ; le prince de Condé gravé par *Savart* ; Mme Desboulières, Descartes gravé par *Ficquet* ; Fénelon gravé par *Savart* ; Boileau gravé par *Savart* ; Mme de Maintenon gravé par *Ficquet* ; Fénelon d'après *Vivien*, gravé par *Ficquet* ; Henri IV gravé par *De Mercenay* ; Voltaire gravé par *Ficquet*, etc. — Ensemble 703 pièces.
Vendu 5.000 fr. à la vente Valerio de Uria.

812. Shakespeare. Galerie des personnages de Shakespeare reproduits dans les principales scènes de ses pièces, avec une analyse succincte de chacune des pièces de Shakespeare et la reproduction en anglais et en français des scènes auxquelles se rapportent les 80 gravures dont cet ouvrage est orné, par Amédée Pichot, précédée d'une notice biographique de Shakespeare, par Old Nick. *Paris, Baudry*, 1844 ; in-4 en feuilles, dans un carton.   45 fr.

Suite de 80 grands sujets gravés à la manière anglaise, dont 42 sur acier et 38 sur bois.
Première édition. Exemplaire sur CHINE, AVANT LA LETTRE.
Quelques mouillures dans la marge du texte.

813. Shakespeare. Roméo et Juliette. Traduction de Daffry de la Monnoye. Illustrations d'Andriolli. Gravures de Huyot. *Paris, Firmin Didot*, s. d. ; gr. in-4 carré, mar. rouge, dos orné, 3 fil., tr. dor. sur fausses marges, couv. cons., étui (*Canape*).   200 fr.

Exemplaire numéroté sur PAPIER DU JAPON, contenant les 10 grandes compositions d'*Andriolli* en double épreuve, sur Japon et sur Chine.

814. Silvestre (Armand). Chroniques du temps passé. Le Conte de l'Archer. *Paris, Lahure*, 1883 ; in-8, mar. vert, dos orn., fil., dent. int., couv. ill. cons. (*Ruban*).   120 fr.

Aquarelles de *A. Poirson* gravées par Gillot. Impression chromotypographique.
Un des 125 exemplaires sur PAPIER DU JAPON (n° 111).

815. Silvestre (Théophile). Histoire des Artistes vivants français et étrangers. Etudes d'après nature. *Paris, Blanchard*, 1856 ; gr. in-8, demi-rel. mar. rouge, tête dor., *non rogné*.   15 fr.

10 portraits gravés au burin : Ingres, Eug. Delacroix, Corot, Chenavard, Decamps, Barye, Diaz, Courbet, Préault, Rude.

816. Simon (Henry). Armorial général de l'Empire français, contenant les armes de S. M. l'Empereur et Roi, des Princes de sa famille, des grands dignitaires, princes, ducs, comtes, barons, chevaliers et celle des

Et de Livres anciens et modernes

1re, 2e et 3e classes, par Henry Simon, graveur du cabinet de S. M. Paris, *l'auteur*, 1812 ; in-fol., mar. vert, dos orné, ornement sur les plats avec croix d'honneur au centre, doublé de moire, tr. dor. 120 fr.

Tome premier seul avec 70 planches en taille-douce. Rare.

817. SOLIS (V.) et **AMMAN** (J.).). Effigies regum Francorum omnium a Pharamando ad Henricum usque tertium, ad vivum. quentum fieri potuit, expressæ, cælatoribus Virgilio Solis Noriber : & Iusto Amman Tigurino. Accessit Epitome Chronicon, eorum vitas et gesta breviter complectens. *Noribergæ*, 1576. (A la fin :) *Noribergæ, in officina typographica Katharinæ Theodori Gerlachij relictæ Viduæ et Hæredum Iohannis Montani* ; in-4, front. et 62 portr., mar. rouge, tr. dor. (*Duru*).   300 fr.

Ces portraits sont des copies de ceux attribués à Claude Corneille qui avaient paru à Lyon, en 1546, dans un livre intitulé *Epitome des Roys de France* ; mais leur exécution est supérieure et ils sont encadrés dans des bordures dont l'ornement est très intéressant. Vingt des ces portraits, qui sont à l'eau-forte et au burin, sont signés de *Virgile Solis*. Les autres sont de *Jost Amman*. Haut. : 200 mill.

818. Solleysel. Le Parfait Mareschal, qui enseigne à connoistre la beauté, la bonté et les défauts des chevaux, les signes et les causes des maladies ; les moyens de les prévenir, leur guérison et le bon ou mauvais usage de la purgation et de la saignée. *Paris, Aubouyn*, 1698 ; 2 tomes en un vol. in-4, veau, dos orné. (*Rel. anc.*).   20 fr.

Frontispice, portrait d'après *Hainzelman*, et 2 planches en taille-douce.

819. Somaize. Le Grand Dictionnaires des Prétieuses, historique, poétique, géographique, cosmographique, cronologique et armoirique : où l'on verra leur antiquité, coustumes, devises, éloges, études, guerres, hérésies, jeux, lois, langages, mœurs, mariages, morale, noblesse... par le sieur de Somaize. *Paris, Jean Ribou*, 1661 ; 3 parties en 2 vol. in-8, mar. citron, dos orné, tr. dor. (*Trautz-Bauzonnet*).   225 fr.

Ouvrage satirique des plus importants pour l'histoire littéraire de la première moitié du XVII° siècle. — La *Clef* forme la troisième partie. Timbre de la bibliothèque de CAYROL sur deux titres.

820. SPECULUM ARTIS BENE MORIENDI de temptatõnibus, penis infernalibus interrogatõibus agonisantium et variis oratõnibus pro illorum salute faciendis. (Au r° du 16e f. :) Artis bñ moriendi cunctis putilissime felix finis. *S. l. n. d.* ; pet. in-4 goth., demi-veau fauve. 300 fr.

Volume RARE, imprimé entre 1480 et 1490 ; le titre est orné d'une figure xylographique, il se compose de 16 ff. à 36 lignes. Le papier est au filigrane de Bâle.

821. SPECULUM PASSIONIS domini nostri Jhesu christi. In quo relucent hec omnia singulariter vere et absolute : puta, omnis perfectio yerarchie Omnium fidelium beatitudò. Omnes virtutes. Dona. Fructus. Et spiritualium bonorum omnium efficacia. (In fine :) *Speculum de passione domini nostri Jhesu cristi cum textum quatuor evangelistarum cum figuris pulcris et magistralibus et cum mirum immodum contemplationibus et orationibus devotis... et stupendis mysteriis sanctissime crucis per doctorem Udalricum Pinder convexum : et in civitate imperiali Nurenbergen bene visum et impressum finit feliciter Anno...* 1507. *Die vero 30 mensis Augusti ;* in-folio de 90 ff. chiffrés et titre, mar. brun jans., tr. dor.   650 fr.

Édition à 2 colonnes en caractères ronds. Elle est divisée en trois parties et ornée de 40 grandes planches et de 37 petites gravées sur bois. Celle qui se trouve au v° du 73° f. porte la marque de *Hans Schaufelein*.

822. STELLARIUM CORONE benedicte Marie Virginis in laude eius pro singulis predicate onibus elegantissime coaptatum. (*A la fin du feuillet f. 3 :*) Opus putile in laudem gloriosissime virginis marie pro

singulis eius p̄dicationibus elegantissime coaptatum Stellariũ coroné
eiusdem virginis institulatum : *Impensis sumptibusqz providi viri Johannis Schõnsperger iuniorius : in impiali civitate Augusta p̄ magistrũ
Johannẽ Otmar inibi incolã diligẽtissime impssum ac emendatũ fiinit
feliciter Anno salutis nostre Millesimo quingentesĩmo secũdo* (1502)... ;
in-4, goth., de 130 feuillets (dont 1 blanc) à 2 colonnes de 67 lignes par
pages, veau brun estampé (*Rel. du XVIᵉ siècle fatiguée*).   400 fr.

> TRÉS RARE édition de cet ouvrage, non décrite au *Manuel de Brunet*.
> Le titre, gravé, représente le couronnement de la Vierge, orné à chaque angle d'un
> médaillon contenant chacun un attribut des quatre évangélistes. C'est un des rares spé-
> cimens d'ornementation typographique exécutés par *Albert Durer* pour un éditeur. Cette
> belle planche donne une grande valeur à cet ouvrage.
> ·Les feuillets sont chiffrés : a par 8. — b-l par 6 — m par 4 — n-p par 8. — q par 4. —
> A.-E. par 6. — F. par 4 (le feuillet F. 4 est blanc), et 6 feuillets de table chiffrés I à VI).
> Les initiales sont peintes en rouge.

823. STHENDAL. LE ROUGE ET LE NOIR, par M. de Stendhal (Henry
Beyle). Réimpression textuelle de l'édition originale, illustrée de 80
eaux-fortes par H. Dubouchet. Préface de Léon Chapron. *Paris, Conquet,*
1884 ; 3 vol. in-8, br., couv.   300 fr.

> L'un des 150 exemplaires sur PAPIER DU JAPON (nº 137), auquel on a joint le pros-
> pectus de la publication.

824. Sully. Mémoires de Maximilien de Béthune, duc de Sully, principal
ministre de Henry le Grand. Mis en ordre, avec des remarques par M.
L. D. L. D. L. (l'abbé de l'Ecluse des Loges). *Londres (Paris)*, 1747 ;
3 vol. in-4, port., mar. rouge, dos orné, fil., dent. int., *non rognés*.
(*R. Petit*).   200 fr.

> Superbe exemplaire en GRAND PAPIER auquel on a ajouté une suite de 70 portraits
> de Odieuvre.
> Légers raccommodages aux coins des marges de qq. ff.

825. Surville (Clotilde de). Poésies [et poésies inédites] de Clotilde de
Surville, poëte français du XVᵉ siècle. Nouvelle édition, publiée par G.
Vanderbourg. *Paris, Nepveu*, 1825-1826 ; 2 vol. in-12, demi-rel. mar.
vert, tête dor., *non rognés*.   18 fr.

> Gravures avec encadrements gothiques d'après *Colin*.
> Le second volume a été publié par Charles Nodier et de Roujoux.

826. Swedenborg. Opera philosophica et mineralia. *Dresde*, 1734 ;
3 vol. in-fol., mar. rouge, dos orn., fil., tr. dor. (*Rel. anc.*).   350 fr.

> Bel exemplaire en GRAND PAPIER.
> Portrait et nomb. planches.

827. Swift. Les quatre Voyages du capitaine Lemuel Gulliver, traduction
de l'abbé Desfontaines, revue, complétée et précédée d'une notice par
H. Raynald. *Paris, Jouaust*, 1875 ; 4 vol. in-8, br.   60 fr.

> Exemplaire sur PAPIER DE HOLLANDE. Eaux-fortes de *Lalauze*.

828. Swift. Voyages de Gulliver, traduction nouvelle et complète par
B.-H. Poirson. *Paris, Quantin, s. d.* (1883) ; gr. in-8, demi-rel. dos et
coins de mar. rouge, dos orné, tête dor., *non rogné* (*Champs*).   50 fr.

> L'un des 100 exemplaires tirés sur PAPIER DU JAPON. Très jolies illustrations
> en couleurs.

829. Symbolorum variorum, Maxima tamen ex parte Ethicorum,
quae cum principibus, tum aliis clarissimis viris inscripta sunt, additâq ;
explicatione in majorem amplitudinem diffusa. Liber unus, Authore
Joanne Fungero. *Franekerae, apud Aegidium Radaeum*, 1598 ; in-8,
mar. rouge, dos orné, fil., tr. dor. (*Rel. anc.*).   150 fr.

> Exemplaire aux armes de Jacques-Auguste de THOU et de sa femme Marie Barbançon,
> et avec chiffres entrelacés sur le dos de la reliure. ·

Et de Livres anciens et modernes

830. Tabourot des Accords. Les Bigarrures et touches du Seigneur des Accords. Avec les apophtegmes du sieur Gaulard ; et les escraignes dijonnoises. *Paris, Jean Richer*, 1614 ; 2 vol. in-18, mar. rouge, dos orn., fil., coins orn. tr. dor. (*Rel. anc.*).   80 fr.

> Édition la meilleure, la plus jolie et la plus recherchée.
> Figures sur bois.
> Taches de brûlures à 3 feuillets. Légère piqûre de vers dans la marge du deuxième volume.

831. TACITUS (Cornelus). Opera. Supplementis, notis et dissertationibus illustravit Gabriel Brotier. *Parisiis, Delatour*, 1776 ; 7 vol. in-12, mar. vert, dos orn., fil., tr. dor. (*Derome*).   250 fr.

> Seconde édition plus complète que celle de 1771.
> Exemplaire en PAPIER FIN, dans une reliure ornée du *fer dit à l'oiseau*. Armes ajoutées sur les plats.

832. Tahureau (Jacques). Poésies, publiées par Prosper Blanchemain. *Paris, Jouaust*, 1870 ; 2 vol. in-12, mar. rouge jans., dent. int., tr. dor. (*Chambolle-Duru*).   40 fr.

833. Tardieu. Portraits des députés, écrivains et pairs constitutionnels, défenseurs invariables de la charte et de la loi des élections. Dessinés et gravés par Ambroise Tardieu. *Paris, Tardieu*, 1820-1821 ; in-4, demi-rel. dos et coins de mar. rouge, tête dor., éb. (*Bertrand*).   65 fr.

> 151 portraits en taille-douce.

834. Tasse. La Gerusalemme liberata. *Londra (Paris, Cazin)*, 1783 ; 2 vol. in-12, port., mar. rouge, dos orn., fil., tr. dor. (*Rel. anc.*). 30 fr.

> Bel exemplaire.

835. Tasse (Le). Les Veillées du Tasse, avec le texte italien en regard ; précédés de mémoires historiques et de recherches littéraires sur sa vie. Traduites par M. B. Barère. *Paris, Crapelet*, 1804 ; in-12, mar. rouge, fil., tr. dor. (*Rel. anc.*).   25 fr.

> Bel exemplaire en GRAND PAPIER, avec les 4 figures de *Myris* gravées par *Saint-Aubin, Bacquoy* et *Delvaux*, tirées AVANT LA LETTRE.

836. Tastu (Mme Amable). La Chevalerie francaise. *Paris, Tardieu*, 1821 ; in-18, veau fauve, dos orn., dent. à froid, tr. dor.   6 fr.

> Orné d'un titre et de 2 planches gravés.

837. Teniers. Le grand cabinet des tableaux de l'Archiduc Léopold-Guillaume, peints par des maîtres italiens et dessinés par David Teniers et gravés sous sa direction. *Amsterdam et Leipzig*, 1755 ; in-folio, veau, aux armes (*Rel. anc.*).   120 fr.

> 245 planches gravées. Le haut du faux-titre est coupé. Piqûre de vers dans la marge.

838. Térence. Publii Terentii Carthaginiensis Afri, Comœdiæ sex, postremas editiones emendate. Accedunt Ælii Donati. Commentarii integer, Selecta Variorum Notæ, Variantes lectiones. *Lugd. Batavorum, Franc. Hackius*, 1644 ; in-8, titre gravé, mar. rouge, dos orné, fil., milieux, tr. dor. (*Rel. anc.*).   50 fr.

> Bel exemplaire.

839. TERENCE. Les Comédies de Térence, traduites en françois, avec des remarques par Madame D. (Dacier). *Paris, Denys Thierry*, 1688 ; 3 vol. in-12, mar. rouge, dos orn., fil., tr. dor. (*Rel. anc.*).   150 fr.

> Première édition de cette traduction célèbre.
> Sur le dos de la reliure, armes d'un membre de la famille de la CHASTRE.

Achat de Bibliothèques

840. Testament politique du maréchal duc de Belle-Isle (par Ant. Chevrier). *Amsterdam (Paris)*, 1761 ; in-12, mar. citron, dos orné, fil., tr. dor. (*Rel. anc.*).   70 fr.

Exemplaire aux armes du comte Henri DE CALENBERG, chambellan de l'Empereur.

841. Testament (Le Nouveau) en françois avec des réflexions morales sur chaque verset pour en rendre la lecture plus utile et la méditation plus aisée. Nouvelle édition augmentée. *Paris, Prallard*, 1696 ; 8 vol. in-12, mar. rouge jans., tr. dor. (*Rel. anc.*).   150 fr.

Exemplaire réglé, latin dans la marge. Les Réflexions morales sont du P. Quesnel ; elles ont été condamnées par la Cour de Rome, et la résistance du parti janséniste à les soutenir a causé une sorte de schisme dans l'Eglise gallicane.

842. Testament (Le Nouveau) de N.-S. Jésus-Christ. Traduit en françois, selon la Vulgate, avec les différences du grec. Quatrième édition revûe et corrigée. *A Mons, Gaspard Migeot*, 1668 ; 2 vol. in-12, mar. brun, dos orné et fil. à froid, dent. int., tr. (*Rel. anc.*).   75 fr.

Exemplaire réglé.

843. Testament (Le Nouveau) en françois avec des réflexions morales sur chaque verset (par le P. Quesnel, de l'Oratoire). Abrégé de la morale des Actes des Apôtres et des Epistres de S. Paul, des Epistres canoniques et de l'Apocalyse ou pensées chrétiennes sur le texte de ces livres sacrez. *Paris, Prallard*, 1697 ; 8 tomes en 4 vol. in-12 mar., noir jans., doublé de mar. rouge, tr. dor. (*Rel. anc.*).   120 fr.

844. TESTAMENT (Le Nouveau) en françois, avec des Réflexions morales sur chaque vers et pour en rendre la lecture plus utile et la méditation plus aisée (par Pasquier Quesnel). Nouvelle édition augmentée. Imprimé par l'ordre de Mgr l'Evêque et Comte de Châlons. *Paris, André Pralard*, 1705 ; 4 tomes en 8 vol. in-12, mar. olive, dos ornés, large dent. à petits fers sur les plats, doublés et gardes de papier doré, tr. dor. (*Rel. anc.*).   300 fr.

Bel exemplaire dans une SUPERBE RELIURE AVEC LARGES DENTELLES.

845. Testament (Nouveau) de Notre-Seigneur Jésus-Christ, traduit en français par M. Le Maistre de Sacy. Nouvelle édition ornée de 96 figures gravées d'après les dessins de MM. Marillier et Monsiau. *Paris, Gay, Ponce, Belin, an XIII*, 1805 ; 3 vol. in-4, fig., cart. *non rogné*. 135 fr.

Exemplaire en PAPIER VÉLIN avec les figures AVANT LA LETTRE, provenant de la bibliothèque GÉNARD.

846. Thausing (Moriz). Albert Dürer. sa vie et ses œuvres, traduit de l'allemand par Gustave Gruyer. Ouvrage illustré de 75 gravures en taille-donce, en lithographie et sur bois. *Paris, Firmin-Didot*, 1878 ; in-4, portr., fig. et pl. demi-rei. mar. vert avec coins, tête dor., *non rogné* (*Bretault*).   30 fr.

Bel exemplaire.

847. Théâtre d'histoire, où, avec les grand's prouesses et aventures étranges du noble et vertueux chevalier Polimantes, prince d'Arfine, se represente au vrai, plusieurs occurences fort rares et merveilleuses... Œuvre non moins plaisante et qu'agréable, qu'utile (par Philippe de Belleville). *Bruxelles, Rutger Velpius*, 1613 ; in-4, fig., mar. bleu, dos orné, double rangée de fil.   100 fr.

Curieux roman historique, illustré dans le texte de 57 figures fort bien gravées sur cuivre. L'auteur, d'origine belge, a signé la dédicace.

Et de Livres anciens et modernes

848. Théâtre (Le) Anglais (ou choix de plusieurs tragédies angloises, traduites en françois, par P.-A. de la Place). *Londres (et Paris)*, 1746-1749 ; 8 vol. in-12, port., mar. rouge, dos orné, fil., tr. dor. (*Rel. anc.*).   100 fr.

> Shakespeare. — Fletcher. — Ben-Johnson. — Rowe. — Otway. — Dryden. — Congrève — Hughes. — Young. — Souterne. — Addison. — Steele.

849. Theophile. LeParnasse satyrique du sieur Theopile (de Viaud). *S.l.*, 1660 ; in-18, dos et coins de mar. rouge.   100 fr.

> Très belle édition qui se joint aux Elzeviers. — RARE.

850. Théophile de Viau. Œuvres, divisées en trois parties, la première contenant l'Immortalité de l'âme, avec plusieurs autres pièces, la seconde, les tragédies, et la troisième les pièces qu'il a faites pendant sa prison. Dernière édition. *Paris, Ant. de Sommaville*, 1661 ; in-12, mar. orange, dos orné, fil., tr. dor. (*Chambolle-Duru*).   15 fr.

> Bel exemplaire d'une jolie édition.

851. Theupolus (Steph.). Academicarum contemplationum libri decem ; in quibus, et divini Platonis præcipuæ sententiæ ordinatim explicantur, et Peripateticorum adversis illum calumniæ quamplurimæ refelluntur. *Venetiis, apud Petrum Dehuchinum*, 1576 ; in-4, mar. rouge, dos orné, dent., tr. dor. (*Rel. anc.*).   80 fr.

> Aux armes de Marc FOSCARINI, doge de Venise.

852. THEURIET (Anndré). NOS OISEAUX. Aquarelles de Hector Giacomelli. *Paris, H. Launette*, 1886 ; in-4, mar. bleu foncé, dos orné, encadr. de fil. droits et courbés, doublé de mar. bleu, grande composition en mosaïque à l'intérieur du premier plat représentant, sur une branche de cerisier avec fruits, un chardonneret guettant un papillon ; hirondelle en mosaïque à l'intér. du second plat, gardes de soie brochée, tr. dor. sur fausses marges, couv. cons., étui (*Canape*).   1.500 fr.

> Exemplaire tiré sur papier du Japon, contenant un tirage à part en bistre, sur Japon, de toutes les illustrations.
> Le faux-titre est orné d'une superbe AQUARELLE ORIGINALE de *H. Giacomelli*, l'illustrateur du livre.

853. THEURIET. LA VIE RUSTIQUE. Compositions et dessins de Léon Lhermitte. Gravures sur bois de Clément Bellenger. *Paris, H. Launette et C*ie, 1883 ; in-4, front. et fig., mar. La Vallière, bouquets de fleurs des champs, en mosaïque au centre des plats, mors de mar. avec fil. et fleurettes en mosaïque dans les angles, doublure et gardes en soie, tr. dor. (*Marius Michel*).   850 fr.

> Exemplaire spécial imprimé sur PAPIER DU JAPON pour M. G. Boudet, chargé de la direction artistique de cette publication, renfermant 3 dessins originaux à la plume et au lavis de *L. Lhermitte*.
> Ce livre est un des plus parfaits parmi ceux publiés à la fin du XIX⁰ siècle. Cet exemplaire est recouvert d'une belle et riche reliure de *Marius Michel*. Couverture conservée.

854. Thibaud de Marly. Vers sur la Mort, publiés d'après un manuscrit de la Bibliothèque du Roi. *A Paris, de l'imprimerie de Crapelet*, 1835 ; gr. in-8, mar. vert jans., dent. int., tr. dor. (*Capé*).   25 fr.

855. Thibault. La Vie de Pedrille del Campo, roman comique dans le goust espagnol, par Monsieur T*** G. D. T. Avec les Cantates et autres Poésies du même autheur. Le tout enrichi de figures en taille-douce. *Paris, Pierre Prault*, 1718 ; 2 parties en un vol. in-12, mar. rouge, dos orné, fil., tr. dor. (*Chambolle-Duru*).   30 fr.

> Jolies figures de *A. de Lertre*, gravées par *L. Crépy fils*.

Achat de Bibliothèques

856. **Thiers** (J.-B.). Dissertation sur les porches des églises, dans laquelle on fait voir les divers usages auxquels ils sont destinés ; que ce sont des lieux Saints et dignes de la vénération des fidèles ; et qu'il n'est pas permis d'y vendre aucune marchandises, non pas mesme celles qui peuvent servir à la piété. *Orléans, Fr. Hotot*, 1679 ; in-12, veau fauve, dos orné, fil., dent. int., tr. dor.   25 fr.

RARE.

857. **Thiers** (J.-B.). Histoire des perruques, où l'on fait voir leur origine, leur usage, leur forme, l'abus et l'irrégularité de celles des ecclésiastiques. *Paris, aux dépens de l'auteur*, 1690 ; in-12, mar. Lavallière, dos orné, fil., tr. dor. (*Trautz-Bauzonnet*).   40 fr.

EDITION ORIGINALE de ce curieux ouvrage d'une érudition remarquable. Bel exemplaire ayant une signature grattée sur le titre.

858. **THOU** (Jacques-Aug.). HISTORIARUM sui temporis ab anno domini 1543, usque ad annum 1607. Libri CXXXVIII... Accedunt commentarirorum de Vita sua libri sex hactenus ineditii. *Aurelianae et Genevae, Petrum de la Rovière*, 1620 ; 5 tomes en 7 vol. in-fol., mar. citron, dos orné, très large dent., tr. dor. (*Rel. anc.*).   750 fr.

Exemplaire dans une *magnifique reliure avec très larges dentelles*, ayant appartenu à Louis-Jules-Baron MANCINI DUC DE NIVERNAIS, dont l'inscription suivante est frappée en or sur les plats de chaque volume : « LE. DUC. DE. NIVERNOIS ».

859. **TITE-LIVE.** Titi-Livii Decades noviter impresse (In fine :) *Venetiis, per Joannem ac Bernardinum ejus fratrem Vercellenses*, anno 1506. — Apianus Alexandrinus de Belli civilibus. (In fine :) *Appiani traductio impressa Venetiis per Christoferum de Pensis*, anno 1500. Ens. 2 ouvrages en 1 vol. in-fol., peau de truie estampée. (*Rel. anc.*).   300 fr.

Rares et belles éditions imprimées en caractères ronds. Le Tite-Live est illustré de charmantes et délicates figures sur bois et son titre porte la fleur de lys rouge des Junte.

860. **Tite-Live.** T. Livii patavini Historici clarissimi rerum gestarum populi Romani libri triginta. Lucii florii Epitome exl T. Livii libros. *Parisiis, Ambrosius Girault*, 1529 ; in-fol., mar. rouge, dos orné, fil., tr. dor. (*Rel. anc.*).   80 fr.

Exemplaire aux armes de Dominique DE LIGNY, évêque de Meaux.

861. **Tite-Live.** Historiarum libri qui extant. Interpretatione et notes illustravit Joannes Dujatius, cum supplemento Jo. Freinshemii. *Parisiis, Fr. Léonard*, 1679-1680 ; 6 parties rel. en 5 vol. in-4, mar. rouge, dos orn., fil., tr. dor. (*Bradel*).   200 fr.

Frontispice gravé.

862. **Toledan** (le). *Paris, Quinet*, 1747 ; 5 vol. in-12, front. grav., mar. rouge, dos ornés, fil., tr. dor. (*Rel. anc.*).   150 fr.

Bel exemplaire de ce roman attribué à Jean Renaud de Segrais.

863. **Traité** de la Comédie et des Spectacles selon la tradition de l'Eglise, tirée des Conciles et des Saints-Pères (par Armand de Bourbon, prince de Conty). *Paris, Bilaine*, 1666 ; in-12, veau, dos orné.   6 fr.

A cet ouvrage sont ajoutés les textes latins : Traditio ecclesiae de comœdia et spectaculis. — Doctrina S. S. patrum de comœdia et spectaculis.

864. **Tristan.** Les Amours de feu M. Tristan, et autres pièces très curieuses. *Paris, Quinet*, 1662 ; in-12, veau marb., fil., dos orné, tr. dor. (*Petit-Simier*).   20 fr.

Frontispice en regard du titre. Bonne édition dans une jolie reliure.

Et de Livres anciens et modernes

865. **Trois Dizains** de Contes gaulois (par Léon Jaybert, avocat). *Paris, Poulet-Malassis*, 1862 ; in-8, en feuilles, sans couv.   **40 fr.**

> Première édition de cet ouvrage curieux tiré à 300 exemplaires pour les seuls souscripteurs. Rare et recherché.

866. **Turpin**. La France illustre, ou le Plutarque français. *Paris*, 1780-1785 ; 4 vol. in-4, demi-rel. mar. bleu, tête dor., *non rognés*.   **35 fr.**

> Beaux portraits gravés en taille-douce par *V. Vangelisty*.

867. **Uzanne** (Oct.). La Femme à Paris. Notes contemporaines, notes successives sur les Parisiennes de ce temps dans leurs divers milieux, états et conditions. *Paris, Quantin*, 1894 ; pet. in-4, br., couv.   **30 fr.**

> Nombreuses illustrations de *Pierre Vidal*, eaux-fortes hors texte par *Frédéric Massé*.

868. **Uzanne** (Oct.). La Française du siècle, modes, mœurs, usages. *Paris, Quantin*, 1886 ; gr. in-8, br., couv.   **30 fr.**

> Nombreuses et jolies illustrations à l'aquarelle de *Albert Lynch*, gravées à l'eau-forte en couleurs par *Eugène Gaugean*.

869. **Uzanne** (Octave). Le Miroir du monde. Notes et sensations de la vie pittoresque. *Paris, Quantin*, 1888 ; in-4, br., couv.   **30 fr.**

> Illustrations en couleurs d'après *Paul Avril*. Exemplaire sur VÉLIN DE HOLLANDE.

870. **Vachon** (Marius). L'Hôtel-de-Ville de Paris, 1533-1871. *Paris, Quantin*, 1882 ; in-fol., br.   **20 fr.**

> Nombreuses figures.

871. **VAISSETTE** (Dom.). HISTOIRE GÉNÉRALE DE LANGUEDOC, avec des notes et les pièces justificatives : composée sur les auteurs et les titres originaux et enrichie de divers monumens, par deux religieux bénédictins de la Congrégation de S. Maur (Claude de Vic et Joseph Vaissette). *Paris, Jacques Vincent*, 1730-1745 ; 5 vol. in-fol., mar. rouge jans., tr. dor. (*Masson-Debonnelle*).   **600 fr.**

> EDITION ORIGINALE, d'une des meilleures histoires particulières de nos provinces. Elle est ornée de jolies vignettes en-têtes, gravés par *Cochin* et *Tardieu* d'après *Cazes*, de planches et de plans gravés en taille-douce.
> Très bel exemplaire.

872. **Valagre**. Les Cantiques du sieur de Valagre et les Cantiques du sieur de Maizonfleur. *Rouen, Raphaël du Petit Val*, 1602 ; in-12, mar. rouge, fil. à la Duseuil, dos orné, tr. dor. (*Capé*).   **75 fr.**

> Belle édition imprimée en italique. Signature sur le titre.

873. **Valesius** (Had). Hadriani Valesii rerum Francicarum usque ad Chlotarii senioris mortem. Libri VIII. *Lutetiæ Parisiorum. Sumptibus Sebastiani Cramoisy et Gabrielis Cramoisy* ; in-fol., veau, large dent., dos et plats semés de mouchetures d'herminie et de coquilles, tr. dor. (*Rel. anc.*).   **100 fr.**

> Ouvrage rare recouvert d'une curieuse reliure armoriée. Légère éraflure sur le premier plat.

874. **VALMONT DE BOMARE**. Dictionnaire raisonné universel d'histoire naturelle... *A Paris, chez Didot*, 1764 ; 5 vol. in-8, mar. rouge, dos orné, fil., tr. dor.   **500 fr.**

> Exemplaire aux armes de la Duchesse DE GRAMONT.

875. **VAN GERNING** (J.). Picturesque Tour along the Rhine, from Mentz to Cologne. By J. Van Gerding. *London, Ackerman*, 1824 ; gr. in-4, veau bleu, dos orné, riches comp. à froid sur les plats, tr. dor. **300 fr.**

> Très bel exemplaire, illustré de 24 jolies planches en couleurs donnant les plus beaux sites des bords du Rhin.

Achat de Bibliothèques

876. **Van Swieten** (Ger.). Commentaria in Hermanni Boerhaave Aphorismos de cognoscendis et curandis morbis. *Parisiis, Cavelier*, 1771-1773 ; 5 vol. in-4, mar. rouge, dos orné, fil., orn. aux angles, tr. dor. (*Rel. anc.*). 200 fr.

> Ouvrage estimé. Bel exemplaire.

877. **Vasi** (G.). Vues des principaux monuments de Rome, in-fol., cart. 50 fr.

> Réunion de 99 planches de Vasi publiées en 1747, montées deux à deux.

878. **Vaucaire** (Maurice). Arc-en-ciel. *Paris, Lemerre*, 1885 ; in-12, br. 40 fr.

> Envoi d'auteur signé à Arm. Silvestre et 12 aquarelles de *Georges Aurier* sur les marges du volume.

879. **Vauquelin de la Fresnaie.** Les Diverses poésies. — Œuvres diverses en prose et en vers, précédées d'un essai sur l'auteur et suivies d'un glossaire par Julien Travers. *Caen, impr. de Le Blanc-Hardel*, 1869-1872 ; 3 vol. gr. in-8, portr., demi-rel. dos et coins de mar. brun, dos orné tête dor., éb. (*Masson-Debonnelle*). 75 fr.

> Un des 25 exemplaires sur PAPIER JÉSUS DE HOLLANDE.
> On y a joint dans une reliure semblable : *Vauquelin des Yveteaux, par E.-J.-B. Rathery*. Paris, Aubry, 1854 ; in-8.

880. **Vausenville** (Rohberg-Herr de). Essai physico-géométrique. *Paris, Mérigot*, 1778 ; in-8, mar. rouge, dos orn., fil., coins orn., tr. dor. (*Derôme*). 75 fr.

> Aux armes de H.-L.-J. BERTIN, Lieutenant-Général de police de la ville de Paris.

881. **VELLY**. Histoire de France par MM. Velly, Villard et Garnier. *A Paris, chez Desaint*, 1755-1786 ; 30 vol. in-12, mar. rouge, dos orné, fil., tr. dor. (*Rel. anc.*). 800 fr.

> Bel exemplaire aux armes de MACHAULT D'ARNOUVILLE.

882. **VELLY, VILLARET et GARNIER**. Histoire de France, depuis l'établissement de la Monarchie jusqu'au règne de Louis XIV. *Paris, Desaint et Saillant*, 1757-1774 ; 24 vol. in-12, mar. rouge, dos ornés, fil., tr. dor. (*Rel. anc.*). 400 fr.

> Aux armes de JEAN DE BOULLONGNE. Quelques taches. Différence dans les fers du dos.

883. **Velly.** Histoire de France depuis l'établissement de la Monarchie jusqu'à Louis XIV. *Paris, Saillant et Nyon*, 1770-86 ; 15 vol. in-4, veau écaille, fil., dos ornés, tr. jaspée. 250 fr.

> Nombreux portraits gravés par *Odieuvre*.

884. **Vergier.** Œuvres diverses de M. Vergier, commissaire de la marine. Nouvelle édition. *Amsterdam, Lucas*, 1731 ; 2 vol. in-12, veau, dos ornés. 10 fr.

> Frontispice. Écureuil sur les plats.

885. **Vernon Gallery** (the) of British Art. Edited by S. C. Hall. *London, G. Virtue*, 1850-1854 ; 4 vol. in-4, demi-rel. dos et coins de mar. rouge, plats toile, tr. dor. (*Rel. angl.*). 150 fr.

> 152 planches gravées sur acier, reproduisant les tableaux de cette célèbre collection. Bel exemplaire.

886. **Villeneuve.** Lettres sur la Suisse, accompagnées de vues dessinées d'après nature par Villeneuve, publiées et lithographiées par G. Engelmann. *Paris, Engelmann*, 1823-32 ; 5 part. en 2 vol. in-fol., demi-rel. veau vert, dos ornés. 100 fr.

> Bel ouvrage orné de 112 grandes planches hors texte et de 31 dans le texte représentant des vues de l'Oberland Bernois, du Lac des Quatre-Cantons, du Lac de Genève, de la route du Simplon, etc.
> Le texte des trois premières parties est de Raoul Rochette, celui des 4e et 5e parties de Golbéry.

Et de Livres anciens et modernes

887. **Viollet-le-Duc**. Dictionnaire raisonné de l'Architecture française du XIᵉ au XVIᵉ siècle. *Paris, Bance,* 1854 ; 10 vol. in-8, demi-rel. mar. bleu.   **250 fr.**

> Première édition de cet ouvrage fort estimé et recherché à juste titre. Il est orné de très nombreuses figures sur bois en premier tirage. Bel exemplaire.

888. **Virgile**. Œuvres traduites en prose ; enrichies de figures, tables, remarques, commentaires, éloges et vie de l'autheur ; avec une explication géographique du voyage d'Enée, et de l'ancienne Italie... par Michel de Marolles. *Paris, Toussainct Quinet,* 1649 ; 2 parties en 1 vol., mar. rouge, dos orn., fil., tr. dor. (*Rel. anc.*).   **150 fr.**

> Frontispice et figures gravés.

889. **Virgile**. Publii Virgilii Maronis Opera. Curis et studio Stephani-Andreæ Philippe. *Lutetiæ Parisiorum, typis Josephi Barbou,* 1754 ; 3 vol. in-12, mar. vert, dos orné à la grotesque, fil., tr. dor. (*Rel. anc.*).   **200 fr.**

> 1 frontispice, 17 figures et 45 en-têtes ou culs-de-lampe dessinés par *Cochin,* gravés par *Duflos.*
> Exemplaire aux armes de la DUCHESSE DE VENTADOUR.

890. **Virgile**. P. Virgili Maronis opera, ex antiquis monumenti illustrata cura, studio et sumptibus H. Justice. *Prostant venales, apud J.-L. de Boubers, Bruxelles,* s. d. ; 5 tomes en 4 vol. in-8, mar. rouge, dos orn., fil., fleur. d'angle, tr. dor. (*Derôme*).   **200 fr.**

> Bel exemplaire. Texte et planches gravés.

891. **Virgile**. Œuvres traduites en françois, le texte vis-à-vis la traduction avec des remarques par M. l'abbé Desfontaines. Nouvelle édition. *Paris impr. de P. Plassan,* 1796 ; 4 vol. in-4, cart., *non rognés.* 275 fr.

> Exemplaire en GRAND PAPIER VÉLIN, avec la suite des figures de *Moreau* et de *Zocchi* AVANT LA LETTRE.

892. **Virgilius**. Picturae antiquissimi virgiliani codicis bibliothecae vaticanae. *Romae,* 1782 ; in-4, veau, dos orné, fil. (*Rel. anc.*).   **25 fr.**

> Recueil de 1 port.-front. et de 124 figures gravées.

893. **Visconti**. Asservazioni di Ennio Quirino Visconti in due Musaici antichi istoriati. *In Parma. Dalla reale typographia.* 1788 ; in-8, veau fauve, fil., tr. dor., 2 planches.   **15 fr.**

> Aux armes de la duchesse de Berry.

894. **Vitta** (Émile). Farandole de Pierrots. Poésies d'Emile Vitta. Illustrations de Willette. *Paris, Léon Vanier,* 1890 ; in-8, cart.   **70 fr.**

> PAPIER DU JAPON avec une double suite des illustrations tirées sur Chine. Exemplaire offert par l'éditeur à son confrère CONQUET.

895. **Vivant-Denon**. L'Œuvre originale de Vivant-Denon, ancien directeur général des Musées ; collection de 317 eaux-fortes dessinées et gravées par le célèbre artiste ; réunion formant l'album le plus complet et le plus varié pour l'étude de la gravure à l'eau-forte, avec une notice très détaillée sur sa vie intime, ses relations et son œuvre, par de La Fizelière. *Paris, Barraud,* 1873 ; 2 vol. in-fol., demi-rel. dos et coins de mar. vert, tête dor., *non rogné.*   **100 fr.**

> Jolie publication tirée à 500 exemplaires.

Le Propriétaire-Gérant :

TH. BELIN.

CHATEAUDUN. — IMPRIMERIE DE LA SOCIÉTÉ TYPOGRAPHIQUE

ARSÈNE ALEXANDRE

LES
REINES DE L'AIGUILLE

MODISTES ET COUTURIÈRES
(*Étude Parisienne*)

ÉDITION ORNÉE DE 40 VIGNETTES

DESSINÉES ET GRAVÉES A L'EAU-FORTE PAR

FRANÇOIS COURBOIN

UN VOLUME IN-8° CAVALIER DE 190 PAGES

Détail et prix du tirage :

100 exemplaires sur papier impérial du Japon, contenant trois états de toutes les illustrations (eau-forte pure, épreuve avec remarque, épreuve avec la lettre). **150** fr.

200 exemplaires sur papier vélin d'Arches. . . . . **60** fr.

Soit, au total, 300 exemplaires numérotés à la presse de 1 à 300 en commençant par ceux sur Japon.

LES AMOURS
DE PSYCHÉ
ET DE CUPIDON

SUIVIES D'ADONIS, POÈME

PAR JEAN DE LA FONTAINE

NOUVELLE ÉDITION ORNÉE DE 26 FIGURES DE BOREL GRAVÉES EN COULEURS PAR VIGNA-VIGNERON

PRÉFACE DE JULES CLARETIE
de l'Académie française.

Deux volumes grand in-8 jésus, imprimés sur papier vélin.

Tirage unique à 250 exemplaires numérotés à la presse

Planches effacées après le tirage ainsi que le prouve le procès-verbal du 31 mai 1901.

Prix. . . . . **600** francs.

Tous les exemplaires sont illustrés d'une triple suite des figures : eau-forte pure, planches noires terminées et planches imprimées en couleurs.

C'est aux amateurs de beaux livres d'art que s'adresse cette publication : elle est la reproduction fidèle en couleurs de 26 aquarelles aussi remarquables par la grâce que par la fraîcheur et la délicatesse du coloris. Ces charmantes compositions dues à BOREL, l'un des maîtres les plus exquis de la fin du XVIII siècle, furent exécutées pour le célèbre bibliophile MOREL DE VINDÉ ; elles étaient destinées à illustrer une édition des AMOURS DE PSYCHÉ, que seule la Révolution empêcha de paraître. Cette œuvre interrompue, nous l'avons reprise avec le concours des graveurs VIGNA-VIGNERON.

L'impression du texte a été confiée à MM. CHAMEROT et RENOUARD et le tirage des estampes à M. GÉNY-GROS, qui en ont fait une œuvre parfaite.